湛庐 CHEERS

与最聪明的人共同进化

HERE COMES EVERYBODY

Salim Ismail
萨利姆·伊斯梅尔
享誉硅谷的创业家
奇点大学全球大使

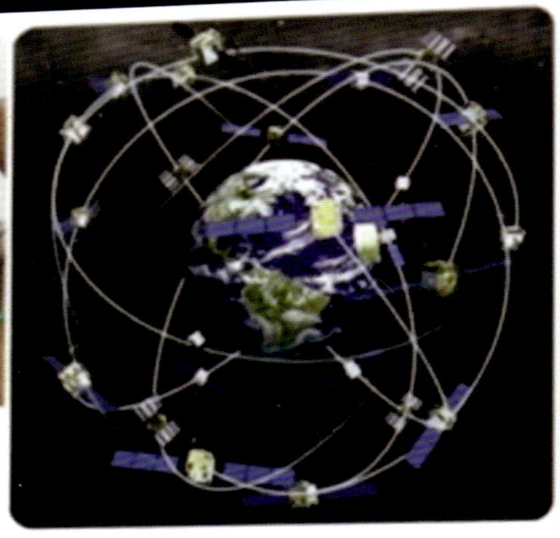

EXPONENTIAL ORGANIZATIONS

享誉硅谷的创业家

萨利姆·伊斯梅尔 1965 年出生于印度，后移民加拿大。

1989 年，萨利姆·伊斯梅尔毕业于加拿大滑铁卢大学，专业是理论物理和计算。毕业后，他去伦敦发展自己的事业，先后任 CSC 欧洲软件构架师和 ITIM Associates 公司商业顾问。

1999 年，萨利姆·伊斯梅尔被纽约商业论坛聘为首席运营官。2002 年，他与朋友联合创立了 PubSub Concepts，并担任董事长兼首席执行官。

2006 年，萨利姆·伊斯梅尔与朋友联合创建了会议社群网站 Confabb.com。

2006 年年底，萨利姆·伊斯梅尔来到硅谷寻找发展机会。2007 年初，他被雅虎聘为副总裁和新产品开发部 Brickhouse 的负责人。Brickhouse 的目标，就是建立一个团队，围绕新想法开展颠覆性工作。在萨利姆·伊斯梅尔的领导下，研究的产品和新发布的产品包括 WildFire，Yahoo Pipes 和 Fire Eagle。2008 年，在微软计划收购雅虎的风潮中，萨利姆·伊斯梅尔离开了雅虎，与他的朋友罗欣特·卡瑞（Rohit Khare）联合创建了社交网络公司 Angstro，谷歌看上了这家公司并于 2010 年将其收购。

2003 年，萨利姆·伊斯梅尔入选瑞恩媒体（Crain）“40 位 40 岁以下商业人士”名单。丰富的阅历，让萨利姆·伊斯梅尔成为享誉硅谷的创业家。

EXPONENTIAL ORGANIZATIONS
奇点大学创始执行理事和全球大使

2008 年 9 月，美国国家航空航天局邀请萨利姆 · 伊斯梅尔参加在艾姆斯研究中心（Ames Research Center）举行的奇点大学成立大会。10 月，萨利姆 · 伊斯梅尔被聘为奇点大学创始执行理事。经过两年的努力，萨利姆 · 伊斯梅尔、彼得 · 戴曼迪斯和雷 · 库兹韦尔在美国国家航空航天局、谷歌、思科、Autodesk 和 Genentech 的支持下成功创办奇点大学，组建教职人员团队，精心设计课程，并亲任最初几个项目的负责人。2010 年底，萨利姆 · 伊斯梅尔被任命为奇点大学“全球大使”。

2014 年，萨利姆 · 伊斯梅尔与迈克尔 · 马隆、尤里 · 范吉斯特合作出版了《指数型组织》一书，这本书与已出版的《创业无畏》《富足》《如何创造思维》一起，构成了关于创新创业与人类未来的“奇点大学书系”。

《指数型组织》是美国亚马逊网站有史以来评分最高的商业书（4.8 分，满分 5 分），并被全球企业增长咨询公司 Frost & Sullivan 评为 2014 年最佳商业书（Best Business Book of the Year 2014）。

EXPONENTIAL ORGANIZATIONS

影响巨大的演讲人

萨利姆·伊斯梅尔是一位广受欢迎的演讲人，在世界各地的众多会议上都做过专题演讲。他的演讲主题聚焦在前沿技术的未来以及技术对企业和社会的影响上。

- 他是奇点大学的核心演讲人，推进了奇点大学的众多项目。
- 他给美国国防部做过报告。
- 他出席在美国和欧洲举办的上百场会议，并做主题演讲。
- 他是《纽约时报》《连线》《福布斯》《财富》以及 BBC 的热点人物，经常在电视上露面，向各国政府首脑和跨国公司的高管就“技术与社会的未来”发表深刻见解。
- 作为奇点大学的全球大使，他经常代表奇点大学参加各种会议并发表演说。
- 他还是 TED 演讲人，他的 TED 演讲广受好评。

通过演讲，萨利姆·伊斯梅尔把奇点大学的宗旨和他对技术与社会发展的洞见传播给全世界，他是影响巨大的演讲人。

打造独角兽公司的 11 个最强属性

"独角兽公司"是艾琳·李2013年11月在TECHCRUNCH国际创新峰会上提出的一个概念，代指那些估值超过10亿美元的创业公司。
研究发现"指数型组织"和"独角兽公司"之间有着很高的重合度。

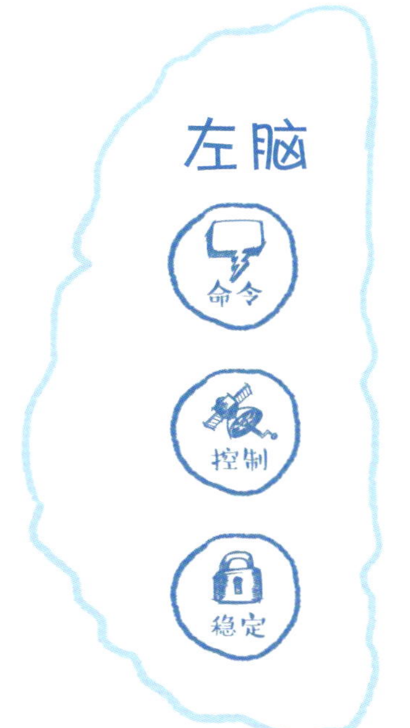

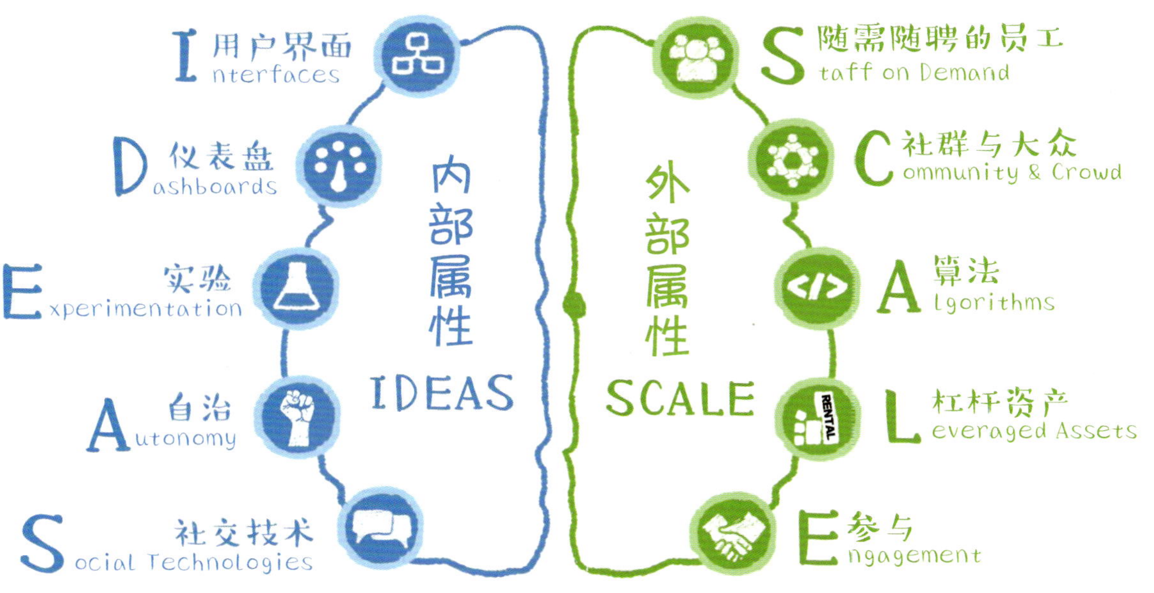

可口可乐62

海尔68

小米74

《卫报》62

通用电气69

亚马逊68

Zappos 75

ING Direct Canada 69

Google Ventures 76

EXO
EXPONENTIAL ORGANIZATIONS 指数型组织 EXPONENTIAL ORGANIZATIONS
Why new organizations are ten times better, faster, and cheaper than yours (and what to do about it)

EXO

指数型组织

打造独角兽公司的11个最强属性

[加] 萨利姆·伊斯梅尔（Salim Ismail）
[美] 迈克尔·马隆（Michael S.Malone）◎著
尤里·范吉斯特（Yuri van Geest）

苏健◎译

EXPONENTIAL ORGANIZATIONS

浙江人民出版社
ZHEJIANG PEOPLE'S PUBLISHING HOUSE

指数商测试题：你所在公司的指数商是多少？

本问卷用于测试你所在公司的“指数化”程度，共有 21 个问题，每题有 4 个选项。计分规则为你选择的选项标号是几就记下几分，比如你选择标号为 2 的选项，该题的得分就是 2 分，做完全部 21 题后，请计算一下总分。

选出最符合公司状态的选项，测测你所在公司的指数商是多少吧。

人力资源和资产管理

1. 公司在全职员工和随需随聘的员工之间如何取舍？

1. 我们只雇用全职员工
2. 我们主要雇用全职员工，在非关键任务上会雇用一些随需随聘的员工，例如技术外包、临时生产等环节
3. 我们在关键任务上会雇用一些随需随聘的员工，例如运营、生产、人力资源等环节
4. 我们主要雇用随需随聘的员工，除此之外，我们只有一支小规模的全职核心团队

2. 公司实现商业功能时利用了多少外部资源？

1. 大部分商业功能都是由内部员工处理的

2. 我们会将一部分管理和支持功能外包出去，例如 AP、增强现实、技术支持、设施等
3. 我们会将一些关键业务外包出去，就如苹果与富士康的关系
4. 我们强调敏捷，也就是说就连关键业务都是以可变成本形式外包的，而非固定成本外包

3. 公司拥有的自有资产和租赁资产之间的比例如何?

1. 除了外围设备以外，例如复印机，所有的资产都是公司所有的
2. 我们会按需租用一些关键性的设备或服务，例如云计算
3. 我们在多种商业功能中使用按需租用的资产，例如采用共享办公室
4. 我们在关键业务中也会使用按需租用的资产

社群与大众

4. 公司管理社群（用户、客户、合伙人、粉丝）及与之交互的程度如何?

1. 我们与社群的互动非常被动，仅仅使用某些社交媒体
2. 我们利用社群进行市场调查和其他听取民意的活动
3. 我们积极地使用社群进行服务扩张、产品支持和市场营销
4. 社群对我们公司有很深的影响，例如在产品创意、产品开发中扮演重要的角色

5. 公司如何与社群接触?

1. 除了标准的客户服务之外就没有接触了
2. 我们的社群是中心化的，交流方式是“一对多”的，例如 TED.com 和苹果
3. 我们的社群是去中心化的，交流方式是“多对多”的，但其目标是被动且单一的，例如领英和 Facebook
4. 我们的社群是去中心化的，交流方式是“多对多”的，并鼓励点对点的价值创造，例如维基百科

参与社群与大众

6. 公司是否会主动将“大众”转变成社群成员？

1. 我们使用标准方法来增加关注度
2. 我们使用社交媒体来进行市场营销
3. 我们使用游戏化和大奖赛来将大众转变成社群成员
4. 我们的产品和服务本身的设计目的就是为了将大众转变成社群成员

7. 公司利用游戏化或大奖赛的程度如何？

1. 我们只在内部激励时使用游戏化或大奖赛，例如月度销售之星
2. 我们对外部使用基本的游戏化方法，例如老客户优惠、航空公司的 VIP 乘客
3. 我们在产品和服务中融入了游戏化或大奖赛
4. 我们利用游戏化或大奖赛来促进创意构思和产品开发

运用信息和社交功能

8. 公司的产品和服务基于信息的程度如何？

1. 我们的产品和服务本质上是基于物质的，例如星巴克或者大部分传统的零售商
2. 我们的产品和服务是物质的，但其配送和生产是基于信息的，例如亚马逊
3. 我们的产品和服务是物质的，但服务是基于信息的，且公司收益主要来源于服务，例如手机应用商店
4. 我们的产品和服务完全是基于信息的，例如领英

9. 社交功能和协作在公司的产品和服务的价值中是否占据核心地位？

1. 在我们的产品和服务中并没有设计任何社交或协作内容
2. 我们在现有的产品和服务上添加了社交或协作结构
3. 我们利用社交或协作功能来增强或体现产品和服务的价值

4. 社交或协作的输入其实是我们产品和服务的价值的基础

数据和算法

10. 公司运用算法和机器学习来进行决策的程度如何?

1. 我们不进行任何有意义的数据分析
2. 我们主要通过汇报系统收集和分析数据
3. 我们使用机器学习算法来分析数据和推动可执行的决策
4. 我们的产品和服务是围绕算法和机器学习建立起来的，例如利用搜索引擎

11. 公司是否在内部完全共享战略数据资产或者对外部社区开放战略数据资产?

1. 在不同部门之间，我们不共享数据
2. 我们在不同部门之间共享数据
3. 我们将一些数据开放给了关键的供应商
4. 我们通过开放应用程序编程接口将一些数据开放给外部生态系统

用户界面和可扩展过程

12. 公司是否拥有专门的流程来管理内部组织的外界因素的产出?

1. 我们不利用外部因素，没有专门的流程去获取或管理外部因素
2. 我们有专门的员工来管理外部因素
3. 我们有自动的流程来管理某一外部因素
4. 我们有自动的流程来管理多项外部因素

13. 在公司核心部门之外的关键流程的可复制性和可扩展性如何?

1. 我们拥有传统的，大多手动的流程
2. 我们的一部分流程是可扩展和可重复的，但只限于公司内部
3. 我们的一部分流程是在公司外部处理的
4. 大部分核心流程都是自给自足的，可通过可扩展平台在公司外部执行

实时仪表盘和员工管理

14. 公司根据什么指标来跟踪内部和产品创新名录的状态？例如精益创业分析法

1. 我们只跟踪月度、季度或年度的传统关键绩效指标，例如销量、成本、利润
2. 我们从交易系统中收集一些实时的、传统的指标，例如企业资源计划
3. 我们收集各种各样的实时、传统的指标，并使用一些精益创业的指标
4. 我们收集实时的传统指标和精益创业（价值和学习）指标

15. 你是否使用一些目标与关键成果评价法的变形来跟踪个人和团队的业绩?

1. 不，我们使用传统的季度或月度业绩报告、360 度报告或员工排名
2. 我们在创新领域或公司边缘采用了目标与关键成果评价法
3. 我们公司上上下下都采用了目标与关键成果评价法，例如领英
4. 我们公司上上下下都采用了完全透明的目标与关键成果评价法，例如，谷歌公司的每个人都能查看别人的业绩

实验和风险

16. 公司是否不断通过实验、产品双向测试和短周期反馈回路来优化流程?

1. 我们使用传统的商业流程管理
2. 我们在面向客户的领域使用精益方法
3. 我们在产品创新和产品开发中使用精益方法
4. 我们在所有核心功能中都使用精益方法，包括创新、市场营销、销售、服务、人力资源及法律

17. 公司容忍失败和鼓励冒险的程度如何?

1. 我们不允许失败，失败是可能丢饭碗的
2. 我们鼓励失败和冒险，但只是喊喊口号，并没有进行跟踪或量化

3. 我们允许失败和冒险，但只是在非常有限的范围内
4. 失败和冒险在我们公司是家常便饭，我们甚至会衡量失败乃至庆祝失败，例如亚马逊、谷歌、宝洁的“英雄失败奖”

自治和去中心化

18. 公司是由庞大的阶层式结构运作，还是由小型的多流程自我管理的团队组成的?

1. 我们拥有传统的公司阶层，严格按照大型的专门群组来运作
2. 我们在核心之外的边缘拥有一些小型的多流程团队
3. 我们在核心内部接受并欢迎一些小型的多流程团队
4. 我们公司的基本运营结构是多流程、互联、自我管理的小型团队

19. 公司在管理和决策过程中，去中心化的程度如何?

1. 公司使用传统的、自上而下的命令与控制体系
2. 在研发、创新和产品开发中采用去中心化的决策方法
3. 在所有面向客户的领域，例如市场营销、销售等，采用去中心化的决策方法
4. 所有的关键决策都是去中心化的，除了企业目标、战略、文化等方面

社交技术和社交企业

20. 公司内部是否使用高级的社交工具进行知识共享、交流、沟通或协作，例如使用微信、钉钉、印象笔记等工具

1. 公司内部不使用社交工具，电子邮件是主要的沟通工具
2. 一些团队会使用社交工具，但并没有在公司内部全面普及
3. 在与外界沟通时多使用社交工具，不过通常是未经许可的
4. 全公司广泛使用社交工具，这是整个公司必须遵循的原则之一

21. 公司的使命是什么?

1. 我们的使命是专注于提供最好的产品和服务

2. 我们的使命不只是关注产品和服务，我们的企业拥有核心价值观
3. 我们的使命并不局限于服务终极客户，我们的目标是为经销商、合作伙伴、供应商和包括员工在内的整个生态系统带来积极的改变
4. 我们拥有超越任务宣言的变革目标，我们致力于为全世界带来重大改变

结果说明：问卷是针对指数型组织需要具备的 11 个最强属性设计的，测试满分为 84 分，总分超过 55 分就可以认为是指数型组织。分数越高，说明你所在公司具备的指数型特征越突出，竞争力越强！

想了解海尔是如何向指数型组织转型的吗?

扫码下载“湛庐阅读”APP，
搜索“指数型组织”，一键
获取海尔集团董事局主席、
首席执行官张瑞敏先生的分享。

中文版序

数千年来，多数企业的惯用做法是，围绕某项资产或劳动力设立一定的法律限制，并出售这些资产或劳动力的稀缺性。几乎现代的每一家公司都是基于这一概念运作的，无论是海边酒店、设计团队，还是金矿开发商。销售稀缺性已经成为大部分公司的根基。于是，如果某个产品或服务并不稀缺，那么就要创造人为的稀缺性，从而提升其价值，例如石油、钻石或网络带宽。

在过去的两个世纪里，我们借助于技术的力量将这种根基放大了。从最早的工业革命到最近的全球化，我们在时代的前进中完成了商业和社会的转变。发达国家已经开发出了非常复杂的模式来提升生产的效率和规模，从而能够将相同的消费类产品输出到上百个国家，并保持完全相同的品质。整个西方世界已经围绕着这一模式进行了优化调整。大型公司在自身的管理中几乎清一色地采用矩阵组织结构的方法。大部分工商管理硕士课程也以教授这种范式而自吹自擂，在如何借助和提升效率方面提供建议的咨询公司也都混得如鱼得水。像企业管理解决方案或甲骨文等大型软件平台则提供了这种方式所需要的基本运营系统。全球市场让我们可以为稀缺性定价，并围绕着它创造出流动资产。

然而，在信息范式、互联网和计算能力的不断加速推动下，我们也正在经历着这个时代自我组织方式的一个根本性转折点：新的现实并不是销售稀缺性，而是专注于挖掘富足性。例如，在 20 世纪 90 年代和 21 世纪前 10 年，我们在全世界铺设了数百万千米的光纤电缆，将宽带网络带进每一个家庭和公司。数千束光纤电缆如蜘蛛网般遍布每一个大洋深处，将各主要城市连接在了一起。电信公司在这些网络设施上投资了数十亿美元，而背后遵循的却是同样的销售带宽稀缺性的模式。不过到了现在，由于有了更好的压缩技术和包交换技术，单根光纤电缆就能在同一时刻承载 1 000 亿通电话。因此，现在的我们其实已经拥有了富足的带宽。一家大型电信公司最近向我们坦承，鉴于这一现象，他们的收益到 2020 年估计将会下降 85%。X 大奖赛基金会的彼得·戴曼迪斯最爱说的一句话就是："技术就是将某种稀缺的东西变得富足。"

我们已经目睹了许多产业在信息时代从稀缺转变成了富足。报纸、音乐和图书已经经历了这样的变化。如今，信息通讯、定位系统、支付系统、声望和社交网络的汇聚正在将那些非常传统的产业迅速信息化。爱彼迎正在挖掘多余卧室的富足性；优步正在挖掘汽车闲置时间的富足性，平均约为 96%。这些公司最近得到了一个称呼——"独角兽"，这是由风投资本家艾琳·李（Aileen Lee）提出的。我们将这一类型的组织称为指数型组织（ExO）。

从地域性的角度来看，第一个利用这种新型范式的地区就是硅谷。这些公司大都拥有优越的工作环境，并遵循着世界上最活跃的创业公司社区的优胜劣汰法则。不过，在那些泡沫的背后，大部分组织却还在以非常传统的方式运作着。如今，在古老的思维方式和新的运营方法之间，即在销售稀缺性和挖掘富足性之间，存在一股极其强大的张力。优步和出租车司机之间的冲突、特斯拉和汽车经销商之间的紧张关系，或者连锁酒店和爱彼迎之间的对抗还只是开始。这些新型指数型组织正在涉足每一个传统行业，成为既得利益者的噩梦。被誉为"天使投资教父"的戴维·罗斯（David Rose）是这样说的：

> 为了在 20 世纪取得成功而设计的公司注定将在 21 世纪遭遇失败。

因此，发达国家里的大部分公司都将遇到严重的结构性困境，而且这种迹象已经初露端倪。2012 年，耶鲁大学的理查德·福斯特（Richard Foster）教授说："标准普尔 500 强公司的平均寿命已经从 20 世纪 20 年代的 67 年降到了如今的 15 年。"不过，这个数据到今天也已经过期了，因为在 2015 年，它们的平均寿命已经降到了 12 年。

相应地，像中国这样的发展中国家和新兴市场拥有着超乎想象的机遇，甚至可以一举超越世界上其他发达市场。由于最近短短 37 年经历的从农业到工业再到知识密集型经济的快速迁移，中国的组织模式并没有形成太顽固的根基。国内的企业家和管理人员也没有形成太严重的惯性和需要克服的思维习惯。

中国的另一个关键优势在于，其规章制度并没有西方那么详尽或具体，这一点将会促进组织模式的创新。中国还有一个自给自足的市场，这也让指数型组织能够扩展规模，在无须思考全球化所涉及的各种复杂问题的情况下，达到一定的组织规模。

如今，许多中国公司都采用了一些指数型组织属性，例如仪表盘和实验，实现了较短的反馈回路，并鼓励快速决策。另一项指数型组织属性，即社交，与中国更偏向集体、偏向儒家思想的历史和文化传统更能进行完美的匹配。

因此，中国应当比西方世界的大部分国家更有理由拥抱指数型组织的思维和行为方式，不管是在打造公司结构还是创业方面。我们期望在中国看见更多的指数型组织，无锡和深圳等地区的公司已经接受了指数型组织的思维方式。还有许多中国公司已经在一些指数型技术上走在了世界前列，例如，百度已经在积极地运用深度学习技术。

在本书中，我们也会分析一些来自中国的指数型组织。像小米、海尔、阿里巴巴和腾讯等公司都已在各自的领域中成为世界顶尖企业，随着它们的规模继续扩大，其未来的前景将会一片光明。还有滴滴这类新公司也正在和同行们齐头并进地相互竞争，并且可以与评分最高的指数型组织之一的优步一较高下。

在本书中，我们创建了一份测试题，用于衡量一个组织的指数商。2015年4月，我们发布了一份100强指数型组织名单，同年6月，我们又发布了一份根据指数型组织得分排名的《财富》100强名单。霍特国际商学院的一项学术研究发现，一家公司的指数型组织得分和其在股票市场上的表现之间存在联系，这一点合情合理。随着我们步入一个更加不稳定的世界，组织的灵活性和适应性将会对股东价值起到更大的推动作用。我们也会简单地评价中国顶尖的上市公司，并对它们进行排名。

本书有一半的篇幅都在讲解指数型组织的11项属性，并对其一一进行详述。另一半篇幅则是指导如何建立指数型组织，以及如果一家企业已经是指数型组织，那么它接下来应该怎么做。我们的结论坚定不移：全球5 000强公司无一例外都要重新建立组织架构，适应于如今这个新世界。

2005年，全世界大约有5亿部连接互联网的设备。而在撰写此文时，连接互联网的设备已经达到了大约120亿部。等到2020年，这一数字将会变成500亿，再过不久更会突破万亿大关。所以，在通往互联网未来的道路上，我们才刚刚走了1%而已。到2020年，我们预计将会有60亿网民，他们会在全球范围内带来认知盈余和充足购买力。人类历史上最大的市场正在我们的见证下成长。

以这种新型指数型组织范式组织起来的公司将会从中获益匪浅，而那些拒绝这么做的公司则会灭亡。相对灵活的商业环境和蠢蠢欲动的中国创业者的结合，让我们相信中国在利用这一范式时拥有极其有利的战略地位。

萨利姆·伊斯梅尔、尤里·范吉斯特、米歇尔·舒赫曼

2015年10月

前言
EXPONENTIAL ORGANIZATIONS

制胜未来的指数型组织

欢迎来到指数时代，这是一个前所未有的激动人心的世界。

在本书中，我的同事、朋友，同时也是在组织的未来发展课题上走在最前沿的思考者、实践者萨利姆·伊斯梅尔（Salim Ismail），将会引领你率先领略这个新世界的面貌，告诉你它将如何改变你的工作和生活方式。伊斯梅尔研究并采访了许多首席执行官和企业家，他们正在运用一系列问世不久的全新外部因素，使公司的成长速度达到了一般公司正常水平的数倍。更重要的是，伊斯梅尔对于现有公司该采取的应对措施思考良多。鉴于这一原因，在为那些想要在这个剧变的时代大展宏图的首席执行官，以及企业家推荐最合适的导师时，我不作他想。

请听清我这句话，《指数型组织》不仅面向的是首席执行官和企业家们，更重要的是，它是面向未来的一张路线图和一本生存指南。虽然你能获得眼下的职场地位实属可喜可贺，但是请允许我预先警告你，那些技巧已经过时了。本书的概念和随之生发的思维碰撞，是有志在这场竞赛中保持竞争力和战斗力的所有人的通用语言。在当今的商业世界，一种被称为指数型组织的新型机构已迅速蔓延开来，如果你没能理解它、应对它，并最终变成它的话，那么你就会被颠覆。

指数型组织的概念最早出现于奇点大学（Singularity University），它是我在2008年与著名的未来学家、作家和谷歌人工智能主管雷·库兹韦尔（Ray Kurzweil）共同创立的。我们的目标是创造一所新型大学，一所不断更新其课程的大学。正因如此，奇点大学一直没能得到公认，但这并不是因为我们的失职，而是因为课程变化的速度实在是太快了。奇点大学所关注的只有那些搭着摩尔定律（Moore's Law）的快车，以指数级增长的领域或者加速发展的技术。这些领域包括无限计算能力、传感器、网络、人工智能、机器人学、数字制造、合成生物学、数字医学和纳米材料。在我们的计划和希望中，我们的学生应该成为世界顶尖的企业家和500强公司的高管。我们的任务是：帮助人们实现造福10亿人的壮举。

2008年9月，在硅谷举行的美国国家航空航天局艾姆斯研究中心（Ames Research Center）创立大会上，我们产生了创立奇点大学的想法。关于当时的情况，谷歌联合创始人拉里·佩奇（Larry Page）在那天活动接近尾声时发表的即兴演说，令我印象深刻。佩奇站在100多位与会者面前，用一场激情四射的演说呼吁将这所新大学的注意力集中在解决全世界最困难的问题上："我现在有一个非常简单的评判标准，那就是你做的事情能否改变世界？能还是不能？99.999 99%的人的答案都是'不能'。我认为我们需要教人们如何改变世界。显而易见的是，技术正是达到这一目标的手段。这是我们从历史中看到的，技术驱动了一切变革。"

当时在座聆听佩奇演讲的人中，就有刚从雅虎的创业孵化器Brickhouse中脱颖而出的伊斯梅尔。他也被这段话打动了，没过几周就加入了奇点大学，成为该校的首任执行主管。有过多家创业公司运营经验的伊斯梅尔在困扰公司早期的常见危机中乘风破浪，是让奇点大学取得今日之成功的关键人物之一。若要说伊斯梅尔最重要的成就，或许就是他融合百家思想，收纳奇点课题，将它们交织成一幅新型公司的美好前景，描绘出了能让性价比达到上个年代的10倍的新型组织。

我很高兴能参与进来，衡量指数型组织所展现出来的属性、概念和实践，并与伊斯梅尔、尤里·范吉斯特（Yuri van Geest）和迈克尔·马隆（Michael Malone）一起编纂本书。能一起研究和理解加速技术对国家、产业，乃至全人类所产生的影响，并让伊斯梅尔的指数型高管“指南”跃然纸上，实在是一件幸事。在接下来的章节中所提到的一部分内容，出自我与史蒂芬·科特勒（Steven Kotler）合著作品《富足：改变人类未来的 4 大力量》[1]（*Abundance: The Future Is Better Than You Think*），虽然是在描绘我们大家的未来图景，但是本书的大部分内容仍是着眼于现今的公司和它们朝未来前进的方法。

伊斯梅尔的合著者们亦非泛泛之辈。尤里·范吉斯特是奇点大学毕业生、移动互联领域的全球顶尖专家，同时也是指数型技术和趋势的热忱学者。范吉斯特拥有组织设计方面的专业背景，而且在此项目早期就已经有了活跃的参与。而作为高科技领域的资深记者迈克尔·马隆，他不仅是世界级的技术报导者，而且还是在本书问世前的两种颇有影响力的组织模型，即虚拟公司（Virtual Corporation）和无形组织（Protean Organization）的发明者。

伊斯梅尔对指数型组织富有洞见。各种强大的变革力量正在世界范围内涌现，即指数型技术、DIY 创新者、众筹、众包，以及崛起中的 10 亿人，它们会帮助我们解决许多世界上最困难的问题，也有望能满足接下来二三十年内每个男人、女人和儿童的需求。这些力量正让规模越来越小的团队有能力做到以往只有经由政府和超级大公司之手才能办到的事情。

在接下来的 6 年里，全球经济将会迎来多达 30 亿新人，这会带来两方面的影响：首先，这 30 亿人代表了一个此前从未购买过任何东西的全新消费者群体。因此，他们也代表了一股能绵延到数十万亿美元级别的新生购买力。即便他们不是你的直接顾客，也没有关系；他们很有可能是你顾客的顾客。其次，

① 本书中文简体字版已由湛庐文化策划，浙江人民出版社出版。——编者注

这个名为崛起中的 10 亿人的群体是一个新的创业阶层，他们手握由互联网带来的最新一代技术，即从谷歌到人工智能，再到 3D 打印和合成生物学的一切。于是，我们将会目睹创新的爆炸性增长，会有数百万的新兴创新者开始试验并推出他们的产品和服务，建立起新的业务。如果你认为近些年来的创新速度已经够快了，那么我先给你打个预防针：现在还没动真格呢。

如今，唯一不变的是变化，而且变化的速度正不断加快。现在，你的竞争对手不再是隔着大洋的跨国公司，而成了在位于硅谷或孟买的某间车库，用最新的在线工具将他们最新的创意设计并云打印出来的孩子。

不过，这个问题依然没有变：你要如何才能掌控这一切的创造力？你要如何吸引人才，构建一家在速度、专业和创新能力上都与之匹配的企业呢？你要如何在这个加速的新世界里竞争？你要如何管理企业的发展？

答案就是指数型组织。

你并没有多少条路可以选择，因为在许多甚至是大多数产业里，这种加速已经发生了。我最近开始授课传播**数字化（Digitized）、欺骗性（Deceptive）、颠覆性（Disruptive）、去物质化（Dematerialize）、去货币化（Demonetize）和大众化（Democratize）的概念，我称其为 6D 框架。**

挂上数字化头衔（我们的第一个“D”）的任何技术都会进入一段时间的虚拟化增长。在指数型增长的早期阶段，小额数字的翻倍看起来都跟零没什么两样，比如 0.01、0.02、0.04、0.08；但是，一旦它抵达曲线的拐点，你只需翻 10 次就能达到 1 000 倍了，20 次可以达到 100 万倍，30 次可达 10 亿倍。

如此迅速的增长就是第三个 D，颠覆性。而正如你将在本书中看到的那样，一旦某项技术成为颠覆性的，它就会去物质化，这就意味着你再也不需要携带像 GPS、摄像机或闪光灯这样的实物了。而一旦走到这一步，这个产品或服务就会去货币化。因此，优步正在让出租车大军去货币化，而克雷格列表

（Craigslist）已把分类广告去货币化了，顺便也击败了一大批报纸。

这一切的结果就是大众化。在 30 年前，若想影响 10 亿人的生活，那就必须成为可口可乐或通用电气这样的公司，在 100 个国家里部署大量的员工；如今，你可以是坐在车库里的毛头小子，把应用上传到几个关键平台上去就行了。人们影响人群的能力已经大众化了。

萨利姆·伊斯梅尔与尤里·范吉斯特和迈克尔·马隆一起从时代前沿观察到的结果，同时也是你在阅读本书的过程中将会逐步了解的东西 当今的商业、政府或者非营利企业，以其目前的配置来看，全都无法跟上这 6D 所构筑的高速发展节奏。要想不落伍，你就需要某种前所未有的东西，对组织有某种全新的看法，使其能与所处的新世界一样，适应并拥抱智能技术，并最终实现转化。这不仅是对员工而言，而且也是对广大的社交网络中的数十亿人而言。

这种视野就是指数型组织。

彼得·戴曼迪斯

X 大奖赛基金会创始人兼主席
美国加利福尼亚州圣莫尼卡
2014 年 8 月 25 日

你拥有指数型思维吗?

扫码鉴别正版图书
获取您的专属福利

- 谷歌以 11 亿美元买下以色列小公司 Waze，看重的是它的 5 000 万用户和这些用户的共享信息。这说明谷歌拥有：

  A. 线性思维

  B. 指数型思维

扫码获取全部测试题及答案，一起了解你是否有指数型思维

- 没有宏大的变革目标也能成为卓越的企业吗?

  A. 是

  B. 否

- 在最新最热门的技术世界里，线性思维早就被舍弃了。这是真的吗?

  A. 真

  B. 假

扫描左侧二维码查看本书更多测试题

引言
EXPONENTIAL
ORGANIZATIONS

指数型组织，撬动世界的新杠杆

铱星悲剧，线性思维的苦果

20 世纪 80 年代末，摩托罗拉公司分离出了一家名为铱星（Iridium）的公司，这一举动被业界普遍看好，认为是一次掌控羽翼未丰的手机产业的前瞻性战略布局。摩托罗拉抢在所有人之前意识到，尽管昂贵的移动电话解决方案在高人口密度的城市中心地区的实现难度较小，但到了大型城市的外围地区，就没有什么同样可行的方案，更遑论农村地区了。摩托罗拉通过计算发现，手机信号塔的高昂成本，每座大约为 10 万美元，且不包含频段利用率的限制和生产砖头般大小的手持设备的不菲开销，这使得手机信号的大面积覆盖成为得不偿失的买卖。

不过，没过多久，一种变化更大、利润更高的解决方案就出现了：一个由 77 颗卫星（铱是元素周期表中的第 77 个元素）组成的近地轨道系统将覆盖整个地球，一劳永逸地提供移动电话通信服务。从此，地区就不再是什么局限了。摩托罗拉还得出结论：在各个发达国家里，只要有 100 万人肯花 3 000 美元买一部卫星电话，再加上每分钟 5 美元的使用费，那么这个卫星网络就能很快盈利。

当然了，我们现在都知道，铱星最终在耗费了投资人 50 亿美元的成本之后就宣告彻底失败。事实上，在部署尚未完成之前，这个卫星系统的失败就已成定局，注定成为技术创新的最大受害者。

铱星的失败背后存在多个原因。就在该公司发射这些卫星的过程中，手机信号塔的建设成本在逐步降低，而网络速度也发生了数量级上的提升，手持设备更是变得越来越小、越来越便宜。公正地讲，铱星绝非错估形势的唯一一方，其竞争对手奥德赛（Odyssey）和全球星（Globalstar）也都犯下了相同的根本性错误。实际上，由于一着不慎，错误地认为技术的创新无法跟上市场需求的快速变化，投资人的 100 多亿美元到头来都打了水漂。

据在 2000 年收购铱星的主要人物丹·科卢西（Dan Colussy）所言，这次惨败的一个原因就是该公司不愿意调整商业期望。“铱星的商业计划在该系统开始运营的 12 年前就已注定会失败。”他回忆道。这个时间跨度太大了，大到你根本不可能预测当卫星系统终于部署完毕时数字通信世界会发生什么样的变化。因此，我们将其称为“铱星悲剧”（Iridium Moment），即使用线性的工具和过时的趋势来预测加速变化的未来。

众所周知的柯达公司（Eastman Kodak）的案例也是一个“铱星悲剧”，这家发明了数码相机，又拒绝了数码相机的公司在 2012 年宣布了破产。就在柯达关门大吉的这段时间里，营业仅 3 年，员工仅 13 人的创业公司 Instagram 被 Facebook 以 10 亿美元收购。讽刺的是，当时柯达还持有数码摄影的版权。

铱星的失足和从柯达到 Instagram 的划时代产业变革并非个案。对于美国的《财富》500 强公司来说，如今的竞争对手已不再来自中国和印度了。正如彼得·戴曼迪斯指出的那样，如今的竞争越来越多地来自那些由两个人在车库起家，运用指数型增长技术的创业公司。YouTube 最早是一家资金全来自查德·赫利（Chad Hurley）个人信用卡的创业公司，仅仅过了 18 个月就被谷歌以 14 亿美元的价格收购。Groupon 团购公司在不到两年的时间里就从蓝图摇身变成了价值 60 亿美元的公司。优步公司目前的估值已超过了 170 亿美元，而在短短两年前，相应的数字还只有目前的 1 或 10 而已。我们看到的是一批新时代的

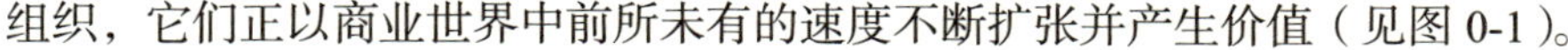

组织，它们正以商业世界中前所未有的速度不断扩张并产生价值（见图 0-1）。

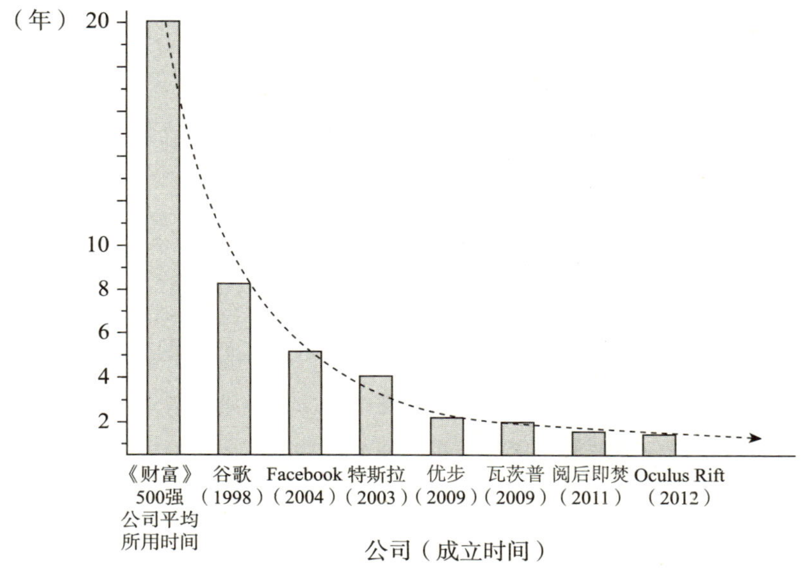

图 0-1　公司市值达到 10 亿美元所用的时间

欢迎来到指数型组织的新世界。在这里，无论是历史也好、规模也好、名气也好，甚至是目前的销售额也好，全都无法保证你能看到明天的太阳，柯达就是一个典型的例子。另一方面，你在这里可以创立一个前途无量、发展又好又快的组织，你可以享受到的成功，即指数型的成功，是过去根本无法想象的。而且，这一切都不需要多么充沛的资源和时间。

我们已步入 10 亿美元级别的创业公司时代，而再过不久，又将会是万亿美元公司的时代，彼时，最优秀的公司和产业将会以近乎闪电般的速度成长。如果你还没有过渡到指数型组织，那么你不仅只能眼睁睁地看着竞争对手越跑越远，而且，就像柯达一样，你会以令人绝望的速度退出历史舞台。

2011 年，巴布森商学院做出预测称，在现有的《财富》500 强公司中，有 40% 都将在 10 年之内消亡。耶鲁大学的理查德 · 福斯特（Richard Foster）则估计，标准普尔指数中的500家上市公司的平均寿命已从20世纪20年代的67年降低到了如今的15年。由于这些巨型公司在面对利用社群、数据挖掘、合成生物学和机器人学等指数型技术的新生代公司时，不仅被迫与之正面竞争，而且还几乎总在一夜之间一败涂地，所以这一时间还将在未来进一步缩短。正如谷歌的崛起所预示的那样，这些新型公司的创始者将会在可预见的未来成为世界经济的领导者。

新发现：组织扩张的“摩尔定律”

在有据可查的历史中，社会生产力在大多数情况下都是其人力资源的函数：成年男性和女性负责狩猎、采集和建造，而儿童则负责帮忙。如果为收获谷物或者狩猎的任务加派一倍的人手，那么社会的产出就能提高一倍。

后来，人类开始驯养牲畜，例如牛和马，从而进一步提高了产出。但是，这个等式依然保持着线性。双倍的牲畜就意味着双倍的产出。

当资本主义市场开始成形，工业时代的黎明到来时，产出完成了一次巨大的跃升。现在，单个个体就能操作相当于10匹马或100个劳工的劳动力的机器。运输乃至分配的速度在增长了一倍之后，发生了人类历史上第一次三倍的跃升。

产出的增长为许多人带来了繁荣，并最终使生活品质发生了多方面的提高。从18世纪末期开始延续至今，很大程度上得益于工业革命和现代科学研究实验室相互合作的成果，人类的寿命延长了一倍，而地球上每个国家的人均财富净值更是增加了两倍之多。

在人类生产力增长的这一最新阶段，限制增长的因素已从人类或动物的数量转变成了机器的数量和投入的资本。将工厂的数量增加一倍就意味着产出将提高一倍。公司已变得越来越庞大，成了如今的全球性企业。规模的膨胀带来了全球影响力的提高，也让公司更有机会成为行业霸主，并最终取得持久而丰硕的盈利和成功。

但是，这样的增长需要耗费大量时间，一般来说，也必须有极其庞大的资本投入。这一切都是代价高昂的，而且大规模招聘所带来的麻烦和设计、制造、分销新设备所遇到的困难也让公司的战线一拖就是好几年。首席执行官和管理人员时常会像铱星一样将公司当作“赌注”，押在需要几亿，甚至几千亿美元巨额资本投入的新战略方向上。好几年内都不可能看到回报的投资对于制药、航空、汽车和能源公司来说已是家常便饭。

尽管这样做也是可行的，但绝非最佳方案。它将过多的金钱和有价值的人才限制在了跨年代的项目中，而且往往在遭遇失败之前，没人知道这些项目有多大的成功可能。这种方案造成了惊人的浪费，不仅失去了追求其他战略的潜力，而且还失去了为人类造福的机会。这样的情况是不可持续，也是不可接受的，尤其是当21世纪的人类所面临的挑战都需要竭尽我们所有的想象力和创造力的时候。一定有一种方法能更好地管理我们自己。既然我们已学会如何规划技术发展，那么现在我们就该学会如何规划组织的发展。这个新时代急需一种新的方法来建立新企业、提高成功的概率，以及应对眼前的挑战。

这个方法就是指数型组织。

指数型组织，撬动世界的新杠杆

让我们从指数型组织的定义说起：

指数型组织（Exponential Organization）是指在运用了高速发展的技术的新型组织方法的帮助下，让影响力或产出相比同行发生不成比例的大幅增长的组织

> **EXPONENTIAL ORGANIZATIONS**
> **指数型组织**
> 指数型组织是指在运用了高速发展的技术的新型组织方法的帮助下，让影响力或产出相比同行发生不成比例的大幅增长的组织（至少10倍）。

（至少 10 倍）。不同于使用人海战术或大型实体工厂的传统组织，指数型组织的建立根基是信息技术，将原本的实体去物质化，转变成需求最大的数字世界中的东西。

这种数字化的转变发生在你目所能及的每一个角落：2012 年，全美 93% 的交易都是数字的；像尼康这样的实体设备公司生产的照相机正在迅速地被智能手机上的摄像头取代；地图制造商被麦哲伦 GPS 系统替代，而后者又由智能手机中的传感器取代；书籍和音乐收藏已转变成了手机和电子书上的应用。类似地，中国的零售商店正被崛起的电子商务科技巨头阿里巴巴取代，大学则受到了像 edX 和 Coursera 这样的慕课的围攻，而特斯拉 S 已经跳出了汽车的圈子，成为一台有轮子的计算机。

在 60 年的时间里，我们见证了摩尔定律的效力。简单地说，就是每 18 个月，计算能力的性价比就会大约翻一番。在 1971 年，普通的电路板还只能搭载 200 个芯片，而随着技术的高速发展，如今我们已能在相同大小的物理空间中实现百万兆的计算能力了（见图 0-2）。

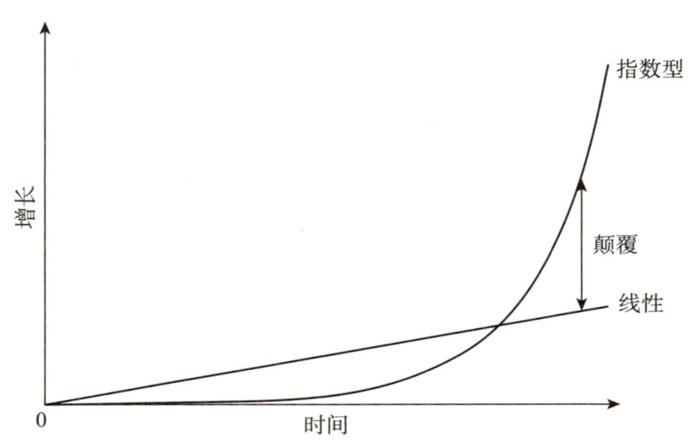

图 0-2　线性增长与指数型增长的比较

这种稳定、超常，堪称不可思议的发展速度让研究了这一现象 30 年的未来学家库兹韦尔得出了以下 4 点重要的观察结论：

- 戈登·摩尔（Gordon Moore）在集成电路中发现的成倍增长定律适用于任何信息技术。库兹韦尔将其称为加速回报定律（Law of Accelerating Returns），并指出计算能力的倍增规律可以一直追溯到 1900 年，远远早于摩尔最初发表该定律的时间。
- 为这一现象提供驱动力的是信息。当任何领域、专业、技术或产业能活用信息，并得到信息流的助力时，其性价比的增长就能实现每年翻一番。
- 一旦这种倍增规律开始成形就不会终结。我们会用目前的计算机设计出更快的计算机，接着再用后者设计比之更快的计算机，以此类推。
- 当代社会经济领域的几项关键技术都能活用信息，因此也遵循着相同的发展轨迹。这些技术包括人工智能、机器人学、生物技术和生物信息学、医学、神经科学、数据科学、3D 打印、纳米技术等。

在人类历史中，这是我们第一次看到这么多技术在以如此快的速度发展。既然我们已将信息融入到身边的一切事物中，那么库兹韦尔的加速回报定律的效应自然是非常重要的。

不仅如此，当这些技术出现交集时，例如利用深度学习的人工智能算法来分析癌症的迹象，创新的步伐将会得到进一步加速。每一次交汇都会给这个等式增加一个新的乘数。

阿基米德有言："给我一个支点，我就能撬动整个地球。"简而言之，人类现在得到了有史以来最长的一根杠杆。

库兹韦尔的加速回报定律和很久以前的摩尔定律突破了半导体世界的局限，已在过去的 50 年里让人类社会发生了翻天覆地的变化。而到了现在，指数型组织这个人类文化和企业的加速现象的最新代表，正在彻底改写商业和现代生活的许多其他方面，并以野火燎原之势迅速将“线性组织”的旧世界远远甩在后面。那些未能改旗易帜的企业将很快与铱星、柯达、宝利来、诺基亚、飞歌、百视达，以及许多其他没能适应高速技术变化的辉煌一时的龙头企业一起，被历史的尘埃所掩埋。

在接下来的内容中，我们将会介绍指数型组织的几个关键的内外部属性，包括其设计（或者说因此而省略了什么）、交流渠道、决策协议、信息基础设施、管理、哲学和生命周期。我们将探索指数型组织在战略、结构、文化、流程、运营、系统、人员和关键性能指标等方面的独特之处。我们还会探讨宏大变革目标（Massive Transformative Purpose）为何对公司而言至关重要。接着，我们会了解如何建立一家指数型的创业公司，如何在中等规模的公司里实践指数型组织方法，以及如何为大型组织量身定制改变方案。

我们的目标并不是写一本理论教科书，而是为读者提供手把手的指南，讲解指数型组织的创立和维护。我们会站在贴近现实且客观实际的立场上，讨论如何组织一家企业，使之有能力在当今这个高速变化的时代中保持竞争力。

尽管我们提出的一些思想可能让你觉得闻所未闻，但其实它们早在 10 年乃至更久以前就已经隐约存在了。2009 年，我们第一次发现了指数型组织范式的雏形，而在之后的两年时间里，我们又注意到了多个遵循这一具体模式的新组织。2011 年，未来学家保罗·萨佛（Paul Saffo）建议本书作者伊斯梅尔提笔，而在最近的 3 年里，我们已对指数型组织模式进行了细致的研究。为此，我们做了以下工作。

> EXPONENTIAL ORGANIZATIONS
>
> **宏大变革目标**
>
> 每个指数型组织都有一个“崇高而热切的目标”，这个目标就是“宏大变革目标”（Massive Transformative Purpose）。Quirky 的宏大变革目标是“让发明触手可及”，奇点大学的宏大变革目标是“为 10 亿人带来积极的影响”。

- 回顾了 60 部经典的创新管理著作，它们的作者包括约翰·哈格尔

（John Hagel）、克莱顿·克里斯坦森（Clayton Christensen）、埃里克·莱斯（Eric Ries）、加里·哈默（Gary Hamel）、詹姆斯·柯林斯（James Collins）、金伟灿（W. Chan Kim）、里德·霍夫曼（Reid Hoffman）和迈克尔·库斯玛诺（Michael Cusomano）。

- 依照我们的调查和框架采访了《财富》200 强企业中数十家的首席执行官。
- 采访或研究了 90 位顶尖企业家和梦想家，其中包括马克·安德森（Mark Andreessen）、史蒂夫·福布斯（Steve Forbes）、克里斯·安德森（Chris Anderson）、迈克尔·米尔肯（Michael Milken）、保罗·萨佛、菲利普·罗斯戴尔（Philip Rosedale）、阿里安娜·赫芬顿（Arianna Huffington）、蒂姆·奥莱利（Tim O'Reilly）和史蒂夫·尤尔韦松（Steve Jurvetson）。
- 调查了世界范围内 100 家增长速度最快且最成功的创业公司的特点，包括独角兽俱乐部（Unicorn Club）的成员，从而弄清楚了这些公司借以实现成倍增长的共同点。
- 回顾和搜集了奇点大学核心教职成员对于各自所在领域前沿中的加速现象和可能对组织设计带来何种影响的演讲和关键性的见解。

我们不敢吹嘘已找出了所有答案，但根据我们并不成熟的经验，在这个充满创新与竞争、瞬息万变的时代，我们相信我们可以为管理团队带来重要结论，帮你剖析这个新世界给我们带来的机遇和责任。即便我们无法保证你获得成功，也至少能让你走上正轨，掌握新的游戏规则。有了这两项优势，再配合你自身的主动性，就会让你有更大的机会在指数型组织的新世界里成为赢家。

EXPONENTIAL ORGANIZATIONS

独角兽公司

“独角兽公司”是艾琳·李 2013 年 11 月在 TechCrunch 国际创新峰会上提出的一个概念，代指那些估值超过 10 亿美元的创业公司。一家公司一旦成长为“独角兽”公司，我们就说它加入了“独角兽俱乐部”。

EXPONENTIAL ORGANIZATIONS

第一部分

指数型组织的前世今生

01 颠覆一切的信息技术

从 2002 年开始，手机行业的增长年年翻番，而不是专家预测的 12%~16%。指数级增长规律不只存在于集成电路上，3D 打印、生物技术等信息技术的发展也遵循同样的规律，库兹韦尔的“加速回报定律”正成为信息技术发展的新范式。看似与信息技术毫无瓜葛的洗车工，都将因此而遭受沉重打击。

智能手机的指数级发展

尽管早期的铱星悲剧已给卫星产业造成了巨大的阻碍，但你或许会感到意外的是，在手机行业里，还发生过许多类似但并不广为人知的铱星悲剧。

20 世纪 80 年代早期，手机既笨重又昂贵，鉴于此，大名鼎鼎的咨询公司麦肯锡（McKinsey & Company）建议美国电话电报公司（AT & T）不要进入移动电话行业，并预测在 2000 年之前，使用中的手机数量不会超过 100 万部。而实际上，到了 2000 年，手机数量达到了 1 亿部。麦肯锡不仅在预测数字上出现了 99% 的差错，而且其建议还导致美国电话电报公司错失了现代商业领域最大的一个机会。

2009 年，另一家大型市场研究公司高德纳（Gartner Group）预言，塞班（Symbian）将在 2012 年成为移动设备的第一大操作系统，享有 39% 的市场份额和 2.03 亿的出货量。高德纳还预测，该公司的领先地位将会持续到 2014 年。在同一份报告中，高德纳指出，安卓（Android）的市场份额将仅为 14.5%。

事实如何呢？塞班在 2012 年年底关门大吉，在那年的第四季度出货量仅为 220 万；而在另一方面，安卓甚至赶超了苹果的 iOS 操作系统，成为如今的移动世界霸主，仅 2014 年一年，安卓操作系统的出货量就超过了 10 亿。

风投资本家维诺德·霍斯拉（Vinod Khosla）进行了一项颇有见地的研究。他回顾了在2000—2010年间，移动电话行业分析师所做出的种种预测。他还研究了高德纳、麦肯锡、福雷斯特研究公司（Forrester）和木星咨询（Jupiter）等大型研究机构的分析结果，了解他们是如何根据上个10年的情况，来预测移动电话行业在接下来两年内的发展的。

霍斯拉的研究表明，2002年，专家们预计移动电话行业的年增长率平均为16%；而实际上，到了2004年，这一行业实现了100%的增长。到了2004年，他们根据过往表现所给出的预计增长率变成了14%；但在2006年，实际增长率再次攀上100%的高峰。等到2006年，分析师们预测说这次销量只能增加12%，结果事实是又一次翻倍。尽管已经有了3次值得警醒的失败，但这帮专家在2008年还是给出了少得可怜的10%的增长率预测，最后他们依然眼睁睁地看着实际数字再度翻番，又一次100%的大攀升。预测数字与实际结果相差10倍本就匪夷所思，偏偏这些人又都是为全世界的公司和政府制订长期战略计划的移动电话行业专家啊。这可真是不折不扣的“谬以千里”了！

分析师们的失败给我们带来的启示是：过去10年里，在移动电话行业的每一个指数级增长点上，全球顶尖的预言家们所给出的预测大都是线性变化。

霍斯拉进而指出，这样的预测误差并不仅仅存在于移动电话行业，也出现在石油产业及一系列其他领域。他的研究结论十分重要，富有价值。我们发现，几乎所有领域的专家似乎都总是以线性方式进行推测，全然不顾摆在眼前的现实。

网络电话和移动通信领域的著名企业家，布拉夫·特纳（Brough Turner），从1990年就开始在该行业创立形形色色的公司。从20世纪90年代初就密切关注业界走向的他，对霍斯拉的分析表示赞同。在最近一次与伊斯梅尔的访谈中，特纳指出，尽管第一轮预期总是偏向大胆，但在最初的18～24个月过去之后，专家们就不由自主地降低了预期目标。尽管如此，移动电话行业的增长率仍保持了整整 20 年。研究机构弗若斯特沙利文（Frost & Sullivan）的 CEO 戴维 · 弗里格斯塔德（David Frigstad）对预测失误问题至少做出了一部分解答："在一项技术翻倍成长时进行预测存在本质上的难度。如果你错过了一小步，就偏差了 50%！"

完成基因测序需要 700 年？

我们最后举一个例子，把这一点说得更透彻些。1990 年，"人类基因组计划"（Human Genome Project）启动了，其目标是完成个人基因组的完整测序工作。当时的预测是，该计划需要耗时 15 年，耗资 60 亿美元左右。然而，在预计时间跨度刚过一半的 1997 年，仅有 1% 的人类基因组完成了测序。每个专家都认为这个计划已经失败了，既然 7 年时间才完成了 1%，那么要想完成整个测序的话，肯定就要花上 700 年了。研究主要参与者之一的克雷格 · 文特尔①（Craig Venter）接到了来自朋友和同事的电话，他们都劝他中止这个计划，以免让自己更加难堪。"别把饭碗给丢了，"文特尔还记得朋友们当时的劝说，"把资金退回去吧。"

不过，当被问到对此事的看法时，库兹韦尔却对这"迫在眉睫的灾难"持完全不同的观点。"1%，"他说，"这意味着我们已经成功了一半。"库兹韦尔注意到了别人都没发现的一个细节：每年完成的测序量都在成倍增长。1% 翻倍 7 次的话，就是 100% 了。库兹韦尔算得没错，而且实际上，该计划在 2001 年就提前完成了，经费也绰绰有余。那些所谓的专家这次整整算错了 696 年。

---

① 克雷格 · 文特尔被誉为"人造生命之父"，是基因测序领域的"科学狂人"，其生命科学专著《生命的未来》已由湛庐文化策划，浙江人民出版社出版。——编者注

加速回报定律，信息技术发展新范式

这其中发生了什么？那些聪明过人、经验丰富的分析师、企业家和投资人怎么会接连不断地失算呢？而且错得还这么离谱，差了99%之多？

要是专家们的预测只是出了一点儿偏差，那么用数据有误或数据不完整这样的借口就能轻而易举地为他们开脱。但是出现如此巨大的误差，几乎肯定是因为专家们对市场的本质规律存在彻头彻尾的误解。他们历来遵循的范式原本完美无缺，但不知何故，在一夜之间就失效过时了。

但是，如果有一个新的范式在现代经济中扮演着核心角色，决定了我们的生活和工作，那么这个范式又是什么呢？

答案就隐藏在本书前言中所提到的那几个小故事里。我们就拿柯达为例，其失败果真像当时的媒体所认为的那样，只是因为这家曾经的巨头公司得意忘形、丧失创新能力了吗？还是说幕后有着更深层次的根源？

如果你经历过的话，可以试着回忆一下胶卷摄影那个时代。在那时，每一张照片都要耗费大量额外成本。胶卷的成本、邮寄或交付胶卷的成本、处理胶卷的成本，到最后，一张照片的成本就累积到了1美元左右。摄影就是这样一个奇货可居的商业模式，我们都小心翼翼地保存和管理着自己的照片和胶卷，保证不会浪费每一次按下快门的机会。

在朝着数码摄影转变的过程中，发生了一个重要的事件，事实上，这更是一个革命性的事件，也是技术的线性改进所带来的必然结果。多拍一张照片的边际成本不仅降低了，而且几乎降到了零。你拍5张照片还是拍500张照片已经没什么区别了，成本是一样的。到最后，就连照片本身的存储也完全免费了。

而且，这还不是唯一的技术跳跃。在有了这些数码照片后，你还能将各式各样的计算机技术应用上去，例如图像识别、人工智能、社交技术、滤镜、编辑和机器学习，等等。现在，对此稍有了解的普通人都能成为爱德华·韦斯顿（Edward Weston）或安塞尔·亚当斯（Ansel Adams）这样的“暗房魔术师”。和实体照片比起来，操作、移动和复制数码照片的速度和难度都得到了空前的改善，因此，你也能同时扮演发行者、印刷者和传播者的角色。完成这一切所需的工具就只是一台数码相机而已，而且其成本和大小仅为被取代的传统相机的几分之一。

换句话说，发生在摄影领域的不仅仅是一次重大改进，甚至也不仅仅是一次革命性的跳跃。若只是遭遇这一挑战的话，柯达或许还有机会保住自己的竞争力。但是柯达和宝丽来等业内其他巨头遭遇的，是来自多方面的革命性技术变化：相机、胶卷、处理、发行、销售、包装、存储，等等。而最终具有决定性的变化，是市场观念翻天覆地的变化。

这就是所谓的范式转变。每一个小故事都给我们上了绘声绘色，而且非常重要的一课,即以信息为基础的环境会带来根本性的颠覆性机遇（fundamentally disruptive opportunities）。

在全球经济中，类似的颠覆数以千计，只不过这种意义深远的转变正从实体的基础转向信息的基础。也就是说，在每一个这样的颠覆中，在每一个革命性的跳跃中，信息都带来了根本性的变化：半导体芯片影响了图像捕捉、显示、存储和控制；互联网改变了供应、分销和零售的渠道；社交网络和群件[①]改组了机构。所有的迹象都表明，我们正在朝着一个以信息为基础的范式（information-based paradigm）转化。

在著作《奇点临近》（*The Singularity Is Near: When Humans Transcend Biology*）中，库兹韦尔发现了技术一个极其重要且根本的属性：当你朝一个以信息为基础的环境转移时，发展速度就会跳跃到一条指数级增长曲线上，性价比将

① 英文为 groupware，一种网络软件概念，它定义了一组（群）人使用的应用程序。——编者注

会每 1~2 年翻一番。

技术界人士都知道，这种变化速度最早是由英特尔公司的联合创始人戈登·摩尔在 1964 年发现和提出的。他这项被命名为“摩尔定律”的不朽发现，已见证了计算机性价比在半个世纪以来势不可当的翻倍成长。正如前言所叙，库兹韦尔将摩尔定律延伸了出去，他指出，每一个以信息为基础的范式都有这样的表现，这就是他所说的“加速回报定律”。

越来越多的人认识到，过去我们在计算机领域目睹的高速变化如今正以相同的效应出现在其他技术上。例如，首个人类基因组是在 2000 年展开测序的，耗资 27 亿美元。由于计算机、传感器和新的测量技术加速发展，DNA 测序的成本变化速度已达到了摩尔定律的 5 倍。2011 年，摩尔博士花了 10 万美元完成了自己的基因组测序。到今天，同样的测序只需花费 1 000 美元左右。预计到 2015 年，这个数字可以降到 100 美元，到 2020 年，也许只需要一枚硬币而已。到时候，用雷蒙德·麦考利（Raymond McCauley）的话来说，“过不了多久，给你的基因组测序就会变得比刷自家马桶还要简便了”。

我们也目睹了机器人领域发生的类似变革。看看孩子们现在在玩的那些 20 美元的玩具直升机吧。就在 5 年前，它们要价 700 美元。而在 8 年前，这些东西甚至还不存在呢。前宇航员丹·巴里（Dan Barry）在评价亚马逊上一款售价 17 美元的玩具无人直升机时说：“在 30 年前，这架玩具飞机使用的陀螺仪，太空飞船的工程师们得花 1 亿美元才造得出来。”

这还只是生物技术和机器人领域罢了。在许多其他技术当中，我们也看到了成本垂直下降的现象（见表 1-1）。

表 1-1　一些新技术中成本垂直下降的现象

技术	实现等效功能的（平均）成本	比例
3D 打印	4 万美元（2007）—100 美元（2014）	7 年 400 倍
工业机器人	50 万美（2008）—2.2 万美元（2013）	5 年 23 倍

续前表

技术	实现等效功能的（平均）成本	比例
无人机	10 万美元（2007）—700 美元（2013）	6 年 142 倍
太阳能	30 美元或千瓦时（1984）—0.16 美分或千瓦时（2014）	20 年 200 倍
传感器（LIDER）	2 万美元（2009）—79 美元（2014）	5 年 250 倍
生物技术(基因测序）	1 000 万美元（2007）—1 000 美元（2014）	2 年 10 000 倍
神经技术(BCI 设备）	0.4 万美元（2006）—90 美元（2011 ）	5 年 44 倍
医学（全身扫描）	1 万美元（2000）—500 美元（2014）	14 年 20 倍

在以上每个领域内，至少都有一个方面正在应用信息技术，因此，它们搭上了摩尔定律的列车，随着加速发展的步伐走上了翻倍的道路。

当然，实体世界并未消亡，但它与我们之间的关系正在发生根本性的变化。你发现了吗？我们当中有不少人的记忆已不再依靠大脑了，只能依靠智能手机。借助于社交网络，我们的关系也越来越数字化，而非模拟化，交流方式更是几乎完全数字化了。我们正在快速改变接触这个世界的渠道，从一个以实体和物质为基础的视角，转变成以信息和知识为基础的视角。

而且，这还仅仅是个开始。10 年前，我们拥有 5 亿部连接到互联网的设备。如今这个数字达到了 80 亿左右。再过 10 年，它又会变为 500 亿，等到 20 年后，我们就会拥有一万亿部连接到互联网的设备。同时，在物联网的世界里，我们可以真正地将世界的方方面面全部信息化。互联网已成了当今世界的神经系统，移动设备则是这个网络上的终端和节点。

想象一下，我们会从如今的 80 亿部互联网连接设备，一跃来到 2025 年的 500 亿，而到 2035 年，又会达到一万亿。在谈论信息革命（Information Revolution）的发展时，我们往往会使用 30 年或 50 年这样的时间尺度来衡量。但从上面的数量尺度看，我们才刚刚走了 1% 的路。我们所迎来的不仅是这场革命的重头戏，更是这场革命本身。而在这一过程中，一切都将被颠覆。

在消费世界中，这种颠覆的强度，如今才刚刚显现。它从某些产品和行业开始崭露头角，例如亚马逊的图书业务和缤客公司（Booking.com）的旅游业务。接着，分类广告和购物网站大肆消灭了报业如克雷格列表和易趣网，而报业在近些年来更是在 Twitter、《赫芬顿邮报》（*Huffington Post*）、异视异色（Vice）和 Medium 面前遭到了进一步的冲击。就在不久前，许多产业都整个被颠覆了，例如音乐业，开先河者是苹果的 iTunes。

到 2014 年，我们都很难找到任何一个尚未遭到根本性颠覆的行业了。不仅公司如此，职业也是一样。正如优秀的天使投资人、Gust 创始人戴维·罗斯（David Rose）所言："我们数得出来的每一项职能都在发生根本性的转变。"就连建筑业这样的"老旧"行业也躲不过颠覆之苦。某建筑公司经理迈克·哈尔索尔（Mike Halsall）告诉我们，他所在的行业遭受了 3 种重大冲击：（1）协作程度提高；（2）前所未有的复杂设计软件和视觉效果；（3）3D 打印。

哈尔索尔预计，由于这些冲击的累加，10 年内建筑业的从业人员数量将降低 25%，而建筑业是一个年产值 4.7 万亿美元的产业。在商业旅游业，捷马旅行（BCD Travel）公司全球技术部执行副总裁拉斯·豪厄尔（Russ Howell）指出：在不到 10 年的时间里，在以电话为基础的呼叫中心完成的交易中，有 50% 都转移到了互联网上。不仅如此，预计在 3 年内，其中又会有 50% 转移到智能手机上。

一切都将被颠覆

当这种新的以信息为基础的范式加速了整个世界的新陈代谢时，我们也越发感受到其对宏观经济的影响力。例如，如今最便宜的 3D 打印机售价仅为 100 美元，这也就意味着，在 5 年左右的时间内，大多数人都能买得起 3D 打印机，用其制造玩具、餐具、工具和零件，甚至我们所能想象得到的任何东西。这场"打印革命"的影响难以估量。

试想一下，在过去几十年的进步中，中国经济的根基依然是制造业。这就意味着在 10 年内，中国经济可能会遭到 3D 打印技术的严重威胁。而这还只不过是对单个产业所造成的影响而已。

在历史上，颠覆性的突破总是发生在不同领域出现交集的时候。例如，将水力与纺织机结合起来引发了工业革命。如今，我们实际上正在将所有创新领域结合起来。而且还不只是那些新领域，类似的碰撞也同样发生在历史悠久的产业里，从艺术到生物学，再到化学和经济学。著名的创新策略咨询公司德布林（Doblin Group）的创始人拉里·基利（Larry Keeley）曾说："在这 32 年来，我从未看到过像今天这样快速的变化。"他的说法一点儿也不令人意外。

就连那些曾一度被认为与技术无缘的产业，也都因信息的连续影响而被撼动了。例如，2013 年 1 月，阿根廷著名企业家圣地亚哥·柏林基斯（Santiago Bilinkis）发现，布宜诺斯艾利斯的洗车工在过去 10 年收益降低了 50%。鉴于阿根廷不断膨胀的中产阶级、豪华汽车销量的稳步上涨，以及那些以炫耀自己亮闪闪的爱车为豪的高端人士的数量猛增，洗车工收入降低是不合理的。柏林基斯花了 3 个月的时间研究这一现象，确认市场上的洗车工数量是否增加了，或者有新的节水政策出台了，事实上都没有。在排除了所有可能性后，他得出了一个结论：由于计算能力和数据预测功能的增强，天气预报准确率提高了 50%。当司机知道要下雨的时候，就没必要特地去洗车了，由此导致了洗车人的减少。于是，天气预报预测能力的提升就给某些看似与技术毫无瓜葛的行业带来了沉重的打击。

为了充分理解时下这股急剧的加速势头，让我们来回忆一下在 20 世纪 90 年代，铱星公司和其他卫星计划中投资的那 100 亿美元吧。在 20 年后的今天，一系列全新的卫星公司，例如天空盒（Skybox）、星球实验室（Planet Labs）、Nanosatisfi 和 Satellogic，都在忙着发射纳米卫星，这些卫星的实际尺寸与一个鞋盒相当。每次发射的成本大约为每颗卫星 10 万美元，相比铱星在构建自家星座时，每次发射耗费的 10 亿美元，这只是一个零头。更重要的是，在发射了一大群纳米卫星，并让它们组成并列的网络阵列后，它们所能做到的事情是过去时代的古董无法企及的。

例如，星球实验室已经拥有了 31 颗轨道卫星，并计划在 2014 年再发射 100 颗。不在阿根廷本国运营的 Satellogic 已经发射了前 3 颗卫星，并很快实现了提供地球上任何地区的实时视频影像，分辨率高达一米。Satellogic 的创始人埃米利亚诺·卡基曼（Emiliano Kargieman）估计，发射整个阵列的成本不会超过 2 亿美元。总而言之，这些新一代卫星公司的运营成本只有 20 年前的万分之一，但它们却实现了约有百倍的性能，相当于性价比增长了 100 万倍。这就是新时代的铱星悲剧。

EXPONENTIAL ORGANIZATIONS

关键要点

- 在指数级改变正成为主旋律的时代，很多领域的专家仍在固守线性思维。
- 从胶卷摄影向数字摄影的革命性转变，正在一些加速增长的技术领域发生。
- 我们正在“信息化”一切。
- 信息化环境为人们提供了根本性颠覆的机遇。
- 即便是传统产业也面临被颠覆的危险。

02

为什么诺基亚收购 Navteq，而谷歌收购 Waze

诺基亚斥资 81 亿美元收购 Navteq，看重的是其实体资产。谷歌以 11 亿美元买下以色列小公司 Waze，看重的是它的 5 000 万用户和这些用户的共享信息。Waze 拥有的交通运动信号数量，是 Navteq 通过实体传感器所获取信号数量的 100 倍。线性的诺基亚和指数的谷歌，早已分出高下。

线性的诺基亚 VS 指数的谷歌

史蒂夫·乔布斯于 2007 年 1 月宣布，在 6 个月后，苹果公司的 iPhone 手机将首度上市。这一消息震惊了全世界，那次的发布会也成了现代商业史上最经典的时刻之一。

毫不夸张地说，高科技世界的一切都在那一天发生了变化，事实上，你甚至可以将其称为一个奇点，因为从那时起，消费类电子行业中的现行策略一夜之间沦为明日黄花。自那个时刻起，人们开始重新审视整个数字世界的未来。

距离苹果公司的发布会两个月后，芬兰手机巨头诺基亚豪掷 81 亿美元，收购了 Navteq。Navteq 是一家导航和地图公司。诺基亚之所以吞并 Navtaq，是因为其是道路交通传感器行业的主导者。诺基亚认为，只要控制了这些传感器，就能统治地图，控制移动及本地在线信息，而这些资产能够成为自己对抗谷歌和苹果日益增长的市场占有率的防御壁垒。

天文数字般的收购价也反映了 Navteq 在道路交通传感器行业近乎垄断的地位。仅在欧洲，Navteq 的传感器就覆盖了 13 个国家，总计 35 座大型城市里大约 40 万公里的道路。诺基亚相信，拥有 Navteq 支持的全球实时交通监控能力，可让自己有能力与谷歌在实时数据领域不断壮大的实力相抗争，同时抵挡苹果公司革命性的新产品。

至少在理论上说，的确如此。可惜诺基亚运气太差，就在同一时间，以色列出现了一家名为 Waze 的小型公司。

与大量投资道路交通传感器硬件不同，Waze 的创始人选择了将位置信息众包出去的策略，利用其用户手机上的 GPS 传感器来获取交通信息，这也是乔布斯宣称的智能手机新世界。在短短两年内，Waze 的交通数据量就赶上了 Navteq 的道路传感器数量，而在 4 年之后，Waze 的数据量更是达到了对手的 10 倍之多。而且，Waze 增加每个新设备所需的成本基本为零，更不用说 Waze 的用户会经常更新他们的手机，这就相当于升级了 Waze 的信息基础。与此相反，Navteq 的系统则要花费重金进行升级。

诺基亚为了能在与 iPhone 的竞争中出奇制胜，押下了极大的赌注，买下 Navteq。这一行为没准会成为商业史上的一段佳话，当然了，前提是只有成功才行。但是，由于诺基亚并没有理解杠杆资产巨大的指数型影响力，这次尝试让其一败涂地。到了 2012 年 6 月，诺基亚的市值已从 1 400 亿美元跌至 82 亿美元，这甚至与其收购 Navteq 的价格都差不多了。就这样，全球最大的手机公司不仅丧失了领先地位，而且由于失去了卷土重来的资本，它已经永远丧失行业领头羊的地位。

2013 年 6 月，谷歌以 11 亿美元买下了 Waze。当时，Waze 既无基础设施，亦无硬件，全部员工也不足 100 人。但是，它却拥有 5 000 万用户。更准确地说，Waze 拥有 5 000 万“人体道路交通传感器”，而这个数字较上年增长了一倍。等再过一年，这个数字很有可能再度翻番，这相当于它在全球范围内拥有 1 亿个传感器。

诺基亚遵循了老旧的线性规则，购买了实体的基础设施，希望这些基础设施能成为有效的防御手段。诚然，这的确是有效的，但也仅限于道路传感器的开发者，而无法与活用信息的手机应用设计者相抗衡。与此相反的是，Waze

只是简简单单地利用了用户的智能手机，就直接跳过了实体传感器阶段。

就在笔者撰写此书时，诺基亚与 Navteq 的故事迎来了尾声：微软以 72 亿美元的价格收购了诺基亚移动电话业务和一系列专利，这个数字与诺基亚收购 Navteq 的价钱相比，还低了大约 10 亿美元。在诺基亚从手机行业的领先地位快速坠落的同时，微软也在拼尽全力为其 Windows Phone 软件争取市场份额。

针对诺基亚收购案，微软官方声称，此举是为了扩展自己在手机行业的市场份额，增加利润，为用户创造一流的微软手机体验，并避免谷歌和苹果霸占手机应用的创新、集成、销售和经营，同时让自己充分利用智能手机产业发展所催生的巨大商业机会。时间会告诉我们这幕剧的最终走向，见证诺基亚收购案到底会成为一桩线性的买卖、指数型的机遇，还是纯粹只是知识产权领域的圈地运动。

Waze 与 Navteq 的恩怨故事意义重大，且与本书息息相关，这不仅是二者谁胜谁负的问题，更是反映了两家公司在对待“拥有”（ownership）这一概念的根本差异。诺基亚耗费了大量的资源，并购数十亿的实体资产，而 Waze 只是访问了用户手机中的信息。

前者是线性思维的经典代表，后者则是指数型思维的典型范例。诺基亚的线性战略是根据实体硬件的安装速度决定的，而 Waze 则利用了可供访问和共享的信息，实现了指数型加速。

线性思维造就线性组织

从远古时代开始，人类就学会了“拥有东西”和“使用权的交易”。这种行为始于部落，用于氏族，随后传播于民族与国家之中，并在近代进入了全球市场，使得人类社会出现了日趋庞大的组织机构。拥有更多的土地、更多的设备、更多的机器、更多的劳动力，总是能创造出更高的价值。“拥有”是管理稀缺资源和保障相对可预测的稳定环境的完美策略。

拥有的东西越多，亦即拥有的价值越多，你也就越富有、越强大。当然，要想管理好这一资产，你就需要人手，而且是大量的人手。如果土地的面积增加了一倍，那么你就需要两倍的人手来耕种或守卫它。幸运的是，当时我们的控制范围并不会跨越太大的地域，因此这种做法是完全可行的。

一旦在管理或保护所拥有的资产需要的人手达到某个关键节点，我们就会创造出阶级。在每一个部落或村庄里，权力结构都存在隐性或显性的阶级规则。部落越大，阶级架构就越大。时光荏苒，这种始于中世纪，并在工业革命中发展成熟，伴随现代公司崛起的本地的、阶级的思维方式，就印刻进了公司和政府的架构中，从那以后再未发生过大幅变动。

现在，依然有人在按照这种线性的尺度来管理和衡量自身，即如果 x 份工作需要 y 份资源，那么 2x 份工作就需要 2y 份资源，并按照算数方式以此类推。

尽管自动化、大规模生产，以及机器人和计算机的虚拟化改变了这条曲线的斜率，但它依然是线性的。如果一辆混凝土搅拌车取代了 100 个手工搅拌混凝土的劳工，那么两辆搅拌车就能取代 200 个劳工。类似的，很大一部分社会资源也都是按照这种方式衡量的，如每 10 万名病人分得的医生数量、每个教师的课程数量、人均 GDP 和能源等。此外，劳工的薪水按月支付，法定税收按月收取，房屋的售价则按平方米来制定。

在商业中，我们制造大部分产品和服务的方式也反映出这种线性的、递增的、连续的思维方式。因此，制造一个产品的经典方法，无论是大型客机还是指甲盖大小的微处理器，就是通过一种叫作新产品开发（New Product Development，简称 NPD）的模板，其中包括以下 8 个步骤:（1）想法的构思;（2）想法的审查;（3）概念开发和测试;（4）商业分析;（5）公开测试和市场测试;（6）技术实现;（7）商业化;（8）新产品定价。

这种流程已深深地烙在现代商业的DNA中，甚至还出现了一个专门的行业协会，叫作产品开发与管理协会（Product Development and Management Association，PDMA）。

你可能认为，尽管这种老式的线性方法依然在许多成熟的产业中广泛应用，但在最新最热门的技术世界里，它早就被舍弃了。你想错了。这种线性流程在全世界的经济领域都非常普遍，只不过在不同的场合被冠以了不同的名字而已。例如，在软件领域，它被称为瀑布方法（waterfall approach，见图2-1）。尽管有敏捷开发（Agile）等新型开发方法半路杀出，更加简化，并将一些步骤改为并行结构，但其基本范式依然是线性且递增的。不管你在制作火车头还是在开发iPhone手机应用，线性产品开发依然是占据主导地位的游戏规则。

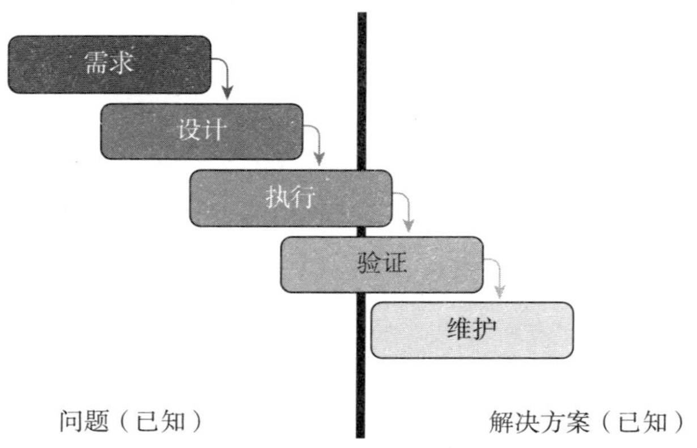

图2-1　瀑布方法（传统产品开发方法）

当你的思维是线性的，行为是线性的，而且衡量世界和成功的方法也是线性的时候，你就会不由自主地走向线性组织的结局，用线性的镜头来观察这个世界。这一点，就连一度身价上千亿美元、走在技术前沿的诺基亚也一样。这样的组织不可避免地会显现下面这些特性：

- 自上而下的层级型组织架构

- 由经济结果驱动
- 线性、顺序的思维方式
- 创新主要源于内部
- 战略规划很大程度上根据过往经验推断而来
- 无法容忍风险
- 僵化的流程
- 大量的员工
- 控制自身资产
- 热衷于为维持现状而大量投资

正如著名商业作家约翰·哈格尔所说："我们的组织建立的目的是为了抵挡外界的变化。"即使这些变化是有益的，也依然得不到组织的接纳。航空工程师伯特·鲁坦（Burt Rutan）一言以蔽之："防御就对了。"

鉴于上述这些特性，线性组织很少会颠覆自身的产品或服务。它们没有这么做所需的工具、态度或观念。它们所做的和它们认为应当做的，就是不断扩张，以充分利用大规模经济的优势。规模，而且是线性规模，就是线性组织存在的意义。约翰·西利·布朗（John Seely Brown）称之为规模效能（scalable efficiency），他指出，这就是驱动着大多数公司战略和公司架构的范式。克莱顿·克里斯坦森在其名作《创新者的窘境》（*The Innovator's Dilemma: When New Technologies Cause Great Firms to Fall*）中就宣扬了这种思维方式。

大多数大型组织都采用矩阵结构（matrix structure）。产品管理、宣传和销售往往组成了垂直阵型，而法律、人力资源、金融和信息技术等支持型部门通常是水平的。因此，管理某个产品法律问题的人就要向两个方向汇报：一个是产品部门的领导，其对利润负责；另一个是法律部门的领导，其工作是确保林林总总的产品之间的一致性。这种模式虽然极有利于指挥和掌控，但却在责任、速度和风险容忍度方面力有不逮。每当你要做什么事情的时候，你不得不事先得到来自人力资源、法律、会计等部门的授权许可，这就浪费了很多时间。

伊斯梅尔在矩阵式结构中发现的另一个主要问题是：时间一长，权力就会朝水平方向转移。通常情况下，人力资源或法律部门都不会主动亮绿灯，它们的默认对策是亮红灯，这也是为何人力资源常常被戏谑为“人逆资源”①的原因。这并不是因为做人力资源的人都是恶人，而是当他们工作时间长了，动机就会变得与产品经理南辕北辙。

在最近几十年里，这场追逐大规模经济的竞赛引发了大型跨国公司的井喷。与此同时，不断刷新的极限尺度所形成的压力也催生了打着削减成本、增加收益，以及放宽底线旗号的离岸外包、跨国扩张和超级并购。

但是，这些改变全都付出了高昂的代价，因为规模与灵活是背道而驰的。无论如何努力，在全球范围内拥有大量设备和数以万计员工的大型公司都难以敏捷地应对这个高速前进的世界。在对指数型颠覆的分析中，哈格尔指出：“指数型世界中存在的一个关键性问题就是，你今天所持有的任何观念都会很快过时，所以你不得不持续刷新对技术和组织能力的认知。这是非常具有挑战性的。”高速或颠覆性的变化是大型矩阵式组织最大的一块心病。实际上，那些做过此类尝试的人都发现，组织的“免疫系统”倾向于对来犯攻击的表面威胁做出响应。奇点大学的首席战略官、维珍集团（Virgin Group）美国风投子公司的前负责人加布里埃尔·巴尔迪努奇（Gabriel Baldinucci）发现，免疫响应可以分为两类：第一类是保护核心业务，也就是保护现状；第二类是保护自身，因为从投资回报率的角度来看，保护自己比保护组织更为有利。

在市场状况保持不变的情况下，传统公司能以很高的效率进行扩张和成长，但同样的原因也让它们在面对颠覆时变得极度脆弱。彼得·蒂尔（Peter Thiel）说得好：“全球化就是从 1 到 N，复制现有产品的过程，但那是 20 世纪的事情了。在 21 世纪，我们进入到从 0 到 1 的世界，由于各式各样的指数型技术崛起，创造性产品会愈发成为公司的头等大事。”

① 原文为 inhuman resource。——编者注

大型公司或许有很多问题，但绝不愚蠢。它们对这种结构上的弱点心知肚明，也有不少正在想尽办法加以弥补。例如，拉里·佩奇在 2011 年 4 月成为谷歌首席执行官后，最先采取的一个行动就是缩减管理层级，将组织平面化。类似的重组也发生在中国的海尔公司和其他大型组织中。尽管其中一些措施确实产生了效果，但从长远的角度来看，这种扁平化策略充其量只是权宜之计，因为它们的员工总数，相当于经济的权重和改变的抗力，根本没有减少。

当然了，并不是所有的产业都在“减肥”。制药业就是一个反其道而行之的行业，但这并恐怕非明智之举。例如，大制药厂（Big Pharma）在 2012 年左右从恰逢其时的明星级药品中尝到甜头之后，并没有分解成多个更为灵活的小规模单元，而是选择了追求大一统的并购之路，令华尔街笑逐颜开。而我们认为，规模增长会进一步降低制药公司的灵活性，从而增加它们遭受冲击的风险。

在所有可能的颠覆源头之中，14 岁的少年杰克·安德拉卡（Jack Andraka）就是一个典范。他一手开发出了一种胰腺癌的早期检验测试法，成本只需区区 3 美分。和先进的诊断手段比起来，他的方法仅为后者成本的 1/26 000，但灵敏度却高出了 400 倍，速度也快了 126 倍。对于像安德拉卡这样在全球范围内涌现出来的神童，大制药厂束手无策，因为他们个个都有颠覆大型公司和经典产业的潜力。当今世界的这些安德拉卡们将指数型的思维方式带进了我们的线性世界，谁都没法阻挡他们。

指数型组织是最有希望的组织

再回到 Navteq 与 Waze 的故事，我们希望能让读者明白的一点是，传统的线性思维方式是不适用于指数型世界的。坦白地说就是，它没有竞争力。伊斯梅尔从 2007 年的雅虎身上就率先发现了这一点。尽管雅虎是一家主流的网络公司，但其运营模式却遵循着经典的线性矩阵式组织结构。每当发布新产品或改进旧产品时，其背后的团队就必须越过好几道关卡，例如品牌、法律、隐私和公共关系等，而每一关都要耗费几天，甚至几周的时间。

这就意味着，等到产品最终进入到消费者的互联网空间时，往往已经太晚了，总是有这家或那家创业公司已占得先机。伊斯梅尔得出结论，雅虎的一个病症根源就是，其组织结构与这个产业是对立的。

雅虎绝非个案，就连神通广大的谷歌也曾陷入这一泥潭。Google+ 在最终发布前耗费了两年的时间和精力。尽管这一产品的制作水准上乘，但等到其在 2011 年夏季发布的时候，Facebook 早已成为不可撼动的霸主了。

正如我们在第 1 章中看到的那样，这种变化的步伐在短时间内根本没有放缓的趋势。实际上，根据摩尔定律，至少在之后的几十年里，它都只可能继续加速，而且是以指数形式加速。如果说过去 15 年来商业世界算是遭受了巨大颠覆的话，那么鉴于这种加速变化对其他技术所带来的交叉冲击，接下来 15 年的颠覆只能让前者相形见绌。

互联网公司已经改变了我们投放广告和市场营销的方法，它们已重塑了报纸和出版的世界，并对人们相互交流和互动的方式产生了深远影响。发生如此变化的原因之一是，产品或服务的传播成本几乎已降到零点，尤其是那些可以几近完全被转换成信息的东西。过去的软件公司在成立时必须要有数百万美元的服务器和软件开销，如今有了亚马逊网络服务系统（AWS），现在的成本已经只剩下一个零头。在现代经济每一个行业的每一领域，都能找到类似的故事。

历史和常识让我们清楚地认识到，若不从根本上改变组织的本质，那就不可能彻底地转变组织的每一个部分，这其中也包括将企业内在的时钟调节到超高速运转。这也就是为什么，在过去几年里已经出现了一种迎合这一变化的新组织架构。而我们之所以将其称为指数型组织，恰恰是因为它代表了最能适应加速的、非线性的、网络驱动的、现代生活节奏的结构。即便是最尖端的传统公司，也只能利用投入实现算术比例的产出，而指数型组织却运用了以信息为基础的技术的倍增指数型规律，用投入成就了几何比例的产出。

为了坐拥这样的增长率，像 Waze 这样的新型指数型组织正在彻底颠覆传统组织。指数型组织并不拥有资产或劳动力，也不会依赖于这些资产寻求利润的增长，而是利用外部资源来实现自己的目标。例如，它们只需维护规模很小的核心员工和设备，当业务急剧变化时就能以极大的灵活性做出应对。它们招揽大量的顾客，在从产品设计到应用开发的方方面面都积极地利用离线和在线资源。它们附着在现有的和新生的基础设施之上，而非想方设法去拥有这些设施。

指数型组织的增长速度如此惊人，原因是它们并未一心一意地占有市场，而是“招揽”市场，借而实现自身的目的。Medium 就是一个很好的范例，它利用自己的用户来提供详尽的文章，给杂志业带来了很大的冲击。

我们相信，指数型组织将会在大多数行业里战胜传统的线性组织，因为它们更擅长利用基于信息的外部因素，而旧式的结构是与信息无缘的，利用信息这一特长让指数型组织有能力比线性的对手成长得更快，甚至快得不可思议，并继续加速下去。

找出这种新型组织形式诞生的准确时间点是非常困难的。虽然指数型组织的不少方面已存在了数十年之久，但直到最近几年，它们才真正开始崭露头角。如果非要找出一个指数型组织的正式诞生日，那么就应该是 2006 年 3 月，亚马逊发布亚马逊网络服务系统，并为中小型企业创建低成本“云”的那一天。从那天开始，运营一个数据中心的成本就从固定资本投资转变成了可变成本。到今天，我们已几乎找不到一家不采用亚马逊网络服务系统的创业公司了。

我们甚至发现了一个简单的计算标准，能够识别和分辨新生的指数型组织：

在 4~5 年内产出至少增长 10 倍。

表 2-1 列出了一些指数型组织和它们在这个最小 10 倍指标上的表现。

表 2-1 一些指数型组织业绩至少提高 10 倍的表现

指数型组织	领域	相比同行业对手的性能提升
特斯拉（Tesla）	汽车	每个员工的市场覆盖率提高了 30 倍
爱彼迎	旅馆	每个员工的订单量增加了 90 倍
GitHub	软件	每个员工的软件仓库量增加了 109 倍
本地汽车公司（Local Motors）	汽车	生产新车型的成本为原来的 1 或 1 000 生产一辆车的流程提速了 5~22 倍（由具体车型而定）
Quirky	快速消费品	产品开发速度提高了 10 倍，从 300 天变为 29 天
谷歌创投	投资	对早期创业公司的投资提高了 2.5 倍 通过设计流程的速度提高了 35 倍
维尔福	游戏	每个员工的市场覆盖率提高了 30 倍
加拿大直销银行（ING Direct Canada）	银行	每个员工的客户数量提高了 7 倍，每位客户的存款增加了 4 倍

我们再来看看 Waze。借助用户手机上的信息，Waze 目前拥有的交通运动信号数量是 Navteq 通过购买埋藏在道路上的实体传感器获得的信号数量的 100 倍。纵有数千名员工，线性的诺基亚也依然被 Waze 这样一个由区区数十名员工组成的小型创业公司以迅雷之势赶超和击败了。诺基亚认为它是手机世界的霸主，尽管这的确曾是事实，但到了新的范式中，它却连“霸”字的边也沾不上了。

让 Waze 大获成功的关键性因素有二，而这两个因素也同样适用于所有新一代的指数型公司：

- 借用非公司所有的资源。Waze 公司就利用了本就安装在用户智能手机上的 GPS。
- 信息是公司最重要的资产。信息比其他任何资产都更为可靠，并

> 且具有持续成倍增长的潜力。成功的关键并不是单纯地聚集资产，而是从现有信息中获取有价值的精华。

纽约科技大会主席安德鲁·雷西（Andrew Rasiej）的这番话颇有见地："我把 Waze 视为一个公民应用。它在收集有关公共场所中汽车和人的运动信息。你能利用这些数据做到更多的事情吗？"如果把雷西的见解再深入一步，那么在指数时代中，真正的、根本性的问题就是：还有什么可以信息化（information-enabled）？

当你获取资源，并活用信息时，最重要的收获就是让自己的边际成本降到了零。谷歌可以算得上是运用信息的指数型组织的鼻祖了，因为它所扫描的网页都不是属于自己的。其盈利模式在 10 年前还是天方夜谭，如今却让谷歌成了一家价值 4 000 亿美元的公司，而它实现这一里程碑的根本手段就是运用文本信息，现在还包括视频。领英和 Facebook 加起来的价值超过了 2 000 亿美元，而这其实只是将我们的人际关系数字化所带来的结果，也就是说，把人际关系变成信息。

我们相信，在未来几年内，最伟大的新兴企业要么是将全新的信息作为业务基础，要么是将过去模拟类型的环境转换成了信息。而这里面的环境与硬件之间的关系正变得越发紧密：如前所述，传动系统中仅有 17 个不同运动零件的特斯拉 S 可以被看作一台装饰成超高性能豪车的计算机，它可以通过下载软件进行每周更新。

对于能支撑新兴公司和产业的全新信息进行搜索，这正是大数据（Big Data）的核心。在将庞大的数据和强有力的新型分析工具两相结合后，我们就有机会以全新的方式来看待这个世界，并最终将获得的信息转变成新的商业机会。

大数据正如雨后春笋般从各个角落涌现出来。举个例子，我们刚才提到了 3 家独立从事近地轨道卫星业务的初创公司，它们将在几年时间内给我们带来这颗星球上任何地区的实时影像和图片。尽管伴随着近地轨道卫星系统的建立，不可避免地会滋生相关的隐私和安全隐患，但毫无疑问的是，到时候会出现数十、甚至数百家利用这一庞大而崭新的信息的全新公司。

通过卫星系统，也许你可以计算出全国每一家大型超市的停车场里的泊车数量，也许能预测像海啸和台风这样的自然灾害及其后果，也许能计算亚马孙河沿岸地区的耗电量在夜晚提高了多少，也许能实时追踪全世界每一艘货轮。到那时，这些很快都将成为现实。纳米卫星是一种可能，像谷歌的 Project Loon 和 Facebook 的无人机战略那样的全球互联网连通计划也是一种可能。

更为前沿的是谷歌的自动驾驶汽车。它所采用的关键性导航技术是激光雷达，英文简称 Lidar。每一辆车的车顶都安装了不断旋转的激光雷达，它会构建出周边约 100 米范围内的实时 3D 地图。在移动时，谷歌汽车每秒会收集将近 1GB 的数据，并构建出分辨率高于 1 厘米的周边 3D 地图。它还可以对两张图片进行完美的前后对比分析。当你挪走了前门廊的一块挡板、忘关了一扇窗，或者小鬼头夜里偷偷从卧室里溜出来时，谷歌都会看在眼里。

这不只是静态信息，也是动态信息，即并非仅仅表示现实世界是什么，而是表示它如何变化的数据。这些数以 PB 计的海量数据可以通过分析得以细化，从而找到过去未曾发现的关于我们生活的这个世界的秘密，而这些真相会带来目前无法想象的机遇。

之前提到过，在过去几百年内所设计的、以层级方式管理实体资产或人员的传统组织结构，正迅速退出历史舞台。为了能在这个高速变化的世界中保持竞争力，我们就需要一种新型的组织，一种不仅能应对这些变化，而且能借之东风的组织。

我们在第 1 章讨论了所谓的铱星悲剧，而恐龙灭绝的真相恰好来源于在岩层中发现的铱元素，这可真是一个颇为讽刺的巧合；而到了今天，造成毁灭的使者成了信息彗星（Information Comet）。也许我们正迎来一个群体性的铱星悲剧，所涉及的并不只是某一家未能认清周边技术变化颠覆性本质的大型公司，而是整个“物种”，而且是占据统治地位的物种，即现代经济当中的所有大型公司，或许它们目前都面临着与铱星相同的命运。

本书接下来的主题就是寻求一种策略，让新老公司都能在这个新世界中生存兴旺。指数型组织有能力适应这个由深不可测、无所不在的信息所构成的新世界，并将其转变成竞争优势。实际上，指数型组织就是对这个指数型新世界的合理商业解答。

我们接下来会更深入地分析这种令人瞩目的全新组织形式：它如何运作、如何构成、如何扩张运营规模，以及为何能在发生变化的市场中取得成功，而其他老旧的组织却败走麦城。其中最重要的是，我们会探索，为何指数型组织是我们获得商业成功的必然归宿。

畅销书《超级天使投资：捕捉未来商业机会的行动指南》（*Angel Investing: The Gust Guide to Making Money and Having Fun Investing in Startups*）的作者戴维·罗斯对此有一番激情澎湃的总结：“任何为了在 20 世纪取得成功而设计的公司都注定会在 21 世纪灭亡。”

EXPONENTIAL ORGANIZATIONS

关键要点

- 我们的组织结构进化至今，是为了能管理稀缺资源。“拥有”的概念适用于稀缺资源，但使用或共享的概念更适合富足的、以信息为基础的世界。
- 尽管以信息为基础的世界正以指数级速度发展，但我们的组织结构却依然是线性的，尤其是大型组织。
- 我们已经学会了如何实现技术的成倍增长；现在该学习如何让组织成倍增长了。
- 矩阵式结构无法适应指数型的、以信息为基础的世界。
- 指数型组织已经学会了如何在这个以信息为基础的世界中生存下去。

EXPONENTIAL ORGANIZATIONS

第二部分

指数型组织的 11 个最强属性

03

宏大变革目标，指数型组织的最重要属性

指数型组织的一个共同点是：他们都有一个崇高而热切的目标。Quirky 的目标是“让发明触手可及”，奇点大学的目标是“为 10 亿人带来积极的影响”。这个目标就是“宏大变革目标”。足够鼓舞人心的宏大变革目标本身就是一种竞争优势，它会激励人们创造出自身的社区、群体和文化。

指数型组织的宏大变革目标

现在的公司总是自诩能比以前的公司更快地在市场中推出产品和服务。它们的年度报告、广告和路演无不大肆吹嘘自己如何万能、如何加速了供应链、如何缩短了认可周期，以及如何改进了销售渠道。

最后我们看到的是，时下一般的快速消费品行业（Consumer Packaged Goods，简称 CPG）的公司平均需要耗费 253 天时间，才能完成一个新产品从发明到摆上零售商货架的周期。而无论事实如何,这已经可以算是“突飞猛进”了。

我们来看看 Quirky，这是一家同属于快速消费品行业的指数型组织先锋。而像上面这样的周期，它只需 29 天就能完成。就在短短 29 天内，一个刚刚萌生的想法就会变成你家门口的沃尔玛里销售的商品了。

传统的汽车公司约需 30 亿美元才能将一款新车型推向市场，而本地汽车公司这个指数型组织却能用区区 300 万美元做到相同的事情。尽管二者的生产规模不能同日而语，但本地汽车公司在这方面确实实现了 1 000 倍的突破。

接下来，我们再看看爱彼迎，这家公司打的是用户闲置床铺的主意。创立于 2008 年的爱彼迎目前拥有 1 324 名员工，经营着 33 000 座城市里的 50 万笔租赁信息。令人难以置信的是，丝毫没有实体资产的爱彼迎却拥有接近 100 亿美元的估值。这个数字已经超过了拥有 45 000 名员工和 549 处地产的凯悦酒店（Hyatt Hotels）。而且，比起发展相对较为平缓的凯悦，爱彼迎每晚租出去的房间数量正以指数级速度增长。按照目前的步伐，爱彼迎将会在 2015 年年底成为全球最大的旅馆经营公司（见图 3-1）。类似的，被称为“汽车界爱彼迎”的优步的估值也达到了 170 亿美元。优步的业务是将私人汽车转变成出租车。和爱彼迎一样，优步没有资产，没有多少员工，并且也正以指数级速度成长。

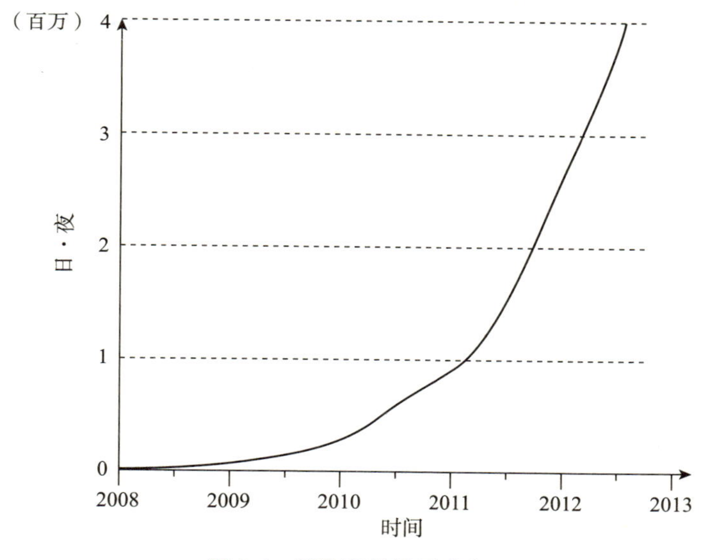

图 3-1　爱彼迎的发展速度

如果这几百亿美元的估值在你眼里已司空见惯，那么不妨再回头仔细看看，不过这一次请提醒自己，这些指数型组织成立时间全都不满 6 年。

和我们在第 2 章中看到的 Waze 一样，指数型组织能实现如此夸张的扩张速度，得益于两个关键性的驱动因素。第一个要素是，公司产品在某个方面运用了信息，因此，根据摩尔定律，它就能吸纳信息增长的成倍加速特性。

第二个要素是，由于信息在本质上是流动的，所以那些面向用户、粉丝、合作方或普通大众的大型商业功能都可以被转移到组织外部。

现在，让我们研究一下指数型组织的几个主要特性。根据对在过去6年里全球范围内成长速度最快的100家创业公司的研究，我们找出了所有指数型组织的共同特点。宏大变革目标（Massive Transformative Purpose）就是其中之一，除此此外还有其他10个属性，均反映出了这些公司得以实现指数级增长的内部属性和外部属性。我们将5个外部属性按首字母缩写为SCALE①，5个内部属性则缩写为IDEAS②。虽然并不是每一个指数型组织都具备全部10个属性，但其具备的属性越多，扩张速度就可能越快。我们的研究表明，只有在上述属性中达到了至少4个，才有被称为指数型组织的资格。

在本章中，我们会探讨宏大变革目标。在下面两章中，我们会研究组成SCALE的5个外部属性和组成IDEAS的5个内部属性（见图3-2）。

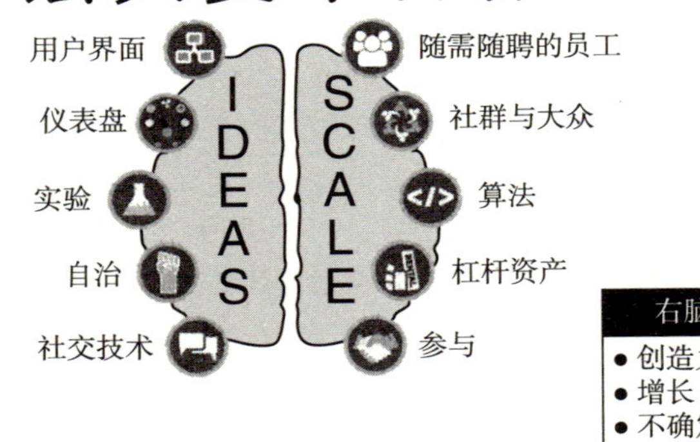

图3-2 指数型组织的11个最强属性

① 直译为“扩张”。
② 直译为“创意”。

宏大变革目标是一种竞争优势

指数型组织全都野心勃勃，这几乎是个必然规律。其背后也是有道理的：如果一家公司的眼界很窄,那它就不太可能会追求能实现高速增长的商业战略。即便这家公司误打误撞地实现了相当程度的增长速度，其业务规模也会很快与其商业模式脱节，并导致公司迷失方向。因此，指数型组织必须高瞻远瞩。

这就是当我们在研究现有的指数型组织的定位宣言时，为什么会看到许多放到几年前会被贴上“狂妄自大”标签的口号的原因：

- TED：值得传播的思想。
- 谷歌：管理全世界的信息。
- X 大奖基金会：为人类的福祉带来本质性的突破。
- Quirky：让发明触手可及。
- 奇点大学：为 10 亿人带来积极的影响。

乍看起来，这些声明似乎都有赶时髦之嫌，因为近些年来，把公司的口号改得更加简短、明了和意涵广泛已成为一种趋势。但细细品味后你会发现，上面的每一句话同时也透露着壮志豪情。没有一句说的是这家公司在做什么，而都是在说它想要实现什么。这些愿望也都不是具体的，更不涉及技术细节；相反，它们的主要目的是吸引组织内部和外部的人，抓住他们的心灵和思想，甚至是想象力和志向。

接着，这就成了宏大变革目标，即一个组织崇高而热切的目标。我们所知的每一个指数型组织都有这样的目标。有的立志要改变地球，有的则想要改变某个产业。根本性的转变是主旋律的转变。老一辈的公司可能在做出此类宣言时有所顾忌，但如今的指数型组织却能真诚而自信地宣布自己的志向，致力于将奇迹带入现实。就连身处规模相对较小的市场中的公司也能“立宏大变革目标之志”：举个例子，美元剃须俱乐部（Dollar Shave Club）就正在改变剃须业，其口号是“每月 1 美元”。

需要指出的一个重点是，宏大变革目标并非什么任务宣言。我们来看看思科的任务宣言，它一点儿都谈不上鼓舞人心或心怀壮志。思科的任务宣言是："通过为我们的客户、员工、投资人和生意伙伴创造史无前例的价值和机会，塑造互联网的未来。"尽管这其中有目标，也算得上宏大，但显然谈不上什么变革。不仅如此，同样的宣言可以直接套用在至少十几家互联网公司身上。如果让我们来为思科设计宏大变革目标，那么很可能是类似于这样的："随时随地，连接你我，连接一切。"你看，这是不是感觉激动人心了呢？

适当的宏大变革目标所带来的重要效果就是它能产生一种文化运动，即约翰·哈格尔和约翰·西利·布朗所说的"拉动力"（Power of Pull）。也就是说，足够鼓舞人心的宏大变革目标会围绕着指数型组织建立起一个社群，这个社群会自我发展，最终创造出自身的组织、群体和文化。你见过苹果专卖店门口排队的长龙吗？见过报名参加 TED 年度大会的候补名单吗？指数型组织都拥有自发形成的生态系统。客户对产品或服务的钟爱，让这些产品和服务从核心组织中被抽离了出来，客户构造出独立的圈子，衍生出营销和支持服务，甚至还能担当设计和制造的任务。以 iPhone 为例：在无穷无尽的配件产品和数百万由用户编制的应用程序面前，苹果公司还能算是 iPhone 的所有者吗？

这种由宏大变革目标激发的文化转变又会产生进一步的影响。其一就是，它将团队的关注焦点从内部政治转向了外部影响。大多数当代的大型公司都更关注内部，因此往往减弱了与市场和顾客的联系，而与外部的接触最多只有一些生硬而呆板的市场调查和讨论会。

在这个时刻发生巨变的世界里，这将是一个生死攸关的观念。现代企业必须始终将目光朝向外部，而且不能仅仅盯着高速发展的技术或竞争威胁。如果你在谷歌工作，那么就需要像该公司的口号一样一直问自己："我该如何更好地管理全世界的信息呢？"而在奇点大学，每当遇到转折点时，我们都会扪心自问："这能否给 10 亿人带来积极的影响？"

在一个不错的宏大变革目标中，起决定性作用的是其中的目标。参照西蒙·斯涅克（Simon Sinek）的开创性研究成果，目标必须解答下面两个关键性的“为什么”：

- 为什么这是可行的?
- 为什么这个组织可以存在?

强有力的宏大变革目标会给先行者带来特别有效的帮助。如果宏大变革目标把话都说满了，那么竞争对手就别无他法，只能屈居其下。毕竟现在的其他公司不太可能再蹦出一句：“我们也要管理全世界的信息，但会做得更好。”可以想见，在不远的将来，一旦各家公司都意识到这一独到的优势，必将掀起一场天才宏大变革目标广告语的“圈地运动”。

强有力的宏大变革目标还能成为吸引人才的绝妙广告，更是留住尖端人才的磁石。在如今超高竞争强度的人才市场中，这两者已成为越发困难的课题。除此之外，宏大变革目标在随机成长阶段中可以成为一股维持稳定的力量，减少组织在扩张过程中出现的混乱。

宏大变革目标不仅是吸引顾客和留住员工的有效手段，而且还对宏观上的公司生态系统有所裨益，如开发者、创业公司、黑客、非政府组织、政府、供应商、合伙人，等等。因此，它也能帮组织降低获取、交易和保留这些利益共同体的成本。

宏大变革目标并不是在孤军作战；相反，它们就像影子一样，影响着组织的每一个部分。红牛就是先例，其宏大变革目标是“你的能量，超乎你想象”。

我们预计，再过一段时间，人们就会将品牌融入到宏大变革目标中去，并随之展开更加壮阔的宏图伟业。这是为什么呢？因为激动人心的品牌可以在指数型组织的社群中创造积极的反馈回路：顾客对产品的印象会更好，并为自己能成为一场愈演愈烈的运动的一分子而备感骄傲。激动人心的品牌通过利用内部动机而非外部动机，就能降低成本、提高效能和加快学习速度。

宏大变革目标还能带来经济上的优势。这个世界正面临着许多重大挑战，正如彼得·戴曼迪斯所说："这个世界最大的问题就是这个世界最大的商机。"由此看来，我们相信在接下来的10年里，就连股东都会把宏大变革目标融合进他们的投资战略中去。

与宏大变革目标遥相呼应的是，我们还发现在全球范围内出现了一股社会企业（social enterprise）的激增。2013年G8的一份研究估计，社会企业的数量有68.8万家，年产值为2 700亿美元。这些组织的形式各不相同，如良心公司，或称B类公司；三倍底线公司，或称L3C；自觉资本主义运动、慢钱运动，但都在宏大变革目标中将社会和环境问题与商业结合在了一起。这股风潮起源于各类组织的企业社会责任（corporate social responsibility，简称CSR）的兴起。在2012年，有57%的《财富》500强企业发布了企业社会责任报告，而这个数字相比去年提高了一倍。区别在于，企业社会责任对于大部分公司来说，是核心业务的附加品；但对于社会企业来说，企业社会责任本身就是其核心业务。

积极心理学之父马丁·塞利格曼①（Martin Seligman）将幸福分成了三种状态：愉悦的生活，即享乐主义的、肤浅的；良好的生活，如和谐的家庭与朋友关系以及有意义的生活，如寻找目标、超越自我、朝着更好的方向努力。研究表明，千禧年一代，即出生于1984年至2002年间的人，普遍表现出寻求生活意义和目标的主流倾向。在全球范围内，这些人正变得更加激情洋溢，因此他们会被吸引而成为同样激情洋溢的组织的顾客、员工和投资者。而这些组织正是那些拥有宏大变革目标并践行其宗旨的公司。实际上，我们相信，人们还会拥有与组织宏大变革目标并列、重叠并且共存的属于自己的宏大变革目标。

① 马丁·塞利格曼的主要关注点是如何帮助人们建立幸福感，并让幸福感持续下去。其积极心理学五部曲《持续的幸福》《真实的幸福》《认识自己，接纳自己》《活出最乐观的自由》《教出乐观的孩子》中文简体字版已由湛庐文化策划，浙江人民出版社出版。——编者注

根据联合国的说法，极端贫穷人口在过去的 30 年里降低了 80%，而且在 2020 年之前，有上网能力的人口数量将达到 50 亿之多。我们预计他们都会在寻求自我实现的过程中遵循马斯洛的需求层次理论（Hierarchy of Needs）。这不正是宏大变革目标的另一种表述方法吗？

宏大变革目标

为何重要？

——让连贯的指数级增长得以实现

——融合集体的壮志豪情

——吸引整个生态系统中的尖端人才

——支撑合作的、非政治的文化

——实现敏捷性和学习性

依赖关系或前提条件

——必须是独特的

——领导者必须说到做到

——必须达到所有 3 个字母的要求

04

指数型组织的 5 大外部属性（SCALE）

指数型组织应该有利于组织的快速扩张。为了做到这一点，它应该具备以下 5 种属性：员工随需随聘，取代传统的岗位聘任制；把一大群充满热情、愿意奉献时间和专业技能的爱好者组建成社群，并吸引更多的大众；获取海量数据并确立自己独特的算法；用杠杆资产取代实体资产；采取巧妙方法让用户参与进来。

我们已经理解了宏大变革目标的意义和目的，那么下面就该轮到定义一家指数型组织的 5 种外部属性了，它们组成了我们所说的 SCALE：

- 随需随聘的员工（Staff on Demand）
- 社群与大众（Community & Crowd）
- 算法（Algorithms）
- 杠杆资产（Leveraged Assets）
- 参与（Engagement）

外部属性 1：随需随聘的员工

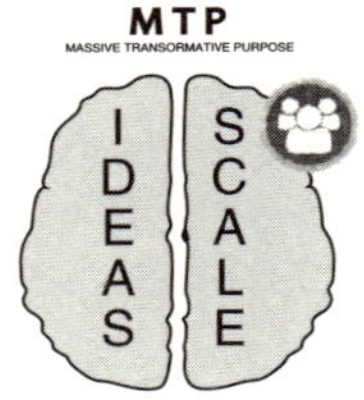

在阿斯彭研究所（Aspen Institute）2012 年的白皮书中，麦肯锡合伙人迈克尔·崔（Michael Chui）是这样描述 20 世纪的雇佣理论的：

> 掌控人才的最佳方法就是通过全职、独家的雇佣关系，根据人们在公共办公区域工作的时间支付报酬。他们应该接受稳定的层级管理，主要根据上司的判断对其进行评价，并且事先规定好他们的工作内容和方法。

紧接着，他逐句分解了上面这段话的内容并指出，仅仅过了 10 年，这一理论便已彻底过时。这个理论已完全无法适应现在的世界了。

对任何指数型组织而言，随需随聘的员工是在快速变化的世界中实现速度、功能和灵活性的必要特性。利用组织根基之外的人员是创造和运营一家成功的指数型组织的关键之处。事实上，无论你的员工多么有天赋，其中大多数人都很有可能迅速过时，并失去竞争力。

正如约翰·西利·布朗所发现的那样，过去你学一项技能，其半衰期大概是 30 年。而如今这个周期已降到了 5 年左右。在《至关重要的关系》（*The Startup of You*）一书中，领英创始人里德·霍夫曼指出，个人将会更多地学会按照公司的模式来管理自己，而品牌管理（这不就是宏大变革目标吗！）、市场宣传和销售职能全都会被压缩到个人身上。类似的，1991 年诺贝尔经济学奖得主罗纳德·科斯（Ronald Coase）发现，现代的企业更像是家庭，而不是产业，公司也更像是一个社会结构，而非经济结构。

对时下的任何公司来说，拥有永久性的全职员工团队，正充斥着越来越多的风险，因为员工可能无法及时更新自己的技能，这就导致人员管理的难度变得更大了。在高速变化、由互联网驱动的全球市场里，这些一个比一个急切的组织正在转而寻求外部的临时劳动力，以填补专业能力的空缺。例如，为了保持组织整体技术能力不落伍，澳大利亚最大的保险公司亚安障（AMP）要求其 2 600 多人的 IT 部门半数由合同工构成。据亚安陪集团的全球执行官安妮莉·基利安（Annalie Killian）所言，这一规定不仅有益，而且在眼下这个时代，也是必然的。

尽管维护永久员工团队可能在某些如航运、矿产开发，或建筑这样的装备和资金密集型产业里的重要性仍在提高，但在任何一家应用信息的公司里，庞大的内部员工团队似乎正变得越来越没有必要、反生产力，而且成本高昂。那些声称自由职业者和合同工只能给管理层增加额外负担的陈词滥调已经不攻自破：有了互联网，寻找和追踪外部员工团队的成本几乎降到了零。除此之外，由于互联网用户数量的迅猛上涨，自由职业者的容量和质量也在过去 10 年里大幅提高。

依赖于 50 万智能手机用户的 Gigwalk 是一个很好的例子，它展现了这种新的雇佣方式的运作模式。当宝洁想知道自己的商品被摆放在全世界沃尔玛超市货架的哪一个角落时，就可以使用 Gigwalk 平台，立即雇用数千人，以每人几美元的佣金让他们到沃尔玛去一探究竟。不出一个小时，宝洁就能得到想要的答案。

像 Gigwalk 这样拥有员工按需聘用策略的初创公司，正如雨后春笋般在世界各地崛起：oDesk、Roamler、Elance、跑腿兔和堪称老前辈的亚马逊“土耳其机器人”（Mechanical Turk）都提供了这样的平台，在这些平台上，你可以把包括高端技能劳动力在内的各种层次的工作外包出去。这些平台虽然只是代表了这种全新商业模式的第一波浪潮，但它们已经改变了“花钱提高性能来降低顾客流失风险”的概念。

对有能力的工作者而言，为多个项目工作并获取报酬是一件尤为令人欣喜的事情。不过，我们还可以换个角度来看待这个现象：创意的多样性也因此提高了。例如，数据科学公司 Kaggle 推出了一个举办个人和公共算法竞赛的平台，让全球超过 18.5 万名数据科学家争夺名次和知名度。2011 年，麾下收有 40 名顶尖职业精算师和数据科学家的保险业巨头好事达（Allstate）想看看自己的资产算法是否有改进的空间，就在 Kaggle 上举办了一场竞赛。

结果，在不到 3 天时间内，好事达在过去 60 年里精心推敲的算法就被 107 支参赛队伍击败了。当这场竞赛在 3 个月后结束时，好事达的原始算法得到了 271% 的改善。

尽管竞赛奖金耗去了该公司 1 万美元，但据估算，优化算法带来的成本节约将高达每年几千万美元。这样的投资回报率耐人寻味！

实际上，在Kaggle迄今为止举行的150场竞赛中，外部的数据科学家每次都能击败公司的内部算法，而且差距往往很大。在大多数情况下，作为非专业人士的外来者都能击败某一特定领域的专家，这表现出紧跟时代的思维方式和多样化视角的力量。

在过去的年代，拥有庞大的劳动力可以让一个企业独占鳌头，实现更多的可能性。但如今，同样庞大的劳动力却可能成为一柄沉重的锚，阻碍企业运作灵活性，降低速度。更有甚者，传统产业想要招募像数据科学家这样按需聘用性质的高技术工作者是非常困难的，因为在他们看来，这样的职位带来的机会很少，而管理层的负担却很重。

德勤咨询公司（Deloitte）牵头的一项研究表明，在近期毕业的数据科学专业的学生当中，有98%效力于谷歌、Facebook、领英或各种各样的创业公司，而其他公司能寻觅的剩余人才寥寥无几。

不过，即便是谷歌旗下的5万名天才员工，在如今24亿网民的集体智慧面前也只能相形见绌。我们毫不怀疑，这一知识资本的大规模集合所蕴含超常之力，终有一天会大发神威。《连线》杂志前主编克里斯·安德森曾说：

> 现实情况是，世界上大部分聪明绝顶的人都没有恰当的文凭。他们不会说恰当的语言，没能成长于恰当的国家，也没有上过恰当的大学。他们不认识你，你也不认识他们。你找不到他们，而且他们已经有了工作。

在为本书做相关研究工作时，我们很快发现，把任何一件事情外包出去实在是太简单了。实际上，畅销书《每周工作4小时》（*4-Hour Workweek*）的作者蒂莫西·费里斯（Timothy Ferris）就围绕这一主题提出了许多洞见。

一家名为Advisory Board Architects（简称ABA）的公司就是一个典型案例，他们将随需随聘员工的概念提升到了一个新的高度。ABA发现，所有公司的管理委员会都存在两大问题：首先，正如 ABA 的合伙人吉米 · 格雷格 - 梅耶尔（Jaime Grego-Mayer）指出的，“有 95% 的管理层员工都根本没有得到妥善管理”，因为首席执行官的大部分注意力都放在了对公司的管理上。

其次，开除一个没有作为的管理委员会成员会带来微妙的政治麻烦。这件事会让首席执行官很为难，所以通常很少见。

ABA 为各家公司提供了针对管理委员会的人力资源服务，让其他公司的首席执行官能将管理和跟踪管理委员会的工作外包给他们。ABA 会给每一位管理委员会成员建立一系列评价体系，例如每个月打三通电话要求其办公室开放，然后对这些指标进行记录。如果有委员会成员玩忽职守，ABA 就会处理此事，把他赶走，这样一来首席执行官则无须为之苦恼。

2010 年，全世界的网民数量为 12 亿。等到 2020 年，这个数字会达到 50 亿。届时，互联网上将会多出近 30 亿的人力和脑力，他们可以通过智能手机、平板电脑或者在网吧里贡献自己的劳动力。到那时，互联网释放出的能量将不可估量。

面对如此猛攻，被永久性的全职员工拖累的传统组织如何招架得住呢？

随需随聘的员工

为何重要？

——让学习变为可能（最新观念）

——变得更加敏捷

——让核心团队之间形成更强烈的联系

依赖关系或前提条件

——随需随聘的员工用户界面

——明确的任务规范

外部属性 2：社群与大众

社群

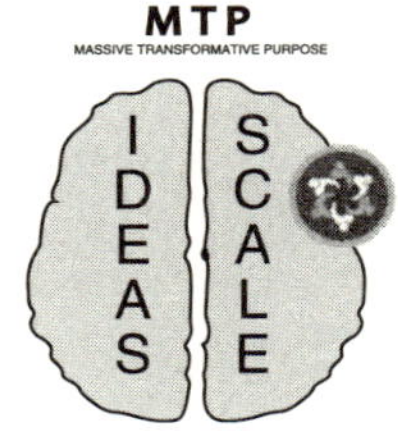

从 2007 年 5 月开始，克里斯·安德森就开始营建一个名为 DIY 无人机的社群。这个社群现已扩张到将近 5.5 万名会员，他们可以设计和制造出与美国军方使用的“掠食者无人机”（Predator）极其相似的机型。目前 DIY 无人机能实现掠食者 98% 的功能。但两者之间存在一个主要差别：掠食者的造价高达 400 万美元，而 DIY 无人机的成本只有 300 美元。

没错，在这 2% 的性能差异中，有不少都属于武器系统……但即便如此，他们又是如何做到的呢？

其原因就是，安德森组织了一大群充满热情、愿意贡献出时间和专业技能的爱好者。“如果你建立了一个社群，并公开地做些事情，”安德森说，“就没必要去寻找合适的人才了，因为他们自然会找到你。”

在整个人类历史中，社群最早是基于地理位置，后来基于意识形态，然后演变成了行政机构。正如部落基于某种宗教意识形态演变出了君主政体和国家。然而，如今的互联网正在创造出基于共同属性的社群（trait-based communities），社群使得拥有相同目的、信仰、资源、偏好、需求、风险和其他特性的人聚在一起，而这些都与实体无关。对于一个组织或企业而言，其社群就是由核心团队成员、前任团队成员、合伙人、经销商、顾客、用户和粉丝组成的。“大众”则可以被理解为在这些核心层次之外的所有人（见图 4-1）。

值得注意的是，指数型组织与其社群之间的互动方式并不仅仅是交易层面的。真正的社群产生于人与人之间的交流。不过随着社群的开放度提升，其领导模式就必然会变得越传统，越以经验为主导。安德森曾说：“在这些社群的每一个人之上，都有一个仁慈的独裁者。”你要依靠强有力的领导力才能管理好社群，因为尽管社群里没有员工，但人们依然有责任和需求，你需要为他们的行为负责。

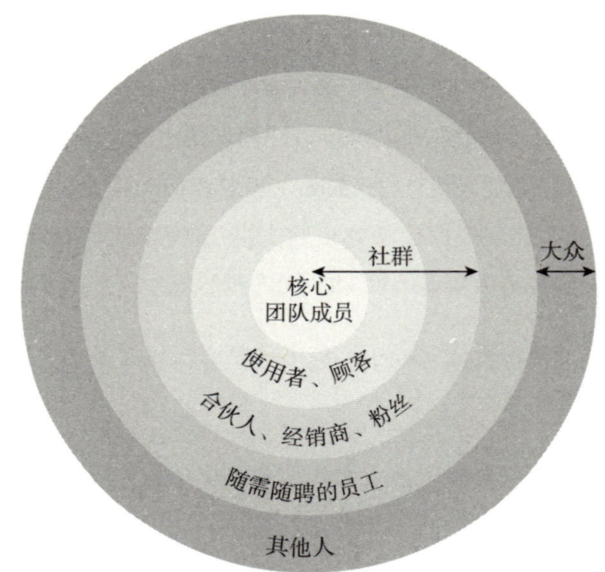

图 4-1　社群与大众同心圆

一般来说，围绕指数型组织建立一个社群需要经历以下三个步骤：

1. **利用宏大变革目标来吸引早期成员参与。**宏大变革目标是将成员们吸引到轨道上的一股引力。特斯拉、火人节（Burning Man）、TED 演讲、奇点大学和 GitHub 都是很好的例子，他们的社群成员都拥有共同的爱好。
2. **培育社群。**安德森每天早上会花 3 个小时参与 DIY 无人机社群的活动。所谓培育，就是你既要倾听，也要反馈。DIY 无人机的设计图是开源的，从一开始就完全向公众开放，这一点确实很棒，但安德森后来发现，成员们真正需要的是 DIY 无人机的工具套件。于是安德森就为他们提供了套件。这可谓是一步好棋。“社群和网络市场营销不同，后者的投资回报率几乎在消费者开始消费的时刻就能保持下去了，但前者却是一种战略性更强的长期投资，”社交商业思想的领军人物迪恩·欣奇克利夫（Dion Hinchcliffe）说道，“此外，有 CXO 参与的社群跻身一流行列的可能性会明显提高。”

3. **创建一个将平等参与自动化的平台。**例如，GitHub 就允许其成员对其他成员的代码进行打分和评价；爱彼迎的房东和用户会填写评价表格；出租车终结者优步、来福车和 Sidecar 鼓励乘客和车主进行相互评价；而新闻平台红迪网（Reddit）也邀请用户给文章投票。2013 年红迪网还只有 51 名员工，其中大部分人都在管理这个平台，他们见证了 7.31 亿独立访客为 4 100 万篇文章投出了 67 亿票。我再重复一遍，7.31 亿独立访客投出了 67 亿票。说到这个平台啊……我们下文详述。

美捷步首席执行官谢家华（Tony Hsieh）受到了火人节社群的启发，在其“拉斯维加斯市区计划”（Las Vegas Downtown Project）中结合了基于实体和基于特质的两种社群。该计划在都市环境中将工作和娱乐融合在一起，用于改善家庭、基础设施、黑客空间、商店、咖啡厅、剧院和展馆等。除了立志于将拉斯维加斯转变成全世界最关注社群的大型城市这一目标，谢家华还想要尽量增加美捷步内外部的人员在不经意间相互学习的机会，从而创造出地球上最具才智的一片土地。这一计划所创造的不只是一个建立在共同爱好基础上的社群，同时还是建立在共同位置上的社群。

请注意，许多公司都发现，在早期阶段加入一个原有的社群要比传播自己的宏大变革目标简单得多。例如，量化自我运动（Quantified Self）正在联合所有对人体各个方面进行测量的创业公司，这些联合起来形成社群，提供可穿戴技术的创业公司包括 Scanadu、Withings 和 Fitbit。当然了，在创业公司摸索自身道路的同时，它也可以创造自己的社群，尤其是在用户基础达到相当程度的时候。

大众

如前所述，大众是由核心社群之外、同心圆之内的人们组成的。虽然吸引大众参与的难度比较大，但由于其数量庞大，甚至有可能与社群有 100 万倍的差距，所以大家尤其热衷于吸引这些群体。

尽管比较相似，但在大众和随需随聘的员工之间还存在差异。随需随聘的员工是为了完成某个具体任务的，且通常经由 Elance 这样的平台聘请。随需随聘的员工是受到管理的，即你告诉工作者他们必须做什么。而大众则是基于兴趣的。你先给出一个开放的想法、投资的机会或诱人的奖金，然后就可以等着愿者上钩了。

指数型组织可以在创意、创新、验证乃至众筹等方面从大众中获益：

- 通过使用工具和平台，你就能实现创意、创新、构思、发展以及交流新想法的总体过程。有些平台可以为这一过程提供帮助，包括 IdeaScale、eYeka、Spigit、创新中心（InnoCentive）、SolutionXchange、Crowdtap 和 Brightidea 等。
- 通过获取量化证据，证明某个试验、产品或服务能够满足预先定义好的标准，你就完成了验证。例如 UserVoice、Unbounce 和 Google AdWords 这样的工具就可以做到。
- 众筹是一个正在兴起的模式，主要是利用网络来筹措巨额资金，它能让出资数量相对较少的投资者来为创意出资。这种方法在募集资金的同时，还能反映出市场对产品的感兴趣程度。Kickstarter 和 Indiegogo 是众筹公司中的两个著名例子。在 2012 年，有人估计众筹项目的募资约为 28 亿美元。到 2015 年，这个数字有望攀升至 150 亿美元。

除了为个人理想和创业公司筹措大量金钱，这类平台还在将资本的使用权民主化。高级时装公司古斯汀（Gustin）为其所有的设计方案开展了众筹。通过让顾客选择支持哪一款式样，等到预定的筹资目标达到时，产品就会被生产并发货给所有支持者。于是，古斯汀再也没有产品风险或库存成本了。

许多在传统方式中由企业内部进行处理的功能，指数型组织已经在利用社群与大众进行解决了，这些活动包括构思创意、众筹、设计、发行、市场宣传和销售等。这种转变来势汹汹，并与著名教授、社交媒体领袖克莱·舍基①（Clay Shirky）所说的认知盈余不谋而合。“全世界每年可以给共享项目提供一万亿小时的时间。”舍基在最近的一次 TED 演讲中说道。而且这还只是现状，到 2020 年，当 30 亿个全新的思想借助廉价的平板电脑加入到目前的 20 亿网民大军时，舍基的一万亿小时就会翻 3 倍。

诚如硅谷梦想家比尔·乔伊（Bill Joy）的名言：“世界上最聪明的人都在为别人工作。”对于指数型组织而言，其外部关注点就是成千上万人组成的社群和数百万、乃至数十亿人组成的大众，他们终将成为公司本身的扩展和延伸。

在随需随聘的员工和社群与大众的作用下，组织的核心全职员工就会变得更少，灵活的员工团队则会变得更大。因此，在弹性的员工团队多样性和大容量的影响下，组织就会变得更为敏捷，更善于学习和遗忘，创意流通的速度也会变得更快。

社群与大众

为何重要？

——提高指数型组织的忠诚度

——驱动指数型增长

——验证新的想法，学习新的内容

——具备敏捷的特点和快速实现的能力

——放大思维能力

依赖关系或前提条件

——宏大变革目标

——参与

——可靠而透明的领导者

——低参与门槛

——P2P 的价值创造

① 克莱·舍基被誉为“互联网革命最伟大的思考者”“新文化最敏锐的观察者”，致力于网络科技对社会经济影响的研究。其著作《人人时代》《认知盈余》中文简体字版已由湛庐文化策划，中国人民大学出版社出版。——编者注

外部属性 3：算法

2002 年，谷歌的总收益还不足 5 亿美元。10 年过去了，其收益跃升了 125 倍，该公司每 3 天就能产生 5 亿美元的价值。这一令人难以置信的增长背后，最大的功臣是用于评价网页受欢迎程度的佩奇排名算法。谷歌没有以人的视角来衡量哪个网页更优秀，其算法更看重的是点击量最多的页面。

谷歌也并非一枝独秀。当今世界很大程度上就是依赖于算法的。从汽车的防抱死制动系统到亚马逊的推荐引擎；从航空公司的动态定价到预测下一部好莱坞大片的票房成绩；从撰写新的文章到空中交通管制；从信用卡防诈骗检测到 Facebook 向普通用户展示的 2% 的文章，算法在现代生活中无处不在。最近，麦肯锡估算，在 700 种端对端的银行流程中，例如开户或者申请购车贷款，约有一半都是能完全自动化的。计算机正在成倍地完成日益复杂的任务。

目前甚至还出现了一个名叫 Algorithmia 的市场，它可以帮助公司寻找有可能利用其数据创造价值的算法。与 GitHub 一样，开发者可以开放自己的代码，供他人改进。

在众多算法中，有两种类型的算法走在了新世界的最前沿：机器学习（Machine Learning）和深度学习（Deep Learning）。

机器学习建立在训练数据或历史数据之上，在学习完成后，它能以预测为基础，准确地完成新的、未知的任务。分布式计算和 Cloudera 都是典型的开源案例。奈飞与机器学习也有过一段故事，那是它在 2006 年想要改进电影推荐功能的时候。奈飞并未把这一挑战局限于内部员工团队，而是开展了一场奖金为 100 万美元的极具诱惑力的竞赛，奈飞的原定目标是将其电影评分算法改进 10%。竞赛开始后，186 个国家的 51 000 名选手收到了一份包含 100 万条评分的数据库，竞赛的时间期限是 5 年。这场竞赛在 2009 年 9 月提前结束了，在 44 014 份有效成果中，有人率先达到了目标，赢得了大奖。

深度学习是机器学习中一个令人兴奋的全新子集，主要基于神经网络技术，能让机器在不知道任何历史数据或训练数据的情况下，发现新的规律。走在该领域前列的创业公司有 DeepMind 和 Vicarious。前者于 2014 年年初以 5 亿美元的价格被谷歌收购，当时 DeepMind 只有 13 名员工。后者得到了埃隆·马斯克、杰夫·贝佐斯和马克·扎克伯格的投资。百度、微软、Twitter 和 Facebook 在该领域也都一掷千金。深度学习算法依赖于发现和自我索引，其运作方式与婴儿先学习声音再学习字词，然后学习句子乃至语言的过程极其相似。举个例子：2012 年 6 月，Google X 的一支团队搭建了一个由 16 000 个计算机处理器组成的有着 10 亿连接的神经网络。在让这个网络用 3 天时间浏览了随机选择的 1 000 万张 YouTube 视频缩略图后，这个网络就能够辨认出“猫”了，而它实际上根本不知道“猫”这个概念。重要的地方在于，这一切都没有涉及任何人为干预或输入。

在此后的两年间，深度学习算法又有了突飞猛进的改善。现在，除了改进语音识别、创造更高效的搜索引擎和识别具体事物以外，深度学习算法还可以辨认出视频里的具体章节，甚至将其转化成文字描述，而这都不需要任何人为的输入。深度学习算法甚至会玩电子游戏，且在弄清楚游戏规则后，还能不断优化自己的表现。

试想一下这一革命性突破带来的影响吧。技术会提高大部分产品和服务的效用、个性化和效率。与此同时，许多白领职业将会受到冲击、甚至被颠覆。

目前美国联合包裹公司在美国拥有 5.5 万辆卡车，以满足每天 1 600 万的运单，但在线路规划上存在极大的浪费。在运用遥控和算法技术后，该公司每年为司机们缩短了 1.3 亿公里的行程，并因此省下 25.5 亿美元的开支。随着类似应用出现在医疗、能源和金融服务领域，我们正在步入一个“算法为王”的世界。

早在 2005 年，作家兼出版人的蒂姆·奥莱利就说过：“数据是新一代的英特尔芯。”在他说这句话的时候，全世界还只有 5 亿台连接互联网的设备。正如我们在第 1 章所指出的，随着即将迎来的物联网，这个数字肯定会增长到一万亿。

面对如此的爆发性增长，解决算法问题已成为一项至关重要的任务。我们在过去两年内所创造的数据量，是人类整个历史上的数据量的 9 倍。计算机科学公司（Computer Sciences Corporation）预测，到 2020 年，我们会创造出总计 73.5ZB 的数据，也就是 73 后面有 21 个零。

值得注意且往往令人扼腕的是，如今的大部分公司仍旧几乎完全在跟着领导者的直觉走。虽然他们可能会利用数据来引导思维，但同样有可能落入数不胜数的自我欺骗的陷阱里，例如沉没成本偏差和确认偏差（参见表 4-1 列出的认知偏差）。谷歌成功的原因之一就是，比起其他公司，其受数据驱动的程度更深，就连招募人才都是看数据的。

如今，若是离开了算法，我们已经无法处理复杂的空中交通管制或供应链管理了。同样的道理，将来几乎所有的商业洞察和决策都将是由数据驱动的。

美国心理学学会在对 17 项有关人才招募的研究进行分析后发现，在招到合适人才的概率上，一则简单的算法就能比凭直觉招人的成功率高出 25%。人工智能专家尼尔·雅各布斯坦（Neil Jacobstein）发现，我们可以用人工智能和算法来减缓和弥偿人类在认知上的许多偏差。

表 4-1　认知偏差

认知偏差	定义
锚定偏差	在决策时过度依赖或“锚定”于某一项特质或某一条信息的倾向。
可用性偏差	因记忆中夸大的“可用性”而过度估计事件发生可能性的倾向，这可能会受到记忆久远程度，和或或其不寻常程度及印象深刻与否的影响。
确认偏差	寻找、解读、专注和记忆那些支持个人成见的信息的倾向。

续前表

认知偏差	定义
形式偏差	根据信息呈现的方式或来源不同，对相同的信息得出不同的结论。
乐观偏差	过度乐观、对符合喜好和令人满意的结果过度估计的倾向。
计划谬误偏差	高估收益、低估成本和完成任务所需时间的倾向。
沉没成本或损失排斥偏差	放弃某物的负效用高于获取该物所产生的效用。

所有认知偏差的完整列表请见：http://en.wikipedia.org 或 wiki 或 List_of_cognitive_biases

雅各布斯坦不失时机地指出，大脑新皮层在 5 万年来都没有发生过大幅的升级。大脑皮层的尺寸、形状和厚度都与一块餐巾没什么区别。“如果，”他问道，“它变成一块桌布那么大呢？或者覆盖整个加州呢？”

基于组织所处市场的本质属性，人们在应如何利用数据的问题上产生了颇为有趣的分歧。传统观念总是认为应该尽可能多地收集数据，因此就有了大数据的概念，但心理学家格尔德·吉仁泽（Gerd Gigerenzer）提醒我们，在不确定的市场中，简化才是更明智的选择，应该利用启发式思维，依赖于较少的变量；而在稳定、可预测的市场中，他倡导组织的“复杂性”，并采用多变量的算法。

帕兰提尔（Palantir）是从大规模数据中撷取精华的先驱。创立于 2004 年的帕兰提尔致力于建立政府、商业和医疗的软件解决方案，使得组织能够充分利用不同类型的数据。在处理技术问题的同时，帕兰提尔让客户将余下的精力专注于解决关于人的问题。风投行业对帕兰提尔的重要性有着高度评价，该公司得到的投资总额已达到了令人咋舌的 9 亿美元之多，其估值更是达到投资总额的 10 倍。

迈克尔·崔指出，如今的许多成功公司都把大数据融入到了骨子里。我们认为，这还只是个开始。在未来几年内，还会出现更多专注于算法的指数型组织，尤里·范吉斯特总结了大数据的 5P 优势：生产（productivity）、防御

（prevention）、参与（participation）、个性化（personalization）和预测（prediction）。未来，将会有更多的指数型组织将这 5P 优势发挥出来。

要想将算法用到实处，指数型组织就需要经历下面 4 个步骤。

1. 收集：算法的运用流程首先就是获取数据，获取数据的途径可以是传感器、人类或者公共数据库。
2. 组织：收集数据的下一步是组织数据，这一过程被称为 ETL（分解、转化和加载）。
3. 应用：一旦获得可使用的数据，像分布式计算和中枢计算（Pivotal）这样的机器学习工具，以及像 DeepMind、Vicarious 和 SkyMind 这样的开源深度学习算法就能从中找出关键要点，归纳潮流风向，并总结出新的算法。
4. 释放：最后一步是释放数据，让它变成一个开放的平台。利用开放数据和应用程序接口，指数型组织的社群就能以平台为基础，将自己的数据与指数型组织的数据重新组合，开发出有价值的服务和新的功能，产生新的创意。

毫无疑问，无数新安装的传感器即将造成数据井喷，这会让算法成为未来每个行业的关键组成部分。由于算法远比人类更为客观、灵活且规模可控，因此算法不仅是未来商业的关键，而且对致力于驱动指数型增长的组织而言，它也是至关重要的。

算法

为何重要？

——实现规模完全可控的产品和服务

——利用联网的设备和传感器

——降低出错率，提高增长稳定性

——更新简便

依赖关系或前提条件

——机器学习或深度学习算法

——文化认同

外部属性 4：杠杆资产

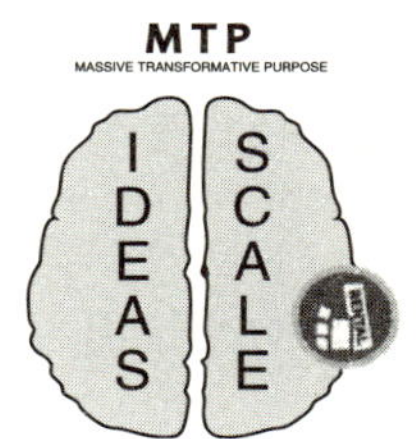

租赁、共享或借用资产（与拥有资产相对）的概念在历史上有过许多不同的形式。在商业世界里，租赁从建筑物到机器的任何东西已成为从预算中减少资产开销的常见手段。

不拥有资产已成为这几十年来利用重型机器和发挥非关键职能的标准做法，例如复印机，而最近出现了一股日渐强势的潮流——外包。外包对象甚至可能包括关键职能的资产。例如，苹果就借用了制造商伙伴富士康的工厂和组装流水线来生产关键产品。

至于一些反例，例如特斯拉拥有自己的工厂，而亚马逊也拥有自己的仓库和本地配送服务，其背后的原因也并非财力方面的；相反，促使他们这么做的原因是相关资源的稀缺性。

现今的信息时代让苹果和其他公司能随时随地使用实体资产，而无须真正拥有它们。技术让组织不仅能在本地，而且能在全球范围内轻松无障碍地共享和扩张资产。

如前所述，2006 年 3 月亚马逊网络服务系统的发布是指数型组织崛起的一个关键转折点，根据可变成本按需租赁计算能力的做法改变了 IT 行业。

名为 TechShop 的一种新的硅谷现象为这一潮流提供了另一范例。正如健身房采用会员模式汇集了大量昂贵健身器材一样，TechShop 收集了大量昂贵的制造机器，会员在交付小额的会费后（按月收取，根据位置不同，在 125 美元 ~175 美元不等），就能无限制地使用这些资产。

TechShop 既不是小打小闹，也不是昙花一现。例如，颇为流行的 Square 支付设备就是利用 TechShop 进行原型开发的。Square 的发明者无须购买昂贵的机器来制作原型产品，他只是加入 TechShop，利用了这些可租用和共享的资产而已。Square 目前每年处理的交易额高达 300 亿美元，公司估值更是超过了 50 亿美元。而像通用电气和福特这样的老牌公司也同样在使用 TechShop。

福特于 2012 年在底特律开设了新的 TechShop 工厂，两家公司合作推出了福特员工专利激励计划（Employee Patent Incentive Program）。约有 2 000 名福特员工参与进来，让可专利化创意实现了 50% 的增长。通用电气与 TechShop、Skillshare 及 Quirky 也联手在芝加哥推出了类似项目，名为通用电气车库（GE Garages）。

和随需随聘的员工一样，由于不拥有资产，指数型组织就可以在包括战略在内的各个方面保持灵活性。这种做法还省去了管理资产所需的人员，所以企业能以令人难以置信的速度扩张。正如 Waze 借助其用户的智能手机一样，优步、来福车、BlaBlaCar 和 Sidecar 利用了闲置的汽车。如果你也是有车一族，那么你会发现约有 93% 的时间车都是空着的。

非资产业务（non-asset business）的最新一波潮流就是协作消费（Collaborative Consumption），这是雷切尔·波兹曼（Rachel Botsman）和鲁·罗杰斯（Roo Rogers）在《我的就是你的》（*What's Mine is Yours: The Rise of Collaborative Consumption*）一书中倡导的概念。这本书本着共享的原理，构建出各种各样含有信息的资产，例如教科书、园艺工具和房屋等，而这些都是随处可见、丰富充足的资产。2014 年 4 月，Crowd Companies 进行的一场研究，罗列了以此类全新经济模式运作的 77 家最大的公司。如图 4-2 所示，零售、汽车和技术是目前最主要的行业。

EXPONENTIAL ORGANIZATIONS

协作消费

协作消费指的是并不拥有物品的所有权，而以分享、交换、交易和租赁等方式共同使用某一物品的商业模式。

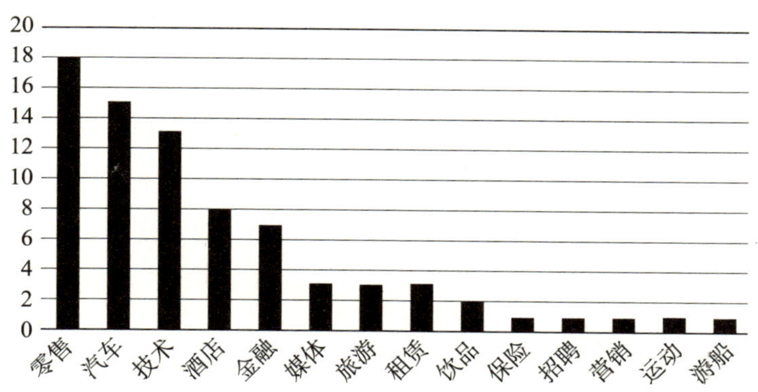

图 4-2　运用协作消费模式的 77 家大型公司的行业分布情况

因此，拥有未来的关键之处就是不再拥有，当然，在涉及稀缺资源和资产时就要另当别论了。前文已经指出，特斯拉拥有自己的工厂，亚马逊也拥有自己的仓库。当涉及的资产是稀有或极度稀缺的东西时，拥有就成了更好的策略。但如果你的资产是以信息为基础的，或者本质上是日用品，那么使用就比拥有更好。

杠杆资产

为何重要？

——让产品规模可控

——降低原料的边际成本

——省去管理资产的麻烦

——提高敏捷性

依赖关系或前提条件

——充足或易获取的资产

——用户界面

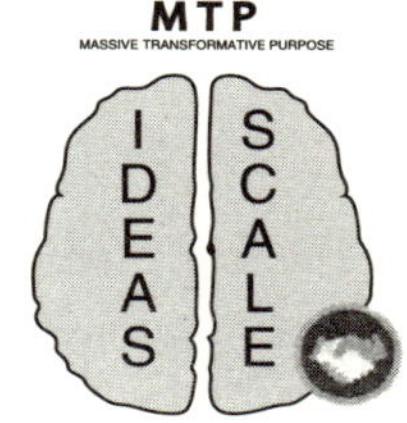

外部属性 5：参与

吸引用户参与的方法，如奖券、竞猜、折扣券和会员卡都是由来已久的招数了。但在最近几年，这些方法已完全信息化、具体化和社交化。用户参与的途径变成了数字接待系统、游戏和积分，并带来了创造积极有益的反馈回路的机会，而由于有了创新性更强的想法和顾客与社群的忠诚度，又转而让组织得以实现更快的增长。诸如谷歌、爱彼迎、优步、易贝、Yelp、GitHub 和 Twitter 这样的公司全都采用了不同的参与机制。著有两部关于协作的作品的圣塔克拉拉大学管理学教授尼洛弗尔·麦钱特（Nilofer Merchant）在他的《社群时代创造价值的 11 个准则》（*11 Rules for Creating Value in the Social Era*）中是这样描述参与的：

> 参与是让协作式人类行为（即社交行为）发生的一种方法。现在的情况是：联结起来的个体现在能够做到曾经只有大型中央集权式组织才能做到的事情。在每一个指数型组织案例中，都能看到这种情况的效应。但正是这一管理上的真相，值得我们进行更深入的思考。人们为什么会联结起来？基于什么样的目的？人们为了共同利益而非个人利益采取行动的动机是什么？是什么让他们如此信任你，可以将自己的某些东西贡献出来，实现某个共同的目标？领导者要解决的问题是，要如何激活、培养、管理、刺激和应对人类这种与他人一起奉献和工作的基本能力。

参与的关键属性包括：

- 评价的透明化
- 自我效能（控制、代理和影响的感觉）
- 同伴压力（社会比较）
- 升华积极而非消极的情绪，从而促进长期的行为变化
- 即时反馈（较短的反馈周期）
- 清晰可靠的规则、目标和回报（只回报产出，不回报投入）
- 虚拟货币或点数

在适当的情况下，参与会创造出超大范围的网络效应和积极的反馈回路。受参与影响最深的是顾客和整个外部生态系统。这些方法也可以用于内部员工，

借以提升协作程度、创新力度和忠诚度。

对于“千禧一代”来说，游戏是一种生活方式。如今，全世界有超过 7 亿人玩网络游戏，而美国本土就占据了 1.59 亿，且其中大多数人每天玩游戏的时间均超过 1 小时。21 岁的年轻人花在游戏上的平均时间为 1 万多个小时。这已经几乎与孩子们从初中到高中阶段在教室里度过的时间一样长了。游戏已不只是年轻人的一种活动，在很大程度上，已成了他们本身的一部分。

这些数字也在一定程度上解释了，为什么研究人工智能者正在利用游戏来绘制人类大脑的活动图。唯一的问题在于，即便有了人工智能的协助，研究者仍需花费 50 个小时才能重构一个神经元的三维图。人类大脑拥有 850 亿个神经元，所以我们预计要花费 4.25 兆小时才能完成人类大脑的活动图绘制，这等于 4.852 亿年。也许你已经发现了，这是线性的计算方法。

为了解决这个问题、提高处理速度，从麻省理工学院独立出来的，于 2012 年 12 月建立的 EyeWire 就创作了一款游戏，玩家在给 2D 片段上色、组成 3D 零件的同时，也重构了神经元。这项为了解决一个超难问题而采取极简方式的工作，已吸引了来自 145 个国家的 13 万人，他们总计绘制了超过 100 个神经元。

关于指数型组织如何在非游戏类的产品和服务中应用游戏元素和机制，创造乐趣和参与体验，将用户转变成忠实玩家，并在这一过程中完成一些非同寻常的事情，EyeWire 为我们做了很好的示范。其他采用这种方法的游戏还包括 *MalariaSpot*（在真实照片中寻找疟疾寄生虫）、星系动物园（根据形状给星系分类）和 *Foldit*（通过预测和生成蛋白质模型，帮助生物化学家对抗艾滋病和其他疾病）。

游戏设计师兼作家简·麦戈尼格尔[①]（Jane McGonigal）的见解非常深刻：“人

---

① 简·麦戈尼格尔是著名未来学家，未来趋势智库“未来研究所”游戏研发总监，其重磅力作《游戏改变世界》中文简体字版已由湛庐文化策划，北京联合出版公司出版。——编者注

类相互联系就是为了竞争。”不过，让游戏玩家参与可不仅仅是在网站上抛出一款游戏等他们来玩这么简单。“游戏应该给人们满足感，而非剥削他们。在玩了一天之后，玩家应该感到开心，因为他们为关乎己身的某件事情做出了贡献。”

要想获得成功，所有的游戏化计划都应采用下面这些策略：

- 动力（Dynamics）：通过场景、规则和进展营造行为的动机。
- 机制（Mechanics）：通过团队、竞争、奖励和反馈来帮助实现目标。
- 组件（Components）：通过任务、点数、关卡、徽章和收集来跟踪进展。

游戏化不仅可以利用社群的力量来应对挑战和难题，而且还能成为招募人才的工具。谷歌就是以借助游戏来衡量潜在员工价值而著称的，而达美乐比萨也创作了一款名为《比萨英雄》（*Pizza Hero*）的游戏，游戏的目标就是又快又好地烘烤出完美的比萨。顾客可以通过游戏创作自己的原创比萨，最优秀的比萨设计师则可以得到工作机会。

游戏化的另一用途是改善公司的内部文化。卡尔·卡普（Karl M. Kapp）在其著作《游戏，让学习成瘾》（*The Gamification of Learning and Instruction Fieldbook: Ideas Into Practice*）中就对此有所研究。他提到了一个例子，那就是活力男孩（Pep Boys）这家大型汽车维修保养零售店，它在美国 35 个州设有 700 多家分店，年收益高达 20 亿美元。尽管收益状况喜人，但该公司发现，每年发生的大量安全事故和伤亡给他们带来了很大的麻烦，其中不少都是人为失误导致的。他们还发现，偷车已成了一个愈发严重的问题。为了引起大家对该问题的重视，活力男孩建立了一个名为 Axonify 的平台，通过小测验的方式让员工对这些具体事故有所认识。员工答题正确就能得到奖金，答错了则会显示额外的相关信息，并继续提问，直到员工完全掌握这部分内容为止。该平台的自愿参与率超过了 95%，而且自此之后，即便分店和员工的数量不断增加，安全事故和伤亡数字却降低了 45% 以上，偷车和人为失误则降低了 55%。当安全成为活力男孩的首要关注点时，其公司文化也完全改变了。

游戏化的项目既可以从头开始，就如 EyeWire 那样，也可以像活力男孩的 Axonify 一样半路出家。许多创业公司和老牌公司都提供这样的服务，组织也能轻易地采纳和利用。游戏化公司（Gamification Company）给出了一份名单，上有包括 Badgeville、Bunchball、Dopamine 和 Comarch 在内的 90 个例子。组织也可以使用完全集成游戏化概念的 work.com（Saleforce 公司旗下）或者专门用于改善员工健康状况的 Keas。

大奖赛是最近由 X 大奖基金会和其他组织传播开来的另一种参与方法。这种参与方法通常用于在大众之中寻找合适的人才，将他们吸纳到社群中。竞赛也同样用于挑战、利用和推进社群的力量，寻求有可能带来本质突破的创意。在彼得 · 戴曼迪斯看来，其鼻祖就是安萨里 X 大奖赛（Ansari X Prize），第一家发射可在两周内反复使用两次的载人航空器的非政府组织会得到 1 000 万美元奖金。全世界共有 26 支参赛队伍，参赛选手也五花八门，既有业余爱好者，也有得到大型公司支持的团队。2004 年 11 月，Mojave 太空探险公司（Mojave Aerospace Ventures）凭借其太空船 1 号航天器赢得了大奖。维珍银河（Virgin Galactic）目前在商业太空旅行中就采用了该设计方案的改良版，维珍的太空旅行预计将于 2014 年年底问世，每张船票售价为 25 万美元。

在安萨里 X 大奖赛大获成功后，人们组织了更多的 X 大奖。目前举办的是高通三录仪 X 大奖赛（Qualcomm Tricorder X Prize），哪支团队能先开发出足以取代 10 个专业内科医师的手持式医疗诊断仪器，就能夺走 1 000 万美元的奖金。到目前为止，有 21 支队伍正为这项大奖相互竞争。而最近从 X 大奖衍生出来的英雄 X 平台将这一模式进一步发扬光大，公司可以借助英雄 X 平台举行自己的挑战赛，帮助解决区域和全球性挑战。

大奖赛创造出明确、客观、可度量的目标，并为首先达成该目标的团队提供现金奖励。这类竞赛所带来的优势在于其利用率和效率极高。大奖赛同时也是个人、创业公司、政府、媒体及大型公司可以使用的一种工具，其独特之处就是让小型团队或个人有机会创造新产业或者颠覆旧产业。通过挑起人类根深蒂固的竞争欲，这些竞赛可以让参赛队伍竭尽所能。在大多数情况下，大奖赛也给他们设定了更深层次的目标，这就意味着，他们需要依靠突破性思维和革命性产品才能获得胜利。

大奖赛最重要的附加产物就是，当众多竞争者朝着共同目标奋力拼搏时所产生的外围创新。这种创新可以激发一家公司，甚至动摇整个产业，让其以前所未有的速度向前迈进。2008—2011 年，尤里·范吉斯特和沃达丰荷兰（Vodafone Netherlands，即后来的沃达丰集团）创办了全球最大的移动互联网创业公司大赛“沃达丰 Mobile Clicks”，奖金高达 30 万美元。这场比赛始于荷兰，并迅速蔓延到共计 7 个欧洲国家。

Mobile Clicks 让沃达丰不仅有机会接触到 900 多家移动互联网创业公司，而且还接触了这些国家的本地移动社群。在这一过程中，这场原本处于外部的竞赛进入了内部渠道，为沃达丰提供了获得资助、获取创意、发现人才及寻找候选人的机会。沃达丰的竞赛成了一种新形式的公司风险投资，并成功蜕变为风靡全欧、欣欣向荣的 Startupbootcamp（SBC）创业公司孵化器。

大奖赛算不上什么新鲜事物。说起来，查尔斯·林德伯格（Charles Lindberg）于 1927 年独自驾飞机横跨大西洋的壮举也是为了追求这样的奖金；而事实上，彼得·戴曼迪斯就是受到林德伯格自传的启发才创立了 X 大奖。另一个大名鼎鼎的、为增进参与而开展的有奖激励项目是历史悠久的“月度优秀员工”评选。不过，直到最近为止，大奖赛都很少会被用到社群与大众当中来促进创意和生产力。

参与的另一大积极作用是培训，这在游戏化方面显得尤为突出。当今的一些游戏非常复杂，它对领导能力和团队协作能力可以起到极其良好的示范作用。

实际上，伊藤穰一（Joi Ito）观察发现，在《魔兽世界》（*World of Warcraft*）中成为一名优秀的工会管理员，就等同于完完整整学习了一门领导力课程。

在公司用户和员工参与的项目中，那些看似最上不了台面的工具其实往往是寻找和训练所需员工，帮助公司培训步入新台阶的强有力帮手。

尽管对传统企业而言还只是相当渺小、不值一提之事，但对指数型组织来说，参与却是至关重要的。它是让组织扩展到社群与大众之中，并创造外部网络效应的关键因素。无论有多么前途光明的产品，或是多么光辉灿烂的历史，如果指数型组织无法改进社群与大众的参与方式，那么它终将衰退和消亡。

参与

为何重要？

——提高忠诚度

——增强思维能力

——将大众转变成社群

——借助市场宣传力量

——实现边玩边学

——提供与用户之间的数字反馈回路

依赖关系或前提条件

——宏大变革目标

——没有利益冲突的，清晰、公正和固定的规则

激情和目标

在本章开头，我们其实提出了两个问题：是什么给了组织意义？是什么能够吸引员工、顾客，乃至芸芸大众中的一部分为一家企业的成功贡献自己的力量？这些问题在我们探讨指数型组织时意义更为重大，因为指数型组织要想达到异乎寻常的增长速度，并紧紧依附于社群以实现梦想，就一定要得到更广大“玩家”的认可。而这些玩家，就是在传统模式下与企业联系微弱的个人。

尽管在音乐团体和运动团队上，我们可以经常看到这样的认可，但在公司

的商业世界中却是极为罕见的。不过,其中还是存在几个摇滚明星级别的公司,其中最出色的当属苹果。苹果的数百万忠实信徒愿意排队购买其产品、撰写关于苹果和其产品的博客、在汽车后窗上张贴苹果贴纸，并大张旗鼓地在异教徒和叛变者面前为该公司辩护。苹果粉丝就是一个活跃、复杂且强大的公司社群教科书式的例子。

很显然，要想创造出这样的社群，就必须先有优秀的产品和引人注目的前景。不过，它同时也需要大量的时间。在推出麦金塔电脑之后，苹果电脑经历了 8 年时间才成为一种流行现象，此后又过了 16 年，该公司才成就如今这样的文化象征。

指数型组织的时间可没这么充裕，它们也不太可能都拥有如史蒂夫 · 乔布斯这样如天之骄子般的管理者。相反，它们必须迅捷且有条不紊地行动，并采用有保障的方法和工具来完成这一任务。

本章中主要涵盖了两方面内容：宏大变革目标可以在实现令人向往的远大理想的改革运动中，激发所有参与者的热情；而 SCALE 的各个属性可以使社群与大众参与、利用随需随聘的员工方法，实现杠杆资产以及应用算法。

这些属性可以完美替代天赋吗？不。但它们更容易实现，也不特别依赖运气，也更易管理。最重要的是，宏大变革目标与 SCALE 的组合可以适用于或大或小的任何组织。

既然我们已遍历指数型组织的外部属性，那么在接下来的一章中，我们将会仔细研究其内部属性，了解组织是如何在以超高速进步的同时，管理混乱的局面，避免分崩离析的。

EXPONENTIAL ORGANIZATIONS
关键要点

- 指数型组织有宏大变革目标。
- 品牌将开始转化成宏大变革目标。
- 指数型组织可以突破组织本身的界限向外扩张。
- 指数型组织利用 5 大外部属性（SCALE）来实现性能的改进：

随需随聘的员工
社群与大众
算法
杠杆资产
参与

05

指数型组织的 5 大内部属性（IDEAS）

指数型组织应该具备良好的控制机制。为此，它应该具备以下 5 大内部属性：良好的用户界面，这是组织实现扩张的重要条件；适应力强的实时仪表盘，让组织内的每一个人都能了解关键量化指标；通过实验实现快速迭代；在遵循公司宏大变革目标的前提下，实现员工高度自治；利用社交工具创造透明性和连通性，消除信息延迟。

在运用 SCALE 五大属性时，组织的产出会激增，这就要求指数型组织的内部控制机制必须得到细致而高效的管理。例如，一场 X 大奖赛会产生数百个创意，这些创意需要有人去评估、分类、排名和选择。面对指数型的产出，组织内部就需要极度稳健、准确，并应对所有输入的调整。因此，指数型组织要做到的远不止是呈现给外部世界的模样，也就是与顾客、社群和其他参与者打交道时的表现，它们还要拥有截然不同的内部运作模式，这决定了从商业哲学到员工互动方式、衡量自身绩效的方法以及在相应绩效中的价值，乃至对待风险的态度等各个方面。而事实上，对待风险的态度尤为重要。

就像我们用首字母缩写 SCALE 来表示指数型组织的外部属性一样，指数型组织的内部属性也可以用缩写 IDEAS 来表示。

- 用户界面（Interfaces）
- 仪表盘（Dashboards）
- 实验（Experimentation）
- 自治（Autonomy）
- 社交技术（Social Technologies）

内部属性1：用户界面

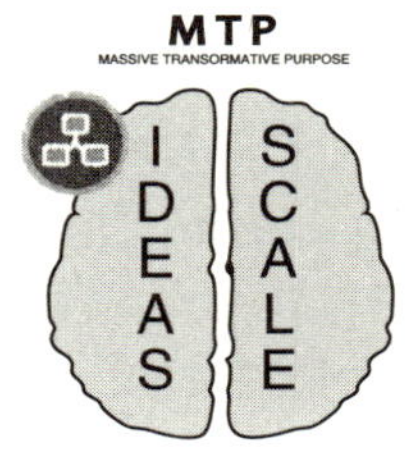

用户界面是指数型组织连接和管理外部属性的过滤和匹配过程。在许多情况下，这些过程一开始都是手动的，随后逐渐染上了自动化的色彩。不过，用户界面最终会变成自我配置的平台，让指数型组织在此基础上进行扩张。谷歌的AdWords就是一个经典案例，如今它已成为谷歌内部一笔价值数十亿美元的生意。Adwords实现扩张的一个关键要素就是自我配置，也就是说，AdWords客户的用户界面已完全自动化了，不需要任何的人工介入。

在上一章中，我们介绍过Quirky这家快速消费品公司，其成功之处就在于，它能在不到一个月的时间里，让一个产品从概念转变成商店货架上的实物。该公司依赖于一个由100多万发明者组成的社群，而这些人都渴望让自己的创意走入市场。因此，Quirky就必须建立一些特殊的流程和机制来评价、筛选和管理这一庞大的社群。Quirky所使用的这类用户界面可帮助指数型组织以系统化、自动化的方式，将来自外部属性的产出筛选并处理成核心组织需要的输入。使用用户界面会让流程的效用和效率更高，并降低出错概率。如果一个组织想要实现无缝扩张，尤其是在全球范围内扩张，那么，在以指数级速度成长的同时，用户界面是极其重要的。

对于其他依靠通过整合数据实现监控的公司而言，也是同样的道理。Kaggle拥有自己独特的机制，用于对旗下20万名数据科学家进行管理。X大奖赛基金会为每一场比赛都设立了专门的机制和团队。而TED有着严格的管理方针，在全球各地举行的许多“特许加盟”TEDx活动中一以贯之。优步也有一套自己管控司机大军的方法。

由于大部分公司开发此类用户界面的方法都是独特而专有的，因此，在某种程度上也可能包含了具备市场价值的知识产权。指数型组织在用户界面上投入了大量精力，并在这些过程中加入了许多以人为本的设计理念，以期在投入使用后尽善尽美。

随着这些新式方法不断演变且愈发强大，往往就会形成复杂的度量体系和适当的元数据收集法，继而运用到公司的“仪表盘”上（我们会在下一节中讲到）。

最终，用户界面会成为一家完全成熟的指数型组织所拥有的最独特的内部特性。这其中的道理很简单：在生产力达到巅峰时，用户界面为企业提供了管理外部属性的能力，尤其是其中随需随聘的员工、杠杆资产和社群与大众参与。若没有这样的用户界面，指数型组织就无法扩张，并愈发受制于具体的任务。

苹果的 App Store 也许是目前最生动的一个用户界面案例了，其上现有超过 120 万个应用程序，总计下载次数已达 750 亿次。在苹果这一生态系统中，900 万左右开发者的总收入超过 150 亿美元。

为了管理这一独一无二的平台，苹果的用户界面含有一个内部编辑部，负责审核新的应用程序和更改意见，此外还包括来自其他员工的建议，从而形成了一个非正式网络。当新的产品与政策在苹果全球开发者大会上公布后，苹果会借助一种复杂的算法，找出每个类别里排名靠前的应用程序和适合在首页上展示的内容。你可能已经猜到了，和指数型组织的大部分用户界面一样，这是苹果的独家方法。没有哪一所商学院会教你这招，也没有哪位学者会谈论其中的构建方法。然而，它们却是指数型组织借以开拓疆域的核心杠杆。表 5-1 列出了一些指数型组织和它们的用户界面。

表 5-1　　　　一些指数型组织的用户界面

指数型组织	用户界面	描述	内部用途	SCALE 属性
优步	司机选择	允许用户寻找和选择司机的系统	利用算法将最好或最近的司机与用户所在位置匹配起来	算法

续前表

指数型组织	用户界面	描述	内部用途	SCALE 属性
Kaggle	排行榜	显示竞赛的当前名次的实时积分榜	收集并比较一场竞赛中所有用户的结果	参与
	用户扫描	为私人竞赛扫描相关用户的系统	为特殊的项目挖掘最优秀的用户	社群与大众
Quirky	评分或投票	为产品周期的每一个方面投票的系统	对新产品的功能特性和优点进行优先级排序	参与
TED	视频翻译字幕	管理由志愿者创作的译文（经由合作商 dotsub）	无缝地集成 TED 演讲的译文	社群与大众
洛克汽车	创意提交工具	允许用户提交创意的系统	仅对有效或可行的条目进行处理的算法	社群与大众
	比赛创建工具	在社群中创建新的比赛的系统	简化比赛中的所有步骤的算法	社群与大众
	评分或投票	为产品周期的每一个方面投票的系统	对新产品的功能特性和优点进行优先级排序	参与
谷歌创投	员工搜索	在谷歌的员工数据库中搜索相关信息和目标技能或人员	将 GV 创业公司与所需的谷歌技能或员工匹配起来	算法
	简历研究	搜索简历来寻找相关的新招聘目标的系统	将简历与具体的技能集合匹配起来	算法
Waze	GPS 坐标	从每个用户那里获取 GPS 信号	实时计算交通堵塞状况	杠杆资产
	用户开车时的手势	用户发现事故、警车巡逻等	在地图上向所有用户广播手势信号	社群与大众
谷歌	AdWords	用户选择需要广告的关键词	谷歌在对应的搜索结果中投放广告	算法
GitHub	版本控制系统	多个程序员串行或并行地更新软件	让所有代码贡献保持同步的系统	社群与大众
美捷步	招聘方法	有奖竞赛	将候选人的范围缩小	参与
Gigwalk	任务有效性	Gigwalk 的工作者在有空的时候获取根据位置分配的简单任务	将任务需求与 Gigwalk 用户的能力匹配起来	随需随聘的员工

用户界面的最后一个特点就是它们能有助于管理“富足”。尽管大多数流程方法都是围绕着稀缺性和效率进行优化的，但是外部属性所产生的却是数量庞大的产出，这就意味着用户界面的主要任务就是过滤和匹配。举个例子，奈飞的那场大奖赛就产生了44 104条候选结果，都需要一一进行过滤、评价、排序和打分。

用户界面

为何重要

——过滤外部冗余，变成内部价值

——在外部增长的驱动力和内部稳定的因素之间搭建桥梁

——通过自动化实现规模可控

——规模可控的外部因素

依赖关系或前提条件

——可实现自动化的标准化流程

——算法（在大多数情况下）

内部属性2：仪表盘

由于获得了大量来自顾客和员工的数据，指数型组织需要一种新的方法来衡量和管理组织：一种适应力强的实时仪表盘，让组织内的每一个人都能了解公司和员工的所有关键量化指标。

20世纪90年代初，西尔斯（Sears）和凯马特（Kmart）这样的零售业巨头所采用的行业标准就是每个销售点以天为单位统计所有柜台的营业额，而区块中心会每隔几天记录一次多家店铺的结果。再过几周，在总部办公室里的采购员就会查看总体数字，决定公司在下次采购时应下单购买多少箱帮宝适。

沃尔玛打破了这一模式，并掀起了一场零售业的革命。它发射了自己的同步卫星，实时跟踪库存和供应链的变动。沃尔玛在该行业的竞争中一举称霸，因为它总能比其他公司的供应链好上 15%，而这个数字在竞争激烈的零售业当中实属罕见。西尔斯和凯马特至今都未能重拾往日雄风。

在度量方法与数据收集和运营管理与完成指标之间，商业公司一直在小心翼翼地寻求着平衡。收集内部进度统计数据费时费力，还需要大量的信息技术投入，这就是为何人们总是每年跟踪一次结果，最勤也只是每季度跟踪一次的原因。

如今的创业公司和越来越多的成熟企业正在利用多频无线、互联网、传感器和云计算等技术手段对这些数据进行实时跟踪。提供抗干扰音乐和音效以帮助用户集中精力的神奇创业公司 focus@will 的创始人兼首席执行官威尔·亨歇尔（Will Henshall）几乎完全将他的公司可度量化了。在公司运营中，他嵌入了以下度量指标，并进行实时跟踪。

- 用户总数
- 上一日的新访客
- 个人用户的总数
- 上一日新注册的个人用户
- 上一日新注册的个人用户与新访客的比例
- 专业订阅者的总数
- 上一日新开通的专业订阅者
- 上一日新开通的专业订阅者和新注册的个人用户比例
- 进账现金的总额
- 上个月的进账现金
- 上一日的进账现金

对短短 20 年前的公司经理而言，这些数据的测算量可谓是天文数字，几乎无法想象。但是比起数量，这份表单的质量才是更令人叹为观止的。它所提供的有关顾客行为的度量数据非常具体化，就如同往日的小店老板将小镇常客最细微的需求都记在脑海里一样，只不过这些数据的规模是全球范围内的。而且即便用于处理它们的大数据分析工具在不断改进，你所存储的信息量依然会保持每年递增。

这还不算完，我们目前所看到的收集数据方法也与过去大相径庭。传统的表面数据，例如访客数量或移动应用下载量这样的统计数字，正在被包括重复使用率、保持率、货币化和净推荐值（Net Promoter Score，简称 NPS）在内的真实值所替代。在颇为流行的新兴精益创业运动（Lean Startup，参见下一节）中，就融合了这种对真实值关键业绩指标的自发式关注。

就在商业公司的可度量化进程不断加速的同时，类似改变也同样发生在员工个人和团队表现的评价方面。令人生畏的年度工作考评对大多数员工来说都是一盆冷水，对贡献较大的员工而言尤为如此，因为在成就和赏识之间，延迟的时间实在太长了。在这段等待期内，顶尖的员工有可能感到挫败、厌倦，最终选择跳槽。这就会让高速成长中的公司失去最宝贵的员工。

鉴于此，许多指数型组织采取了目标与关键成果（Objectives and Key Results，简称目标与关键成果评价法）评价法。这一方法由英特尔首席执行官安迪·格鲁夫（Andy Grove）于 1999 年发明，并被风投资本家约翰·多尔（John Doerr）引入谷歌。目标与关键成果评价法以一种开放透明的方式跟踪个人、团队和公司的目标结果。在其著作《格鲁夫给经理人的第一课》（*High Output Management*）中，格鲁夫指出，目标与关键成果评价法回答了下面两个简单的问题：

1. 我想要去哪里？（目标）
2. 我如何知道正在往那儿去？

> EXPONENTIAL ORGANIZATIONS
> **目标与关键成果评价法**
> 目标与关键成果评价法的全称是 Objectives and Key Results，即目标与关键成果评价法，这是一套定义和跟踪目标及其完成情况的管理工具和方法。1999 年英特尔公司发明了这种方法，后来被推广到甲骨文、谷歌、领英等高科技公司并逐步流传开来，现在在信息技术、风险投资、游戏、创意等产业广泛应用。

（关键成果，确保正在取得进步）

除了英特尔和谷歌之外，其他采用该系统的快速成长的公司还包括领英、甲骨文、星佳、Twitter 和 Facebook。

在实践中，目标与关键成果评价法项目正如其名，会依照两条路线进行管理。打个比方，目标是“销量增长 25%”，而关键成果则是“形成两个战略合作伙伴关系”和“开展 AdWords 营销”。目标与关键成果评价法关注的是专注度、简便性、缩短反馈周期和开放性。因此，我们能更容易地发现真知，实现突破。与此相反，复杂、不透明和空洞的目标更容易妨碍进展，并常常造成不良后果。正如创新策略公司德布林（Doblin）的创始人拉里·基利所说：“事实情况是，创新也许有 65 种不同的衡量方法。但没有哪家公司需要把每一种都考虑到。你只需要考虑几种就行了。你得根据自己想要实现的战略目标，选择合适的那几种。”目标与关键成果评价法有以下几种特性。

- 关键业绩指标是自上而下决定的，而目标与关键成果评价法是自下而上决定的。
- 目标就是梦想，关键成果就是成功的标准（这是一种衡量朝着目标前进了多少的方法）。
- 目标是定性的，关键成果是定量的。目标与关键成果评价法与员工的工作表现评价并不相同。目标与关键成果评价法关注的是公司目标和每个员工为这些目标作出的贡献。工作表现评价（完全关注员工在一定时间内的表现）和目标与关键成果评价法是相互独立的。
- 目标是有野心的，应给人以震撼力。

一般说来，一个项目最多有 5 个目标和 4 个关键成果是最理想的，而且关键成果应该放在达成率在 60% ~ 70% 的位置，否则，标准就定得太低了。

指数型组织不仅会将这一方法铭记于心，而且有不少现在正在采用高频目标与关键成果评价法，即为公司内部的每一个人或每一支团队设定每周、每月或者每季度的目标。

神经科学、游戏化实践和行为经济学的研究成果已经证明，明确性和快速反馈是对驱动行为变化及最终产生影响至关重要的两点。明确性和极短反馈周期能补充、刺激和推进公司的士气和文化。因此，人们建立了一系列服务来帮助公司跟踪这些指标，其中包括目标与关键成果评价法、Cascade、Teamly 和 7Geese 等。

尽管如此，我们还有很长的一段路要走，除了热门的创业公司外，世界范围内的高科技企业并未广泛应用目标与关键成果评价法。意大利国际咨询公司的运营总监法比奥·特罗亚尼（Fabio Troiani）发现，即使是在硅谷，目标与关键成果评价法也依然显得特立独行。他在报告中指出，在自己熟悉的 100 家欧洲和南美洲的大型公司中，没有一家采用目标与关键成果评价法。

与此同时，与目标与关键成果评价法并驾齐驱的真实值量化仪表盘正成为衡量指数型组织的实质性标准。例如，在谷歌内部，目标和关键成果评价法是完全透明开放的。

不仅如此，新一代员工比老一代受过更多的衡量方法和不同类型的反馈回路的熏陶。例如，在大受欢迎的游戏《魔兽世界》中，就嵌入了与目标与关键成果评价法及精益创业指标相似的、反馈回路很短的仪表盘。

目标与关键成果评价法极短反馈周期的这一优点，可以从智能手机的发展中看到。在过去的 15 年里，手机所提供的即时电子邮件和保持在线能力，极大地提高了决策的速度，缩短了对话的周期。目标与关键成果评价法也能给组织带来相同的效应。

仪表盘何以成为指数型组织的关键要素？因为高速前进必然需要这样的度量体系。实时地集成并归纳个人和团队的评估结果，可有效防止微小的失误迅速演变成严重的后果。若无法实现这些功能，公司很可能重新回到过去的状态，关注“虚无”的指标，变得盲目，或者对团队的关键绩效指标做出错误的评判。

正如在本章开头提到的那样，严密的控制框架对于管理超高速增长是至关重要的，而实时仪表盘和目标与关键成果评价法就是这种控制框架的关键因素。

仪表盘

为何重要	依赖关系或前提条件
——实时跟踪关键性的增长驱动因素	——实时度量数据跟踪、收集和分析
——目标与关键成果评价法创造出控制框架，用以管理高速的增长	——员工的文化接受度
——通过缩短反馈回路，尽可能减少出错的机会	
——实现目标与关键成果评价法	

内部属性 3：实验

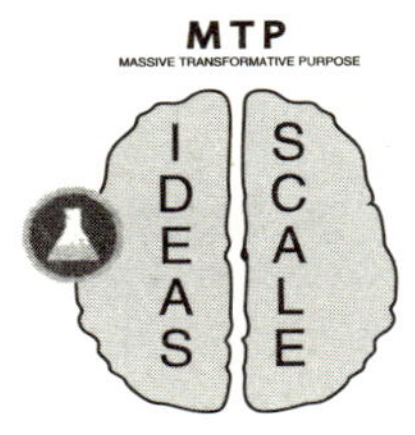

美捷步首席执行官谢家华认为：“一个伟大的品牌或公司就是一个永远都讲不完的故事。”言下之意就是，一定要不断地进化，一直专注于实验。比尔·盖茨将谢家华的观念又推进了一步：“成功是一位糟糕的老师。它引诱聪明人相信自己不可能失败。”

在新加坡管理大学最近的一场毕业典礼上，约翰·西利·布朗一语惊人，称“一切的公司架构都是为了对抗风险和变化而建立的”。不仅如此，他还说，一切的公司战略规划都致力于提高效率和可预测性，这也就意味着，他们要创造静态的或者说至少是增长率受控的环境，他们认为这样可以减少风险。

但在如今这个高速变化的世界里，布朗指出，反其道而行之才是真理。马克·扎克伯格对此表示赞同，他认为“最大的风险就是不承担任何风险”。持续不断的实验是如今唯一可行的降低风险的方法。无论在何种行业或组织中，经过适当筛选的、许多自下而上的创意，总是比自上而下的思维方式更为优秀。布朗和谢家华称其为“可扩展学习”（scalable learning），而对增长速度极快的指数型组织而言，这是他们唯一可行的策略。在理想情况下，指数型组织应该双管齐下，即创意是自下而上产生的，而接受、批准、支持则是自上而下的。到最后，无论是谁想出来的，获胜的总是最好的创意。

为了培养这种思维方式，Adobe 公司最近推出了 KickStart 创新工作坊。报名参加的员工将获得一个红色的盒子，里面有一本详尽的创业指南和含有 1 000 美元种子基金的信用卡，同时他们还会得到 45 天时间对自己的创新想法进行实验和验证。尽管可以得到公司里一些顶级创新人士的指导，但剩下的一切都得靠他们自己。2013 年，公司的 1.1 万名员工中，有 900 人参与了这项活动。这一方法不仅激发了 Adobe 公司的实验精神，而且也建立了一个量化的渠道，使公司能够以系统化且具有可比性的方法，发现并实现有前途的创意和想法。

其他不少公司也在进行“实验”的尝试，而且成了公司的核心流程。不过，这其实并非什么新鲜概念。很久以前，日本人就遵循着改善的做法：他们将不断改进作为一项基本的过程管理方法。可扩展学习与改善之间的唯一区别就是，前者采用更先进的、以数据为动力的新型离线和在线工具，测试消费群体的期望、使用用例和解决方案。

苹果在其第一家零售店开张时就采取了一种“改善”的方法，这在当时是一项风险极大的举措。在招募了盖璞（Gap）公司首席执行官米拉德·德雷克斯勒（Millard Drexler）后，苹果又雇用了荣·约翰逊（Ron Johnson）负责管理新零售业务的运营。两人的智慧相互碰撞，产生了苹果零售店的原型，随后他们又根据顾客数据和反馈进行了测试和改良。苹果在不断迭代之后，终于在 2001 年 5 月 15 日凭借足够充分的实验结果，在北弗吉尼亚州开了第一家苹果零售实体店。看到这一概念大获成功，苹果立刻全力以赴，将其规模扩大开来。目前，该公司已经在 16 个国家开设了 425 家零售店。

“实验”这一方法因为精益创业（Lean Startup）运动而广为人知（见图 5-1），该运动是由埃里克·莱斯和史蒂夫·布兰克（Steve Blank）发起的，其理论依据来源于莱斯的同名著作。精益创业的哲学后来又借鉴了丰田的“精益制造”原理，后者是在 20 世纪 50 年代创立的，它将消除无用的过程视为重中之重。例如，消除一切不以为终极顾客创造价值为目标的支出。

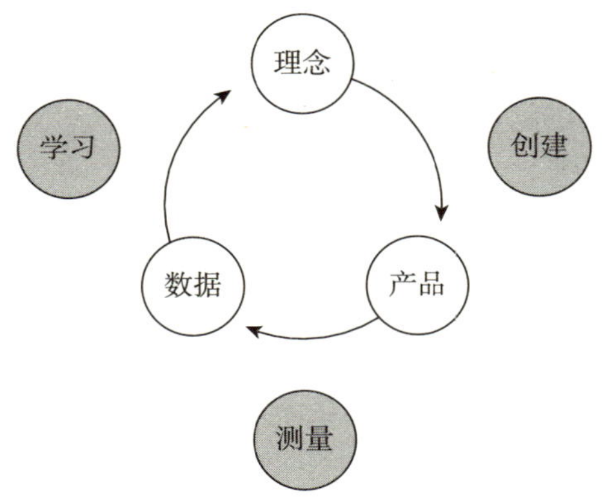

图 5-1 精益创业方法

史蒂夫·布兰克专注于客户发展的著作《四步创业法》（*The Four Steps to the Epiphany*）也为精益创业的概念起到了推波助澜的作用。精益创业运动所发出的一个最重要的信号就是，快速失败，频繁失败，同时消除浪费。其方法可被归纳成一种供创业公司、大型公司甚至政府采纳的新型的、科学的、以数据为驱动的、迭代的，且很大程度上以顾客为动力的实践性创新方法。为了证明这一

EXPONENTIAL ORGANIZATIONS

精益创业

精益创业是由埃里克·莱斯提出的观点，其核心思想是，先在市场中投入一个极简的原型产品，然后通过不断学习和有价值的用户反馈，对产品进行快速迭代优化，以适应市场。

信条能给公司带来积极影响，我们将其与产品开发的传统方法，即瀑布模型做一个比较。

第 2 章中提到过，传统的用于产品开发的瀑布模型是一种线性流程（最常见的是新产品开发流程），它采用如创意生成、审查、产品设计、开发和商业化之类的连续步骤。这一流程不仅挥霍了大量宝贵的时间，而且更重要的是，它越来越多地产生了不适应顾客需求的新产品，或由于市场变化得太快而不再适应，最终使得产品毫无用处。于是，人们不可避免地要投入更多的时间和金钱，改变产品，使其适应顾客的需求，而等这一过程完成了，市场早已不同往昔了。

到头来，这样的产品自然就失败了。总的来讲，新产品开发变成了一种将思考和行动一分为二的漫长过程，在开发过程中，数据支持的、行为学方面的消费者反馈总是姗姗来迟。正如纳西姆·塔勒布（Nassim Taleb）所言："虽然知识能让你略胜一筹，但修补（试错）相当于你的智商数值为 1 000，是修补让工业革命成为现实。"

相比之下，如果我们在同样的场景中采用精益创业方法会如何呢？

公司首先研究顾客的需求，然后进行一场实验，确认计划的产品能否满足这些需求。根据定性和定量的数据，公司可以考虑如下问题：

- 产品能否符合顾客的需求？
- 顾客从前是如何解决问题或满足需求的？
- 顾客的需求目前带来的成本有多大？
- 我们是否应调整或改变自己的初衷？
- 我们做好扩张的准备了吗？

这种不断学习的过程实现起来只需几周或几个月的时间，且成本极低。最棒的是，如果产品注定会失败，那么通常都能提前发现。这就好比当你从 A 点运动到 B 点时，就能逐渐看到 C 点。但当你站在 A 点时，是不可能看到 C 点的。实验才是唯一的出路。

埃里克·莱斯解释说：“现代的竞争规则就是，谁学得最快谁就能赢。”大部分数字市场在网络效应的作用下，都是“赢者通吃”的市场。这就让持续实验的文化变得愈加重要了。

麻省理工学院马丁信托创业中心（Martin Trust Center for MIT Entrepreneurship）在联合创业中采用了类似Adobe的精益创业方法，就是“5×5×5×5”法。5支分别由5名各司其职的成员组成的团队，展开为期5周(每周一到两天)的竞争，以不超过5 000美元的成本实现某个创意。相对于利用不同的离线和在线方法，就与客户群体、客户问题（使用用例）和解决方案（创新概念）相关的真实客户身上进行的尝试而言，这是一笔恰到好处的生意。

5周后，每支团队要展示自己的成果，成果要求包含根据最小可靠产品（Minimal Viable Product，简称MVP）得出的概念、竞争力分析、商业模式草图和经过验证的经验教训。简而言之，这就是以数据为基础、用科学方法得到的创新想法，这些创意想法将学习效益最大化并加速了产品开发流程，而这些都是在高速变化的世界中必不可少的关键因素。短短一个多月的时间，能做到这个程度实属不易。

> EXPONENTIAL ORGANIZATIONS
> **最小可靠产品**
> 最小可靠产品的功用就是让你拿来接触客户，从很早就根据客户的回馈来改进你的产品。

两年前，玛丽亚·穆希卡（Maria Mujica）为糖果公司亿滋（Mondelez International）带来了“飞行车库”（Fly Garage）创意子公司概念，她就利用了实验的方法。穆希卡通过多个为期数天的“车库”尝试，创建了全新的品牌参与渠道。来自组织内外的奇思妙想者，成群结队地应邀参与到这个毫无限制的环境中来。“车库”的体验由下面几个步骤组成：

1. 切断与一切事物的联系，放空身心。
2. 感受和沉思，抓住机遇。
3. 将创意升华为创新小报告（接着，他们会把小报告誊写在T恤上）。

4. 集思广益，活跃思维，融合或产生解决方案。

5. 迅速完成原型，尽快提供用户体验。

飞行车库已经产生了许多令人惊艳的成果，其中包括“波哥大的交通卡拉OK”和一台让用户以通过吞入肚里的传感器测量饥饿程度并付款的自动贩卖机。飞行车库成功地在公司流程的可重复性与高度创新性的成果之间找到了平衡，而这对于任何组织来说，都如同圣杯一般。穆希卡同时还实现了另一种在传统方法中难以实现的平衡：在几乎或完全没有文化冲突的情况下，让自上而下的管理与自下而上的创意融洽相处。

实验所需的终极的也是至关重要的前提条件就是失败的勇气。在30年前，硅谷的市场营销先锋里吉斯·麦肯纳（Regis McKenna）率先发现，无论人们如何夸耀硅谷的成功，硅谷实际上是建立在失败之上的。或者更准确地说，硅谷是建立在接受甚至奖励“好的”失败的勇气之上的。

不幸的是，在传统的公司环境中，由于漫长的耗时和高昂的投资，失败往往会带来丢掉饭碗的后果。这自然会降低人们的挑战欲。与此同时，沉没成本偏差也会产生阻碍作用。过不了多久，公司就会发现，尽管有明确的数据表明失败是板上钉钉之事，但自己还是发布了一款毫无希望的产品，并因此耗费了更多资金。还记得铱星的案例吗？记得Navteq与Waze的案例吗？除了这两者，我们还应琢磨琢磨美国国家航空航天局那句家喻户晓的座右铭：“只能成功，不许失败。”尽管它听起来高端大气又鼓舞人心，但它最终却给探索敲响了丧钟。当只能成功不许失败时，你就只能做出一点儿安全的、微小的改进，而无法实现根本性的突破或颠覆式创新。

在将实验融为一种核心价值，并采取像精益创业这样的方法之后，企业的失败就可以变得短暂，几乎没有负面影响，且能带来更多的经验教训。例如，谷歌就是实验的个中好手：如果一款产品无法满足预期目标，而这些资源可以在其他地方得到更好的应用，那么这个产品就会被叫停。这其中不会有过多的责备，公司会迅速迈出下一步，而相关员工也不会面临丢饭碗的后果。

有的公司甚至还会为失败庆祝，以此来缓解员工对失败这一概念本身的文化抵触。例如，宝洁公司会给“以最大的失败带来了最好的经验教训”的员工或团队颁发“英雄失败奖”。类似的，塔塔集团（Tata）每年会颁发“敢为人先奖”，用于鼓励那些承担了最大风险的经理。仅 2013 年一年，这个奖项就吸引了 240 人报名。

当然了，这并不意味着我们要鼓励或庆祝任何的失败或错误。但如果一支团队正在战略的、商业的、伦理的、法律的框架范围内努力，并且没有反复犯下相同的错误，那么我们就应为这种实验所带来的经验教训而庆祝。一则著名的硅谷信条认为，分辨“好的”失败和“坏的”失败，并给以不同的回应是极其重要的。前者是合理的，且能带来有益结果的；而后者若要催生出成功，则更多地要看运气。

有一点鲜为人知却应该引起关注的是，失败不仅能将人、思想和资本自由地投入到未来的学习和突破中，而且接受失败的公司文化可以因内部政策的放松而受益，并在信任、透明和开放的环境中减少相互指责和“踢皮球”的现象。

精益创业的方法也存在一些局限性，例如缺乏竞争者分析或缺少关于设计思维的考量。而且，我们还应该知道，在软件和以信息为基础的环境中，接受失败的能力会明显偏高，因为实验对它们而言只是家常便饭。

在硬件公司看来，实验与迭代的难度就高多了。苹果公司只有在达到完美之后才会发布硬件产品。而在制造核反应堆时，迭代和快速失败可不是什么好主意。

正如内森·弗尔（Nathan Furr）和杰夫·戴尔（Jeff Dyer）在新书《创新者的方法》（*The Innovator's Method: Bringing the Lean Start-up into Your Organization*）中所说的那样：“在站稳阵脚之前，别尝试扩张。”

实验

为何重要	依赖关系或前提条件
——让流程与快速变化的外部因素保持同步	——实验的衡量和跟踪
——将价值利用率最大化	——文化接受（失败 = 经验）
——提高市场化速度（最小可靠产品）	
——敢于冒险可以带来更新更快的学习效果	

内部属性 4：自治

游戏公司维尔福是一家独树一帜的企业，它虽然拥有 330 名员工，但却没有经典的管理结构、报告体系、职位描述或例行会议。相反，该公司会招募那些有天赋和创新能力的热血青年，让他们自行决定想要加入的项目。公司还鼓励他们开创新的项目，唯一的要求就是遵循公司的宏大变革目标。员工自我管理是无许可创新（permissionless innovation）的前提条件。

极度的员工自我管理（依赖于小型、独立、多元化的团队）很适合维尔福。比起其他的游戏公司，它的收益与员工数量比是最高的，而且其方法让所有的工作者都能改变自己的职责和活动。这种组织风格也创造了社交化、开放和信赖的文化，带来了更愉悦的员工团队。实际上，该公司对自己的经营方式极为自信，就连员工手册都是开源的，任何人，包括竞争对手在内，都可以对其进行修改。

维尔福并不是唯一一家为提高效率而采用新型组织模式的公司。它的员工自我管理方法与麻省理工学院媒体实验室（MIT Media Lab）的方法很相似：两者都是以热情为动力的组织，员工和学生都是组建自己的项目或者正在挑选进行中的项目的热血青年。有的项目甚至是由组织外部的合伙人发起的，其目的只是为了让大家共同协作，创造新点子。

第二人生（Second Life）的创始人兼前首席执行官、高保真平台的创始人兼首席执行官菲利普·罗斯戴尔在高保真平台施行了一项堪称最极端的员工自我管理案例：他让员工每个季度投一次票，决定自己能否留任首席执行官。除此之外，与过去按照员工考评结果做决定的方式不同，高保真平台认股期权是按照匿名的对等评价机制来分配的。

从远程办公到外包再到扁平的虚拟组织，员工自我管理化已呈现出一股明确而稳定的潮流。因此我们预计，轻量级的目标与关键成果评价法将会逐步取代传统的自上而下的管理理念。不仅如此，许多指数型组织内部管理方式也将发生变化，它不再是带有许多内部管理层次的传统部门，而是有很多自我组织的跨专业团队和从本质上去中心化的管理层。白手起家的千禧一代拥有互联网思维和游戏技术，他们与注重效率而非适应力的经典层级制度之间的摩擦正在变得越来越大。

皮克斯动画工作室联合创始人、皮克斯动画和华特迪士尼动画总裁艾德·卡特姆（Ed Catmull）在其《纽约时报》畅销书《创新公司》（*Creativity, Inc.: Overcoming the Unseen Forces That Sound in the Way of True Inspiration*）中延展了这一概念："我们一开始就坚定地认为，手下的人都是有才干的，是愿意付出的。尽管并非本意，但我们任由公司通过无数无形的方法扼杀了这些才干。最后，我们又试图找到这些绊脚石，想办法弥补过失。"

随着消费者的知识越来越充足，他们对服务的要求越来越高，对延迟的忍耐力几乎降为零，一旦公司无法满足他们日益提高的期望，很快就会在评论网站上收获大量差评，这也进一步推动了对员工自我管理和去中心化的需求。麦肯锡的一项调查发现，在经历过某家公司糟糕的客户体验之后，有89%的顾客都会转而选择其竞争对手。而另一方面，86%的人表示愿意为更好的客户体验支付更多的金钱。只有那些将最有能力、最主动的员工置于第一线的公司才能满足这些吹毛求疵、标准极高的顾客。

一家名为全息主义（Holacracy）的公司就是这种向员工自我管理方向发展的极佳案例。它吸取了互联网世界里的敏捷方法和精益创业方法，并将之扩展到了公司的每一个方面。全息主义（这既是公司的名称，也是其理念）指的是一种社交技术或者组织化管理的系统，它让管理和决策通过零散的、自我组织的团队分散开来,而不是全都集中在阶级制度的最高层。这种系统结合了实验、目标与关键成果评价法、开放性、透明性和员工自我管理。

表 5-2 对传统的组织特性和全息主义型员工自我管理的组织作了一个比较。

表 5-2　　非全息主义与全息主义的比较

非全息主义型	全息主义型
中央式控制和管理	分布式控制和管理
长期的预测和计划	动态和灵活：可以是不断变化的
层级结构或扁平式，取决于多数人的意见	两者皆否,每个人都是自身角色的“最高长官”和他人角色的“追随者”
利益导向	核心目标导向
紧张的氛围导致各种问题出现	紧张的氛围带来动力
重组和改变管理方法	自然发展、演化和运动
职位头衔	动态角色
英雄主义的领袖、员工和流程监督人和管理人	致力于扮演自身角色的朝气蓬勃的人管理工作
机械化地利用人际关系服务于组织的目标	在人、关系和角色之间有明确的界限

据称，全息主义可以提高组织中的敏捷性、效率、透明度、创新力和责任心。该方法鼓励个体主动采取行动，并向他们提供一个能将想法或创意表现出来的渠道。分布式管理系统也能降低领导者的压力，使他们不必为每一项决策拍板。

重要的是，员工自我管理并不会造成责任心的缺失。正如组织设计专家史蒂夫·丹宁（Steve Denning）所解释的那样：“网络中依然存在层级关系，只不过这种层级关系主要是基于能力，更多地依赖于同级的责任心，而非基于管理层的责任心，也就是说，让了解情况的人负责，而非仅凭职位来分配责任。这是对管理者职责的改变，而非将职能摒弃。”

下面是一些走在员工自我管理化前沿的企业：

Medium成立于2012年，有40名员工。这是一家新型的互联网站点，属于内容提供平台，可以让人们以少于140字的篇幅分享想法和故事，但分享的范围也不局限于朋友。Medium没有人力资源经理，强调员工自我管理最大化。Medium的管理有以下关键要点：（1）危机消除，找出问题，并以系统化方法解决。（2）有机扩张，员工在工作需要的时候可以雇用新的人员。（3）决策权力分散，不鼓励凡事都征求大多数人的意见。经过2014年最近的一轮投资后，该公司的市值为2.5亿美元。

美捷步成立于1999年，有4 000名员工，是鞋类和服饰类的在线零售市场。美捷步极其关注公司文化和核心价值，会向不适合公司文化的人支付“分手费”。美捷步鼓励员工突破传统的客户服务，鼓励员工自行做出决策，他们没有任何现行的职位标准。公司从2006年开始实现盈利，2008年的总销售额超过了10亿美元，较上一年提高了20%，且75%的顾客都是老客户。在2009年11月，美捷步被亚马逊收购，收购价为12亿美元。

维尔福软件公司成立于1996年，有400名员工，主要致力于游戏开发。公司没有设置经理，每个员工都有创作自由，无须担心失败的后果，公司鼓励员工选择并致力于自己的项目，员工负责项目的批准和终止，以及人员招募。维尔福社交娱乐平台上的活跃用户数量超过7 500万，2012年资产净值为25亿美元。

晨星公司成立于1970年，从事农业和食品处理业，主要是加工番茄，员工数量在400~2 400名之间（在收获季节员工会比较多）。公司没有采用监督式管理，鼓励员工独立创新。员工自行定义职位职责、决定设备采购，还可以和同事商量和设定各自的职责。薪资是由平级决定的。每个员工都会制定一份员工理解信（CLOU），大致描述工作者满足个人任务状况的要求。在与某个人的工作联系最密切的关系人接受理解信后才能生效。该公司几乎对来源于内部的所有新想法都提供了资助，这也意味着其盈利性是很优秀的。根据其自身的统计数据来看，晨星自认为是世界上最高效的番茄加工商。

FAVI 成立于 1960 年，现有 440 名员工。FAVI 是铜合金汽车零件设计商和制造商，公司内没有层级或人事部门，也没有中间管理层或官方程序。团队是围绕客户组织起来的，每个团队不仅对客户负责，而且也对自身的人力资源、采购和产品开发负责。2010 年，FAVI 的营业额为 7 500 万欧元，其中 80% 都源于汽车。超过 15 年的老员工占全体数量的 38%。员工规模从 140 人增长到了 440 人。

其他已采用员工自我管理结构的公司还有西北航空（Southwest Airlines）、晨星、W. L. Gore & Associates、巴塔哥尼亚、塞氏、艾依斯电力公司、博组客（Buurtzorg）和施普林格。

密歇根大学经济学家斯科特 · 佩奇（Scott Page）发现，多样化的团队比同质化的团队或个人更擅长解决复杂的问题，而且即便同质化团队和个人的才智能力更高也是如此。不过，他得到的这一结果其实也没什么令人意外的。达尔文发现，当一个物种的小规模群体从主体中分离，并适应了压力重重的环境后，进化的速度就会加快。以此类推，独立、跨专业的小型团队对未来的组织，尤其是其中的佼佼者来说，会成为至关重要的一部分。

最后再指出一点：倡导员工自我管理的方法，例如全息主义，并不是专为小型公司准备的。包括美捷步和塞氏在内的大型公司也同样在庞大的业务中采用了这一结构。

哈佛大学教授罗莎贝斯 · 莫丝 · 坎特（Rosabeth Moss Kanter）有一句绝妙的总结："在应对高速变化的环境和界限范围捉摸不定的商业元素时，交叉合作项目的团队会担负起更多工作，也会产生更多自下而上的自我管理。"

自治

为何重要

——提高敏捷性

——在顾客看来更具责任心

——更快的反应速度和更短的学习时间

——更高的士气

依赖关系或前提条件

——宏大变革目标

——自发行动的员工

——仪表盘

内部属性 5：社交技术

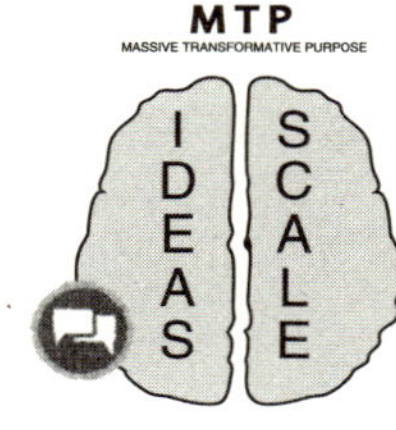

社交技术在过去 10 年里已成了一个被滥用的行业流行语，并让首席信息官们趋之若鹜。尽管如此，它确实有效地推动了老旧的模拟式商业环境朝向更为数字化、低延迟的环境转变。社交技术在垂直管理的公司中，创造了水平的交互方式。

社交技术之所以如鱼得水，是因为我们的工作环境已经变得越来越数字化。起初是提供异步连通的电子邮件，接着出现了维基百科和企业内部网，实现了同步的信息共享，而如今我们有了活动信息流，能获取整个组织的实时更新数据。正如马克·安德森所言：“交流是文明的基石，也是许多行业在未来实现更多创新的催化剂和平台。”我们之所以肯定社交技术的重要性，是由于社交商业专家西奥·普里斯特利（Theo Priestley）在下面这段话中所描绘的图景，“透明性是新的货币，信赖是我们要其支付的账单”。普里斯特利的社交商业等式是：联通 + 参与＝信赖 + 透明。

在加速已有业务方面，Salesforce 的首席科学家兰加斯瓦米（J. P. Rangaswami）认为，社交技术具有 3 个关键目标：

- 缩短获取和处理信息与决策之间的距离。

- 从必须查询资料转变为让资料自己流入你的大脑。
- 利用社群催生创意。

从我们的观点来看，社交技术由 7 个关键元素组成：社交对象、活动流、任务管理、文件共享、远程交流、虚拟世界和情感感应。

在实现这些元素后，我们就能创造出透明性和连通性，降低组织的信息延迟，而后者是至关重要的。其终极目标就是高德纳提出的零延迟企业（zero latency enterprise），即在构思、接受和实现三者之间不浪费任何时间的公司。若公司能这样运行，那么就能产生巨大的投资回报率。

回报率能大到什么程度呢？福雷斯特公司（Forrester）进行了一项研究，在一个有 21 000 名员工的组织里部署了微软的 Yammer 企业社交网络。在短短 4.3 个月内，该公司的投资回报率提高到了原来的 365%，而当时使用 Yammer 的员工还只占总数的 1 或 3 而已。

鉴于这样的结果，Yammer 现在拥有 800 万客户也就不足为奇了。类似的，Salesforce 的产品 Chatter 也从 2011 年 2 月的 2 万个活跃网络开始，在不到 18 个月的时间里，增长到 15 万个。更惊人的是，Salesforce 的数据表明，使用该产品的员工在公司内进行交流的程度提高了 36%，获取信息的速度也有了 43% 的大幅提升。

员工关系管理只是其中一类正在信息化的社交对象。位置、实体物品、想法和知识也可以成为社交对象，定价数据、库存状况、会议室使用率乃至咖啡剩余量，这些信息现在都在整个公司范围内广而告之，共同组成了活动流，供组织中的每一个人订阅。

任务管理也正变得越来越社交化。过去，任务管理主要通过待办事项列表来展现，而现在正朝着更敏捷的方向转变。团队越来越多地通过推进代码、完成目标来实现自我管理，根据任务管理软件所提供的标准行事。由达斯汀 · 莫斯科维茨（Dustin Moskovitz）和贾斯汀·罗森斯坦（Justin Rosenstein）创建的软件公司 Asana 致力于提高工作生产力，其原则就是，你的待办事项列表应与 Facebook 信息墙一样令人上瘾。

文件共享可谓是社交这只板凳的第四条腿，在最近一段时间得到了广泛应用。例如谷歌云端硬盘、Box、稠堡箱（Dropbox）和微软网盘同步 OneDrive 等各种工具对于共享信息和更新特定的客户信息极其重要。例如，花旗银行一度拥有 300 多个不同的客户数据库，每一个都会消耗大量的维护成本，并因重复冗余的问题而造成极大的浪费。如此庞大的成本和运营劣势对于指数型组织而言根本就是不可接受的，事实上，这对任何一家想在 21 世纪保持竞争力的公司而言都是如此。

远程交流的概念以视频会议的形式已存在多年了。尽管视频会议在过去颇为流行，但现在的组织可以利用诸如 Skype 和谷歌环聊这样快捷易用且支持每一种设备的服务。远程交流让员工可以在任何地点交流工作，进行全球范围的互动，不仅降低了差旅成本，也省去了身心劳累之苦。而像合宜科技公司（Suitable Technologies）的比姆（Beam）和分身机器人这样的远程交流机器人，可以利用用户的平板电脑提供更有效的帮助。这些机器人甚至让用户可以在同一时间出现在多个地点，这将对谈生意的方式带来巨大影响。

远程交流使得人们可以在真实的环境中交互，而虚拟现实则使在虚拟世界中的互动、合作、协同乃至原型创作变为可能。菲利普·罗斯戴尔的第二人生就是其中一个最著名的例子。“第二人生的一个特点是，它让如 IBM 这样的主持人能将世界各地的成百上千人聚集起来搞活动。”他说。尽管第二人生并没有完全满足顾客或投资人的期望，在几年后就停止了增长，但它依然保持着原有的活力，每月在线人数 100 万，形成了 6 亿美元交易额的经济圈。

为了实现完全沉浸式的虚拟世界，罗斯戴尔新推出的高保真平台正在运用如 Oculus Rift、首要感觉（PrimeSense）深度相机和体感控制（Leap Motion）

动作控制器这样的硬件。高保真平台的环境已经缩短了用户动作与系统响应之间的延时，达到了几乎能赶上人类感知速度的水平，从而创造出了真正的实时体验。

社交技术的最后一种关键因素是情感感应，它在一个团队或群组当中利用各种传感器，创造出“量化的员工”和“量化的生产力”。员工可以对自己的各种指标进行测量，避免疾病感染、过度劳累和情绪失控，增强团队活力、协作力和提高成绩。我们过去对工作的主要关注点是放在智商上的，而情商和灵商（Spiritual Quotient，简称 SQ）等指标现在正变得日益重要。

整个社交技术与指数型组织有着许多关键的联系：组织的亲密度提高了，决策的耗时缩短了，知识水平和范围都提高和扩大了，抓住机遇的成功率增加了。简而言之，社交技术让实时化企业变为可能。

最后，社交技术也是一股巨大的引力，将组织与其宏大变革目标紧密连接在一起，并确保各个独立部分不会在追求宏大变革目标时相互冲突，甚至是面对相互背离的目标时分崩离析。

社交技术

为何重要

——更快的对话

——更短的决策周期

——更快的学习速度

——在高速增长时稳定团队

依赖关系或前提条件

——宏大变革目标

——云社交工具

——合作文化

线性组织与指数型组织的比较

如果你还记得我们在第 2 章中列出的一系列传统组织的线性属性的话，下面就可以横向对比一下线性组织与指数型组织的特性了（见表 5-3）。

表 5-3　　线性组织与指数型组织的比较

线性组织特性	指数型组织特性
自上而下、层级的组织结构	自治、社交技术
由经济产出驱动	宏大变革目标、仪表盘
线性的、顺序的思维方式	实验、自治
创新主要来自于内部	社群与大众、随需随聘的员工、杠杆资产、用户界面（创新发生在边缘）
战略计划基于过去的推断	宏大变革目标、实验
无法容忍风险	实验
流程不灵活	自治、实验
大量的全职员工	算法、社群与大众、随需随聘的员工
控制或拥有自己的资产	杠杆资产
为维持现状而大量投入	宏大变革目标、仪表盘、实验

现在，我们来一起回顾指数型组织的定义：**“指数型组织是在运用了高速发展技术等新型组织方法的前提下，让影响力或产出相比同僚发生不成比例的大幅增长（至少 10 倍）的组织。”**

在对这一范式的研究中，我们已找到了 60 多个满足指数型组织定义的机构。下面列出的是其中的前 10 位（按字母顺序排列）：

- 爱彼迎
- GitHub
- 谷歌
- 奈飞
- Quirky
- 特斯拉
- 优步
- Waze
- 维尔福
- 小米

它们全都达到了超出同领域对手至少 10 倍的目标。

如果说要回到 4 个世纪以前，探寻最现代的公司的本质属性的话，听起来似乎有点儿不可思议。但是，牛顿第二定律恰恰准确地总结了指数型组织的概念。F=ma 这个公式表明，由力产生的加速度与质量是成反比的。质量小，加速度就大，在该方向的速度变化也就更快，而这不就是我们在如今的许多指数型组织身上所看到的现象吗？由于内部惯性，即员工数量、资产或组织结构极小，它们就拥有异乎寻常的灵活性，而这一点在当今这个多变的世界中是极其关键的。

奈飞就将这种引人注目的特性展现得淋漓尽致。我们之前已经提及，该公司设立了 100 万美元的大奖（参与），奖励任何一个能改进其租赁节目推荐功能的人。但不为人知的是，奈飞从未采纳过获胜的那个算法。

这是为什么呢？据说是因为市场已经发生了变化。在比赛结束时，业界已经开始淘汰 DVD 租赁业务了；与此同时，奈飞的串流视频业务正在爆发式增长，而可惜的是，获胜的算法并不适合于串流推荐。串流方式与周五晚上全家人聚在一起边吃爆米花边看节目的方式不同，它更适用于在飞机场里花 45 分钟看一集《广告狂人》（*Mad Men*）。

现在让我们想象一下，如果奈飞将获胜团队在项目开发中所耗费的 2 000 个小时用于开发一个完全相同却已过时的算法，那会发生什么情况。由于投资就要有回报的常见沉没成本偏差和习以为常的惯例，再加上从中作祟的自负，公司内部会形成一股庞大的压力，无论市场实际情况如何，这个算法都必须被落于实处。于是，奈飞可能就不会改旗易帜，成为一家串流内容公司。而我们现在都很明白，这样的结果会成为一次毁灭性的错误。但是，由于该算法是在组织外部开发的，所以在公司方面并没有多少附加感情（即质量）和实现的惯性（力）。奈飞可以自由地改变关注点，并最终让自己演变为今天的串流内容巨头。

任何一个组织都要回答的一个关键问题并不是你“看起来”像不像一个指数型组织，而是“你的指数程度有多高？”也就是说，你将成为指数型组织的理念内化到了什么程度：你在员工自我管理和社交技术等方面给你的日常运营带来了多少启示。你在使用从仪表盘到用户界面的各种正确工具时，效率有多高。你对于冒险、实验，乃至失败的开放程度有多高。

这些才是你应该扪心自问的，而且并非问过就算数，而是要每个月，甚至每周都问这些问题。只有这样，你才能成为指数型组织并继续保持下去。

- 指数型组织利用 5 大内部属性（IDEAS）来管理其外部属性（SCALE）：

  用户界面

  仪表盘

  实验

  自治

  社交技术

- 你拥有的资产和劳动力越多，改变战略和商业模式就越困难。你的信息化程度越高，策略灵活度就越大。
- 一份测试题可以帮助你衡量组织的“指数商”（Exponential Quotient）。

06

指数型组织形成的 9 大驱动因素

指数型组织不是哪个天才的凭空想象，而是在多种要素的共同作用下进化而来的。对于变化成为主旋律的今天，5 年计划太久了；租赁资产比拥有资产更具灵活性；最重要是的，信赖和开放显示出了巨大威力。指数型组织不仅能带来极大的竞争优势，也是“先到先得”的，谁都不想错过这个好机会。

虽然指数型组织听起来似乎是革命性的新事物，但实际上，其众多特性早已存于商业世界的某些角落里了，而最令人注目的当属好莱坞。

距离百老汇的演艺世界和纽约的银行中心均有 4 800 公里之遥的好莱坞缘何能在20世纪20年代末期成为世界电影之都呢？一开始无非是天时地利人和，但没过多久第二个因素就出现了。美国西海岸已与东部的传统文化相去甚远，再加上廉价的不动产和人尽可欺的本地政府，这群早期的电影男爵们便能肆无忌惮地做任何想做之事，其中也包括自己制订行业的游戏规则。

这样自由的氛围催生出了工作室体系，在这种模式下，早期的电影制作者完全拥有对资产和劳动力的所有权，无论是对布景、工作室还是员工，他们都拥有控制权。每名演员分别与某一家工作室签订合约，影片的发行也由相应工作室所有的剧院独占。

这种策略很快就建立起了地球上最有价值的一大产业。但几十年过去了，效率低下和反垄断的麻烦接踵而至，到了 20 世纪 60 年代，工作室体系已经彻底垮台，取而代之的是一套与其前期几乎南辕北辙的系统。

现在，好莱坞的运作方式与指数型组织生态系统那种宽松拼接的网络化环境如出一辙。从编剧到演员再到导演和摄影师，每个参与者都管理着自己的职业。与此同时，每个层面上都有代理商张罗着寻找和联系各式各样的剧本、人才、制作公司及设备。如今，每当创作一部电影时，就会有一大波独立的实体聚集起来，在影片制作期内马不停蹄地紧密合作。等到电影完工，布景会被拆除，能用的部分就留着下次再用，设备会被重新分配到其他地方，而所有演员、摄像和制作人员都会解散，各奔东西，投入下一个项目，而这一切往往会在一夜之间完成。

好莱坞并非有意做出这样的转变的；相反，它之所以演变成了类似指数型组织生态系统的模样，是因为电影天生就是一系列离散项目的组合。电影制作过程本身就是一种将高密度、高亲密度和关系松散的各种要素融为一体之物。这些因素让好莱坞成了视觉行业的先驱，在结合了新的社交和通信技术之后，它又成了指数型组织领域崛起的领军者。

硅谷的高科技创业公司生态系统也是这一模式的案例：企业家、员工、科学家、市场人员、专利律师、天使投资人、风投乃至顾客，这一切都发生在旧金山湾区的一小块弹丸之地上，而另一个更为不同寻常之例则是华尔街。

借助于在摩尔定律光环下每过几年就会诞生的新一代技术，许多产业的基础设施已做好了让业内组织向这种框架转变的准备。而这些组织也不会错过这些机会，因为它不仅能带来极大的竞争优势，而且还是先到先得的。

在本章中，我们会深入剖析指数型组织生态系统的一部分特性，其中要着重指出发挥重要作用的 9 大驱动因素。

因素 1：信息让一切变得越来越快

放眼四周，由摩尔定律和其他诞生于数字世界的基本力量创造出来的全新信息范式正在加速产品、公司和产业的新陈代谢。在一个又一个行业里，产品和服务的开发周期正在不断缩短。正如从胶片摄影到数字摄影的转变一样，一旦物质的、机械的下层基底变成数字的、信息的，那就一定会发生一场大爆炸。

1995 年，数千家照片处理中心累计处理了 7.1 亿卷胶卷，而在 2005 年，人们总计拍摄了将近 2 000 亿张数字照片（相当于 80 亿卷胶卷），并进行编辑、存储，还以在几年前根本无法想象的方式展示于人。现在的网络用户每天向如阅后即焚（Snapchat）、Facebook 和 Instagram 这样的网站上传的照片数量已接近 10 亿张。

正如我们在第 1 章中看到的那样，从模拟向数字的转变正发生在各种各样的核心技术当中，这些技术在相互交错时将产生成倍效应。这种一个接一个将产业“可视化”的过程并不只是指数型进步而已，当某一对象或过程的不同组成部分经过软件的系统化分析和自动化数据分析后，进步速度更是有了成倍的提高，而这还只是开了个头而已。在我们给每台设备、每个过程和每个人身上添加数万亿的传感器时，这种过程会快到超乎想象的地步。根据爱立信研究中心（Ericsson Research）的说法，在接下来的 8 年内，我们将引入下一代的移动网络（5G），其速度高达每秒 5Gb，它所带来的可能性是无法估量的。

2011 年，马克·安德森在《华尔街日报》的一篇文章指出，“软件正在吞噬世界”，指的正是这一现象。曾参与发明互联网浏览器，如今已是硅谷最强有力的风投之一的安德森认为，在每一个行业的每一个层面上，软件都正在“自动化”这个世界、加速这个世界。云计算和应用商店的生态系统就是这种趋势的明证。苹果和安卓平台均拥有超过 120 万个应用程序，其中大部分都是顾客众包的结果。

互联网将这种令人震惊的变化速度展现得淋漓尽致。现在，许多产品都会以未完成版和测试版姿态提前发布，目的无非就是尽早地收集用户数据，最终确定该如何“完成”这一产品。他们会迅速分析从早期用户那里收集到的数据，找出需要修复的漏洞和用户最想看到的功能特性。在实现了这些改动之后，他们又会发布新的版本，再进行分析……如此周而复始。

领英创始人里德·霍夫曼有句话说得好："如果你的产品在发布时不会令你感到难堪，那么说明你发布的时机太晚了。"

如今，产品的开发周期已不再是按月或季度计算了，而是按小时或天计算。精益创业运动及其不断实验的范式自诞生于 20 世纪 70 年代的丰田汽车生产线之后，历经 20 世纪 90 年代的互联网，至今已被证明适用于任何一种商业类型。

总部位于荷兰的软件发布开发平台 Wercker 就是采用这种新方法的一个很好的例子。Wercker 通过使用高级的测试和调试方法来不断测试和部署代码，可以帮助开发者降低风险并摒除浪费。Wercker 的目标是解放个体开发者的生产力，让他们将最为宝贵的注意力集中在代码和应用程序上，而不是浪费在令人厌烦的安装过程或系统管理上。

开源运动进一步加快了信息加速这一趋势。比如说，编写一款打印机驱动程序的某个开发者，现在可以从上百个致力于类似项目的开发者的开放代码里获得帮助。另外，在加入了网络效应的催化剂后，社群在整体上的学习速度得到了大幅提升。我们在 GitHub 和 Bitbucket 这样的网络托管开发者社群中，目睹了这样的现象。

这种信息加速并不局限于软件开发界，同样也发生在硬件世界里。亿明达（Illumina）是一家走在高速基因组测序仪器开发前列的生物技术公司。2008 年，亿明达的产品单价高达 50 万美元，机器运行还会带来每年 20 万美元的额外耗材成本。与此同时，新型号产品的开发周期为 18 个月。

长达 18 个月的产品开发周期是亿明达最大的软肋。为什么呢？因为这个行业的变化速度太快了，以至于任何一款新设计产品的生存周期仅为 9 个月。这就意味着，当亿明达的销售团队正在推销该公司某个版本的基因测序仪时，同类机型就有两个后续版本正处于开发周期的某个位置上。

在开发中，三代技术并存给公司带来了高昂的成本。为了解决这一问题，一个新的开源社群浮出了水面。这个名为 OpenPCR 的社群有志于建造一台售价仅为 599 美元的 DNA 复制机。这与过去家酿俱乐部的业余爱好者创造了第一代个人电脑，随后掀起一场计算机革命有着异曲同工之妙。OpenPCR 带来了一场影响整个行业的转变，让新的玩家和业余爱好者进入了这个领域，而包括亿明达在内的所有业内人士都从中获益匪浅。

尽管鲜有行业如同基因测序般经历过如此令人震惊的转变，但类似的趋势已弥漫到许多其他的硬件战场当中。这也是为什么一台最基础的 3D 打印机在 2007 年的要价将近 5 万美元，而最近在 Kickstarter 上获得众筹的全新 Peachy 打印机现价只需 100 美元的原因。更有甚者，市场领先的 3D 系统公司（3D Systems）首席执行官艾维 · 雷切托尔（Avi Reichental）信心百倍地承诺，在接下来的 5 年内，他们要以 399 美元的低价将公司的高端 3D 打印机推向市场。

这一趋势的另一例则是在机器人和教育界广为流行的单电路板计算机，而造成这一行业变化的就是开源的树莓派（Raspberry Pi）平台。另外，被 Arduino 占据主导地位的单电路板控制器也受到冲击。因此，当计算机界的新流行语变成“硬件是新的软件”时，我们也就不以为奇了。目前正在制造机器人的前宇航员丹 · 巴里指出，每当他在机器人配置或传感器方面遇到棘手的难题时，就会在临睡前到网上发布求助信息，而等第二天早起时，就会得到来自上万名机器人爱好者的解答。

“数字化”正在从根本上改变许多领域的竞争格局，从意想不到的地方带来了新的玩家。某些国家的银行正在涉足旅游业务。我们也看到不少旅游公司转向保险业，零售商转向媒体。其结果就是，无论你身处什么行业，都可能遇到前所未见的竞争对手。

这股潮流引领的最后一项结果就是，我们似乎正在步入一个“赢者通吃”的时代。搜索引擎我们只认谷歌，竞拍网站我们只认易趣网，电子商务我们则只认亚马逊。网络效应和顾客体验锁定似乎已成为这些变化的竞争本质。

因素 2：“去货币化”势不可当

互联网在过去 10 年里最重要却最不为人所知的一大成就就是，它将市场营销和销售的边际成本降到了近乎为零。

我说这句话的意思是，在网络上，在线商品在全球范围内推广的成本可能只是 25 年前的一个零头。再考虑到病毒传播，获取顾客的成本也同样可以完全忽略。恰恰就是因为这一优势，让如克雷格列表、易趣网和亚马逊这样的商家能以指数级速度扩张，并跻身全球巨头公司之列。

这些公司的实质性优势摧毁了他们的对手，特别是传统的印刷分类广告行业。在可以选择免费的在线分类广告，而非付费的报纸广告后，消费者就一窝蜂地涌入了克雷格列表和易趣网这样的网站中。结果，2012 年报纸行业的年收入降到了 189 亿美元，这是自 1950 年美国报业协会有记录以来成绩最差的一年。由于无法与免费服务竞争，许多报社都倒闭了，仅有的也已不复往日辉煌。

这场革命至今仍在进行中。就在最近，法国的创业公司 Free 开始与活跃的大型数字品牌宣传社群合作，向他们提供移动服务。该公司打造了许多紧密联合的“意见领袖”，让他们与广大的用户群体通过博客、社交网络和其他互联网渠道互动，从而建立起舆论风潮，迅速席卷整个数字世界。尽管 Free 的市场营销预算比较低廉，但该公司已经赢得了丰厚的市场占有率，并取得了相当高的客户满意度。

需要注意的是，在指数型时代，运用信息技术不仅会给销售和市场营销带来指数型的成本节约，而且可以影响到所有的商业功能。

在 2003 年《哈佛商业评论》一篇题为《你需要增长的一个数字》（*One Number You Need to Grow*）的文章中，弗雷德·雷奇汉（Fred Reichheld）介绍了净推荐值（Net Promoter Score，简称 NPS）的概念，用以衡量供应商与消费者之间的忠诚度。净推荐值最低为 -100（每个人都是批评者），最高为 +100

（每个人都是推荐者）。正的净推荐值（即高于零）就算好了，而 +50 的净推荐值已经非常棒了。净推荐值主要关注这样一个简单而直接的问题：你有多大的可能性，将我们的公司、产品、服务推荐给朋友或同事。如果你的净推荐值很高，那么就无须在销售职能上耗费资源了。如果你采用的是对等模式，那么你的服务成本也基本上可以变成零。利用众包和社群思维（如 Quirky 或古斯汀），公司的研发和产品开发成本也能接近于零。

还有更妙的呢！我们在如今的指数型组织身上看到，供应的边际成本也变成了零。

举一个恰当的例子：优步的车队里增加一辆车和一名司机的成本基本为零。同样的道理，Quirky 能以基本为零的成本找到下一个消费类产品。即便是在传统高资本支出的行业里，指数型组织也能凭借接近 100% 可变成本扩张自己的业务。

在谈及以信息为基础或运用信息的领域时，这一优势就一目了然了。不过你需要记住：每一个行业都在朝信息化的方向发展，不管是以数字化形式，还是利用信息来寻找利用率不高的资产。例如，对爱彼迎来说，一间新的出租屋的边际成本基本为零，而这对于凯悦或希尔顿酒店而言就不一样了。边际成本发生下滑的根本原因是供应相对充足。彼得·戴曼迪斯和史蒂芬·科特勒在《富足》中指出，随着技术的发展，我们将走进一个富足的世界，在那里，使用权将胜过所有权。相比之下，供应或资源的稀缺往往会让成本居高不下，并更多地刺激拥有而非使用。

EXPONENTIAL ORGANIZATIONS

净推荐值

净推荐值（Net Promoter Score，简称 NPS）是由弗雷德·雷奇汉提出的的概念，用以衡量供应商和消费者之间的忠诚度。

在可以完全信息化的传统行业里，新的竞争已让老牌公司的利润发生了惊人的下滑。音乐、报纸和图书出版的商业模式全都在这一转变中遭遇重挫，和

10 年前相比已是沧海桑田。因此，生存下来的报纸很大程度上将其收益目标转移到了网页上；音乐产业的专辑和 CD 也分化到按单曲选择的 MP3 文件的世界里；现在许多畅销书的主要收入来源也都成了电子书销量。

要知道，在现在的媒体产业中（媒体产业这个名字承袭了其一直尝试做销售的、居于幕后的实体媒体），很大一部分其实都是由现已数字化的信息公司组成的。我们相信，电视产业将会成为下一个信息化的目标。

因素 3："颠覆"已成新常态

在影响深远的畅销书《创新者的窘境》中，克莱顿·克里斯坦森指出，颠覆性的创新很少是来源于现状的。也就是说，原有的行业从业者在颠覆真正来临之前，都很少会计划或准备好应对措施。报纸产业就是一个完美的案例：在克雷格列表彻底颠覆分类广告模式的 10 年间，分类广告只能束手就擒而已。

如今，外来者占尽了优势。由于无须顾虑过去的体系，再加上机会、信息与技术，新来者能以更低成本采取更迅猛的行动。因此，新的参与者已有了充分条件，可以对几乎任何市场发动攻击，其中就包括你所在的市场，而同样受到攻击的还有你所在公司的利润率。

事实上，在当今各行各业，变化速度之快已让你必须将"有人会颠覆你"作为一个前提条件了，而且这种颠覆往往来自最意想不到的方向。诚如史蒂夫·福布斯所言："你要么颠覆自己，要么等别人将你毁灭。"这句话适用于每一个市场、地区和产业。

在一个世纪之前，竞争的主要驱动力是生产。40 年前，市场营销成了主导。而到了如今的互联网时代，随着生产和市场营销变得日常化、民主化，胜负的关键则在于创意和理念。

如今，产品的创新成了市场营销，即好的产品能实现自我推销。当年轻人和创业公司拥有了大量的理念和创意时，竞争的天平就开始朝向他们的游戏规则倾斜。这也是如今的颠覆更多地来自创业公司，而非原有的直接竞争对手的一个关键原因。

虽然这种模式需要经历更长时间才会对石油、天然气、矿产和建筑等老式资本密集型产业造成冲击，但毋庸置疑的是：颠覆正在降临。太阳能在信息技术的推动下，性价比每 3 年就能翻一番。实际上，再过 4 年，太阳能预计就能追平全美电网。届时，能源的格局将被永久打破。

与此同时，包括不动产和汽车在内的其他传统产业也已臣服于新的时代精神中。当全电动汽车特斯拉出现时，汽车产业遭受的震动尤为强烈。尽管特斯拉是一款高性能的奢侈汽车，但它的意义并不止于此。实际上，在硅谷，人们更多地将其描述成一台计算机，只不过它正好会移动罢了，而且移动得还特别快。有谁能预料到，在短短 3 年里，硅谷的一支软件工程师团队就会创造出历史上最安全的汽车呢？首先，他们并未像雪佛兰一样，设计依赖于传统汽油发动给电池充电的插电式汽车沃兰达，使得长达 120 年的钢铁时代汽车成为拖累他们的巨锚。尽管沃兰达解决了行驶里程数的问题，但它的传动机制变得极其复杂，且造价高昂。

我们在颠覆式创新当中发现了一些固定步骤，主要包括以下 6 点。

- 领域或技术信息化。
- 成本以指数速度降低，获取的难度也因去货币化而降低。
- 业余爱好者聚在一起构成开源社群。
- 带来新的技术组合和混合学科。
- 推出高品质、价格低的新产品和服务。
- 现状被颠覆，即该领域朝信息化发展。

我们在无人机、DNA 测序、3D 打印、传感器、机器人和比特币等领域看到了这样的变革，在这些行业里都出现了开源的、联网的社群，从而带来了与以上步骤完全匹配的加速的创意洪流。

之所以说“颠覆是新的标准”，是因为如今大众化的、加速的技术在配上社群的力量后，可以将克里斯坦森的“创新者的窘境”延展成一股无人能敌的力量。

因素 4：“专家”不再值得信赖

有一种由来已久的说法是：专家就是“告诉你某件事情不可能实现的人”。这句话放到现在已经成了绝对的真理。历史告诉我们，最好的发明或解决方案几乎都不是出自专家之手；它们基本上来自局外人。也就是说，来自那些非业内专家，却有着新鲜观念的人。

当 Kaggle 举办比赛的时候，就发现首先参赛的总是这个特定领域的专家，他们还抱着“我们懂这一行，我们从前都这么做过，所以会搞清楚的”这样的想法。在接下来的两周时间内，也总是会出现一些完完全全的局外人，他们闯入这一领域，将专家们的最佳结果打得落花流水。例如，休利特基金会（Hewlett Foundation）在 2012 年赞助了一场比赛，目标是开发一款算法，对学生的作文进行自动评分。在参赛的 155 支队伍中，有 3 支队伍分享了总计 10 万美元的奖金。最有趣的是，胜利者当中没有一人在此前有过任何自然语言处理的经验。尽管如此，他们还是击败了那些拥有数十年自然语言处理经验头衔的专家。

这自然对人们当前的观念产生了冲击。奇点大学生物技术与生物信息学主席雷蒙德 · 麦考利发现：“当人们想在硅谷谋得一个生物技术职位时，都会隐去自己的博士学历，以免被当成一个眼光狭隘的专业人士。”

那么，如果专家值得质疑，那么我们该转而寻求谁的帮助呢？正如我们已提到的那样，一切事物都是可度量的。而进行此类度量工作的最新专业就是数据科学家。安德鲁·麦卡菲（Andrew McAfee）将这批新的数据专家称为“极客”。他还将极客视为 HiPPO，也就是薪资最高之人的看法的天敌，因为 HiPPO 的观念依然在很大程度上来自直觉。我们并不认为这是一场应该一边倒的竞赛。相反，我们认为对于指数型组织来说，这两类人将会共存，但有一个条件：HiPPO 或称专家的角色会发生变化。虽然他们依然是解答问题和寻找关键挑战目标的最佳人选，但是极客将负责挖掘数据并提供应对挑战的解决方案。

因素 5：5 年计划过时了

大型公司的一大特征就是设有战略部门，负责制订和发布 5 年计划。这些以年为单位度量的战略是用来概括公司的长远期望和目标的。实际上，许多开发部门的主要职能无非就是补充这一期望的细节，为计划、采购、人力资源管理和运营提供细化步骤。

过去的 5 年计划都是秘密的内部文档。不过近年来，当意识到在改革运动中必须与供应商和顾客交流时，就连一些老牌公司，如美国国家铁路客运公司（Amtrak）、美国邮政服务（United States Postal Service）和克莱斯勒（Chrysler），都加入了公开自身 5 年计划的潮流之中。

尽管许多老牌公司依然抱着透明化的标签沾沾自喜，认为这就是先进的渐进式商业思维，但实际情况是，5 年计划本身就是一种过时的工具。与其说它能带来竞争优势，不如说它其实是公司运营的绊脚石。

在几十年前，制订这样的长远计划还是可行的，也是重要的。公司会根据下一个 10 年乃至更长的跨度来决定战略投资的方向，而 5 年计划就是勾勒出这些长期战略实现细则的核心文档。然而，在指数型组织的世界里，5 年计划不仅无法奏效，而且是极度反生产力的，可以说，它是指数型组织的死亡信号。

这一切听起来似乎有违常理。说到底，当公司的发展速度变得越来越快时，不应该更多地考虑前路，及时注意到危险吗？理论上是这样的。但现实情况是，未来的变化速度实在太快，超前思考很容易会产生错误的预期，以至于今天的 5 年计划极有可能带来错误的建议。我们来看看 TED 和各种 TEDx 活动的举办吧。如果克里斯·安德森在 2009 年年初当众宣布，“好了，朋友们，我们来搞点 TEDx 吧。我们要在 5 年内举行 9 000 次这样的活动”，那么他就会立刻失去人心，因为 9 000 次活动听起来简直就是痴人说梦。

下面，我们想象一下，如果安德森真的让 TEDx 品牌领路人劳拉·斯坦恩（Lara Stein）为 TEDx 制订 5 年计划，那么斯坦恩可能会给出表 6-1 这样一份野心勃勃的表格。

表 6-1　TEDx 每个季度的活动数量计划（虚构）

年份	一季度	二季度	三季度	四季度	总数	备注
2009	2	8	20	40	70	一开始在测试和学习中缓慢发展
2010	60	30	80	100	270	夏季活动减少
2011	120	100	140	160	520	稳步发展
2012	180	150	190	200	720	开始达到饱和
2013	200	180	220	250	850	由一些因素推动发展
					2 430	5 年内 TEDx 活动的总数

最后的数字实在太惊人了：在 5 年内举办将近 2 500 场活动，怎么可能做到呢？用线性思维方式的话，这个目标显然是有夸大的，用詹姆斯·柯林斯（James Collins）和杰里·波勒斯（Jerry Porras）在 1994 年发表的经典著作《基业长青：企业永续经营的准则》（*Built to Last: Successful Habits of Visionary Companies*）中的话来说，这是个宏伟、艰难、大胆的目标（Big Hairy Audacious Goal）。说句题外话，我们可以将宏大变革目标当作一个有决

心的 BHAG。

但我们现在都知道，TED 完成的演讲次数是预计的 3 倍有余：5 年内举行了 8 900 场 TEDx 活动，这在一开始是完全无法想象的。要是安德森和斯坦恩定下了 2 500 场活动的计划，那么他们要么很可能在团队内部引起内讧，要么就是错失了更多机会。相反，他们只是卷起袖子说干就干，让社群来决定 TEDx 发展的脚步。在真正实施之前，安德森、斯坦恩和这支团队其实都未曾料到 TED 能维持如此狂热的发展态势。

简而言之，5 年计划对于指数型组织来说就是自杀之举。即便它未让公司在错误的道路上越走越远，也会在正确的方向上勾勒出一幅谬以千里的前景。唯一的解决办法就是，树立起宏大的志向（即宏大变革目标）、锁定指数型组织的结构、实施 1 年计划（不能更长），一边实时地纠正前进方向，一边从各方面加以监督。这就是 TED 的做法，也是未来的赢家公司应该做的。

既然我们在探讨运营计划和公司决策，那么就不能不提及部门或公司级别的战略会议所带来的灾难。在克里斯 · 埃特尔（Chris Ertel）和丽莎 · 凯 · 所罗门（Lisa Kay Solomon）非常精彩的新书《冲击时刻：如何设计能加速变化的战略会话》（*Moments of Impact: How to Design Strategic Conversations That Accelerate Change*）中，他们研究了组织内部各种计划和战略会议，提出了一个共性的问题：大部分计划和战略会议都是失败的。埃特尔和所罗门将团队计划或战略决策会议分解成了 5 个不同的阶段。

- 定义目标。
- 采纳不同的观点。
- 确定问题的框架。
- 设定场景。
- 付诸实践。

如果你想要减少令人麻木、没有成效的会议，减少与管理层会面所耗费的时间，那么《冲击时刻》会是一本非常重要的指南。

因此，在不远的将来，5 年计划将会被下面的元素所替代。对于指数型组织而言，这已是板上钉钉的事情了。

- 总体方针和有情感调动作用的宏大变革目标。
- 公司进展的实时信息仪表盘。
- 利用“冲击时刻”，进行清晰明了、富有成效的决策。
- 与仪表盘紧密结合的 1 年（最多）运营计划。

在指数型组织的世界里，目标胜于战略，执行胜于计划。将 5 年计划换成实时性较强的新元素可能会带来一些不安，但同时也令人振奋，这种勇于进取的心态会带来惊人的回报。何况，被一个初来乍到的竞争对手生吞活剥，绝不是什么令人高兴的事情。

当然了，这种转变对于大型组织而言可谓困难重重，因为它们依赖于长期项目和对计划与目标的跟踪。

因素 6：小公司的优势更大

1991 年诺贝尔经济学奖颁给了罗纳德 · 科斯。他的理论认为，大型公司之所以做得更好，是因为它们将资产聚集在同一屋檐下，从而降低了交易成本。20 年后的今天，信息革命所带来的便利彻底否定了资产聚集的必要性。

几十年来，规模和大小一直是企业渴求的一大特质。更大的公司能做的事情更多，这是人们的共识，因为大公司能够利用规模经济，拥有更强大的谈判力。这也是商学院和咨询公司历来都把注意力集中在超大公司的管理和组织上的原因之一。华尔街也经常参与并购，从而产生更庞大的巨型公司，华尔街则在这种股票交易中赚得盆满钵满。

这一切正在发生变化。在《至关重要的关系》中，里德·霍夫曼告诉我们，交易成本已不再是一种优势，任何个人都能也应该像管理公司一样管理自己。原因是什么呢？其一，如今的小型团队具有成就大事的空前强大的能力，而在运用了第 1 章中所述的指数型技术后，这种能力将进一步扩大。在眼下乃至不远的将来，适应力和敏捷程度的重要性会逐渐超过大小和规模。

一则广为流传的例子就是奈飞凭借中央化的 DVD 租赁业务和小巧的规模，四两拨千斤地击败并最终摧毁了空有 9 000 个门面和广泛分布的地理资产的百视达。在软件世界中，100% 在云上运作的 Salesforce.com 能比竞争对手企业管理解决方案更迅速地适应变化的市场，因为后者需要在现场进行专门的设备安装。

我们已经讨论过灵活运用用户原有资产的爱彼迎了，它现在的价值已经超过了全世界凯悦连锁酒店的总和。当凯悦坐拥 549 处房产和 4.5 万名员工时，爱彼迎却只有 1 324 名员工，而且全都位于同一办公室内。类似的，借贷俱乐部（Lending Club）、比特币、Clinkle 和 Kickstarter 正分别在银行和风投产业掀起一阵从根本上重塑思维方式的浪潮。在这些新兴金融技术创业公司的字典里，根本没有零售门店的概念。

理查德·布兰森（Richard Branson）的维珍集团的结构就充分利用了小规模组件的优势，其全球研究中心是该公司研发部门的总部，这一部门会在品牌保护伞之下，推出许多新的公司。维珍集团现已包含 400 多家独立运营的公司，它们加起来的价值高达 240 亿美元。

正如彼得·戴曼迪斯时常提到的那样，小型团队的一项关键优势在于，它所能承受的风险要比大型团队高得多。从麻省理工学院媒体实验室主管伊藤穰一的研究中能清楚地看到这一点（见图 6-1）：创业公司的上升潜力很高，下降潜力很低，而大型组织恰恰相反。

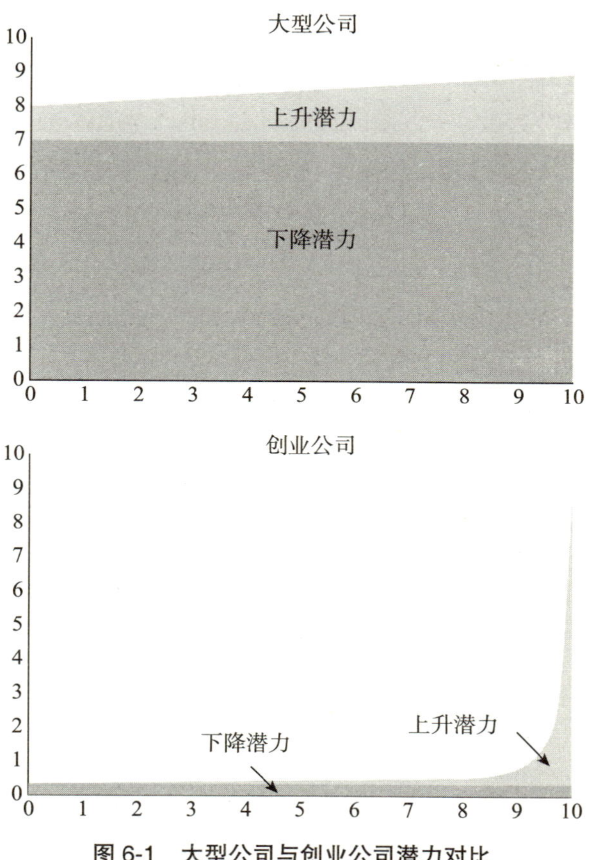

图 6-1　大型公司与创业公司潜力对比

在医学界，我们尚无应对免疫抗生素的新型病毒的好方法。世界卫生组织已将其视为人类进入后抗生素时代的一大实质性威胁。我们也无法阻挡过敏症和自身免疫疾病的发生，全世界有超过 10 亿人正承受其苦。不过，Quotient Pharmaceuticals 却有志于在威廉 · 波拉克博士（Dr. William Pollack）工作的基础上改变这一现状。波拉克在 20 世纪 60 年代早期开发了首个阻碍人类抗体的方法，保护了超过 6 000 万母亲和她们的孩子免受可怕的 Rh 疾病之苦。疫苗消除了母婴血液的排斥性，每年仅在美国本土就能拯救数以万计婴儿的生命。通过利用人体自身的抵抗力，位于阿纳海姆市的 Quotient Pharmaceuticals 已推出一款有效产品，能在超级病毒形成抗药性的过程中加以阻止，而这一成果距离其决定接受挑战才刚过去 4 年。还有一个令人震惊的附加成果是：他们的产品还能治疗大部分过敏症。Quotient Pharmaceuticals 的阻碍抗体能控制免疫系统的连锁反应，从而对如花粉症和哮喘这样的过敏症带来影响。令人难以置信的是，Quotient Pharmaceuticals 的团队只有区区 10 人而已。如此小规模的团队能在免疫学领域做出惊人的贡献，关键原因就是核心成员的多样化背景和大幅降低的产品开发成本。Quotient Pharmaceuticals 拥有高度密闭的实验室与实验分馏设备，因而能在几天时间内自行分离抗体、开发产品，并进行测试，而无须等上多年。该公司避开了生物、制药行业通常必需的数十年研究和上亿资金。

我们经常听到这样一个基本问题：指数型组织能发展到多大。我们认为，更重要的问题应该是：指数型组织在扩大之后会发生什么。尽管这种新的范式依然处于萌芽阶段，但已有初步的迹象表明，成功的指数型组织会借助其外部因素形成平台。但是，这个答案又带来了一系列新问题，其中与现状关系最为密切的是：指数型组织该如何利用如众包、社群管理、游戏化、有奖竞赛、数据科学、杠杆资产和随需随聘的员工这样的外部属性优势来成为平台。我们得出的答案是：它们会让自己融入到基础设施中，让其他指数型组织能够从这些平台中形成并发展。

也许这种平台模式最早的案例就是谷歌。借助于强劲的搜索业务，谷歌得以迅猛扩张，而一旦公司到达了临界规模，AdWords 就产生了许多自给自足的广告平台，让其他公司能在其上发展壮大。反过来，谷歌又从这些增长中抽取一部分收益。Facebook 也是一个形成平台的成功案例，依靠着异常强大的市场穿透力和对用户的了解程度，催生了星佳和移动网络项目。亚马逊、苹果应用商店的生态系统也都是指数型组织的产品变为平台的最显著例子。而在另一方面，聚友网（MySpace）和 Friendster 就没能成为平台。

至于指数型组织能发展到多大这个问题，其答案带来了另一个更明确的问题：你能以多快速度将指数级增长转换成其成为平台所需的临界规模。一旦实现这一点，后面就再没有什么实质性的阻碍了。

举个例子，优步扩张时，就曾帮旗下的司机购买汽车。公司预购的 2 500 辆谷歌汽车带来了一股极大的数据浪涌，并进而形成了新的服务。现在的优步已成了拥有大量司机的平台，于是能进行平行发展，推出新的服务：邮递、送礼和快递，以及小巴士乃至医疗服务。这一切都借助于优步需求驱动的市场定位，优步能让智能手机用户的需求几乎在转瞬之间得到满足，它能为客户提供出色的体验。

重要的是，平台必须是共生的，要让供应方也能获利。我们都对罗维奥（Rovio）开发的《愤怒的小鸟》（*Angry Birds*）取得的巨大成功耳熟能详。但鲜为人知的是，《愤怒的小鸟》是罗维奥开发的第 53 款游戏。该公司从 20 世纪 90 年代早期就投身游戏行业了。但在 20 年前，创作游戏的公司不得不与 150 家不同的手机公司签订双边合约，让对方获得 75% 的收益。所有的注意力、时间和精力都被扔进了与移动电信公司谈判的黑洞中。然而，一登上苹果的平台，罗维奥就只需要与一方进行商谈了，因此它留出了更多注意力放在游戏上，在我们看来，这正中了其下怀。

随着数字化信息的陨石从天而降，全球经济已发生了永久性的变化。怪兽级公司把持传统的阶级型市场霸权的时代已经走到了穷途末路。现在的世界属于更聪明、更小巧、更快速的企业。在眼下以信息为基础的产业中，这一点已是毋庸置疑的事实，并将很快在更为传统的产业中成为真理。

因素 7：租赁取代拥有

以低成本获取技术和工具，这是让世界各地的个人和小型团队获得发展动力的一项重要机制。

云计算就是这种崭新现实的象征，它提供了以无穷无尽的处理能力来存储和管理庞大信息，而且其按使用次数收费的方式完全不需要前置成本或资本投入。云计算让存储器的实际成本降到了近乎为零，还让小型公司有资格与大公司齐头并进，甚至能略胜一筹，因为大型公司往往会受到昂贵的内部 IT 运营成本的拖累。此外，不断发展的大数据分析工具将会让或大或小的所有公司能对其市场和顾客有着前所未有、细致入微的了解。

我们在其他领域也看到了类似工具的广泛应用。正如我们在第 3 章中谈到的，TechShop 让过去只有政府机关和大型公司的实验室才负担得起的昂贵设备走入了寻常百姓家。

闪电摩托车（Lightning Motorcycles）的创始人兼首席执行官理查德 · 海特菲尔德（Richard Hatfield）想要创造摩托车速度的世界纪录，但破纪录所需的摩托车在市场上是买不到的，于是他自己在 TechShop 上打造了一台。迄今为止，根据 TechShop 的首席执行官和联合创始人马克 · 阿奇（Mark Hatch）的说法，TechShop 实验室已创造了大约价值 60 亿美元的新产品。

有估计称，全世界现在约有数百家“制造实验室”。很快，每一个城镇和每一个街区都将配备这样的实验室，这也就意味着任何个人或小型团队都可以通过租借设备，从而获得与财大气粗的老牌公司一样的制造能力。

生物技术设备领域也在发生着类似的转变。同样来自硅谷的 BioCurious 是一间开放式的湿式实验室，业余爱好者可以在里面参加课程、使用离心机和试管以及合成 DNA。纽约的“绅士空间”（Genspace）生物学实验室也提供了类似的资源。

这种租赁而非拥有的哲学对眼下协作消费和共享经济的热潮起到了推波助澜的作用。拥有一家工厂、一所实验室甚至一件科研工具的需求正在逐步降低。相反，你有什么理由不选择租借这些资产，从而降低前置投资，将高端设施的所有权让位他人，将维护工作留给别人去做呢？不仅如此，借助软件和互联网所带来的各种控制方法，你可以远程管理自己的使用权，那么又何必自己费心制造呢？就连苹果其实也是在租借富士康的生产线来制造自己的产品，而中国的电子商务巨头阿里巴巴更可以让你将整个制造周期全部外包出去。

先是计算，随后是工具和制造，如今，这种租赁而非拥有的哲学甚至已将员工“俘虏”了。个别的“代班”行为当然算不上什么新玩意儿，但现在又出现了临时工群组的概念。当需要在短时间内完成大量工作时，公司可以从Gigwalk及其他公司租借临时的员工团队，从而避免了可怕的连续聘用和解雇的传统做法。在这层意义上，租赁的员工团队和指数型组织的随需随聘的员工这一属性并没有什么区别。

不管是设施、装备、计算能力还是人员，租赁而非拥有的哲学都是构成指数型组织的敏捷性和灵活性，并继而带来成功的主要因素。这也可以算是一个长期趋势的高潮部分了。数十年来，生意人的商业观念已逐步从透过收支报表转变成了关注于损益表，换句话说就是，强调收益为先而非所有权。人们意识到，资产的所有权最好还是交给专家来处理，即便涉及关键性资产也不例外。上面说的变化很大程度上就源自这样的意识。所以，从这个角度来讲，指数型组织的崛起是从一万年前开始的专业分工趋势的深化：只专注于你真正有优势的领域。这不仅是为了将效益最大化，而且在信誉系统普遍数字化的世界里，还能最大限度地提升你的形象。正如作家泰勒·科文（Tyler Cowen）的书名：《中庸已死》（*Average is Over*）。

航空公司过去都是自己制造引擎的，这是一项复杂而又风险很高的任务。后来，制造引擎的专业户通用电气和劳斯莱斯开始推出租赁服务。如今，航空公司都按照飞行小时数为引擎付费。换句话说，像飞机引擎这样昂贵而复杂的东西现在已成为一种租赁的、随用随付的资产，而不是昂贵的内部成本。

劳斯莱斯还将这种做法推进了一步。该公司现在在自家的每一台引擎上安装了数百个传感器，从而能够收集和分析引擎在使用时的大量信息。当然了，在这一过程中，劳斯莱斯正将自己转变成一家大数据公司，因此也同时成了一家指数型组织。这种从所有权到使用权再到数据分析的变化轨迹，也同样出现在汽车和不动产等许多其他的垂直市场中。

因素 8：信赖胜于控制，开放胜于封闭

我们在维尔福软件公司看到，员工自我管理可以成为指数时代的一剂高效强心针。千禧年一代天生独立自主、习惯数字化生活，而且厌恶从上至下的控制和阶级制度。为了充分利用这批新的劳动力并留住尖端人才，公司必须接受开放的环境。

谷歌就是这么做的。我们在第 4 章中提过，谷歌的目标和关键结果系统在整个公司里是完全透明的。每一个谷歌人都能查询其他同事和团队的目标与关键成果评价法，了解他们正在努力实现的目标和过去取得的成果。尽管这样的透明政策会带来文化和组织精神方面的影响，但谷歌认为它所产生的开放性足以抵消任何负面作用。

谢家华凭借着完全相同的哲学将美捷步打造成了一家价值 10 亿美元的公司。美捷步只关注客户服务和开放性，其公开发表且每年更新的长达 500 页的文化手册规定了公司的性质。据美捷步的公司教练戴维·维克（David Vik）称，美捷步在组织内部推行企业文化有 5 大格言。

- 眼界：你在做什么。
- 目标：你为什么做。
- 商业模式：在做的时候你从哪里获得动力。
- 惊奇和独特的因素：你鹤立鸡群的条件是什么。
- 价值：你关注什么。

传统组织采用控制框架是因为，公司往往要在管理层和团队之间漫长的反

馈回路上浪费大量资源，不得不进行监督和干涉。不过，在过去的几年里，一批全新的协作工具的出现让组织能在无监督、全员工自我管理的情况下管控每一支小团队。指数型组织正逐步掌握这些能力，它们通过实时跟踪数据来完成自我管理，并且产生了卓越的成效。Teamly 就是一个出色的案例，它将项目管理、目标与关键成果评价法和成果报告与内部社交网络的力量结合了起来。

指数型组织正在采用信赖框架的另一个关键原因是，在变化速度越来越快的世界里，可预测的过程和持久稳定的环境已成了过去式。一切可预测的东西都已或即将被人工智能或自动化机器人所取代，而人类工作者只需处理异常情况。因此，工作的本质正在发生变化，这对每个团队成员的主动性和创新性的要求也提高了。与此同时，团队成员也常常会希望组织能更信任他们。据 2010 年进行的一项调查显示，只有 51% 的美国人对自己的老板满意。

你一定要明白的是，开放式的信赖框架并不能独立实施或由发布的命令决定。开放式的信赖框架是在实现了员工自我管理、仪表盘或实验之后所产生的一个重要结果。

Facebook 能变得如此成功的原因之一就是公司对其员工的信任。在大部分软件公司，当然也包括一些比较大的企业，新软件的发布会经历一层又一层的单元测试、系统测试和集成测试，且测试通常都是由独立的质量监管部门负责的。

不过，Facebook 的开发团队得到了管理层的充分信任。任何团队成员都能在未经审查的情况下将新的代码发布到在线平台上。虽然从管理风格的角度来看，这似乎不合常理，但由于赌上了个人的声望，而且不会有别人来给代码挑毛病，Facebook 的团队成员会更努力地工作，确保不出差错。其结果就是，Facebook 能以硅谷史上无人能及的速度，发布复杂程度难以想象的代码。在这一过程中，它将行业标准提高了好几个档次。

因素 9：一切皆可测量和知晓

世上第一只加速度仪（用于测量三维方向上新运动的设备）跟一只鞋盒差不多大，重量大约为两磅。而现在的加速度仪直径仅 4 毫米，并已走入地球上的每一台智能手机里。

欢迎走进这场传感器革命，这是时下正在发生的最为重要却最不广为人知的技术革命之一。如今的每一辆宝马汽车都安装有超过 2 000 个传感器，跟踪着从胎压到燃油量再到传动性能和急停状况的一切数据。飞机引擎的传感器更是多达 3 000 个，每次飞行它们都会记录下数十亿个数据点。就像我们在第 1 章中提到的那样，用由 64 个激光发射器组成的激光雷达扫描周围环境的谷歌汽车，每秒可以产生 1 个 GB 的数据。

这场革命也同样影响了人类的身体。2007 年，《连线》杂志编辑盖瑞·沃尔夫（Gary Wolf）和凯文·凯利（Kevin Kelly）发起了量化自我运动，他们将目标放在自我跟踪工具上。第一届量化自我大会于 2011 年 5 月举行，而量化自我社群现已经拥有了来自 38 个国家的 3.2 万名成员。

量化自我运动中涌现出了许多新的设备，斯派尔（Spire）就是其中之一。这是一款测量呼吸的设备。奇点大学校友弗朗西斯科·莫斯科尼（Francesco Mosconi）是斯派尔的首席数据官，他编写的分析方法和软件专门用于获取有关呼吸的实时反馈信息，并分析呼吸、压力与注意力之间的关系。这与宝马传动控制系统的传感器反馈信息可用于降低轮胎的打滑可谓殊途同归。

人们借助全球超过 70 亿部的连网智能手机和其中配备的高清摄像头，可以将任何东西实时记录下来。无论你是否愿意，我们正在一头扎入一个彻底透明的世界，而记录着我们一举一动的万亿传感器也将隐私推到了悬崖边。以色列公司 Beyond Verbal 可以分析出 10 秒的语音片段中的音调变化规律，其对情绪和言外之意判断的准确率高达 85%。

瞧，这边又来了个谷歌眼镜（Google Glass），这副智能眼镜能在人们的日常活动中实时记录或发送视频和照片。无人机这种成本不到100美元的家伙有着各种各样的飞行高度，能用5 000兆像素相机捕捉下方的任何景象。最后，我们还看到了许多纳米卫星公司，它们在近地轨道部署了网格状的数百颗卫星，可以提供地球上任何地区的实时视频和照片。技术创新的惊人步伐带来的可能性是无穷无尽的。

接下来看看与我们更为贴近的东西。人体大约有10万亿个细胞，共同组成了复杂程度难以想象的生态系统。不过，对于如此错综复杂的系统，我们在跟踪健康状况时通常只会用到3个基础指标：体温、血压和脉搏。现在想象一下，如果我们能对这10万亿个细胞进行一一测量，并且指标不是3项，而是100项那会怎么样。如果我们能跟踪血液循环系统、肾脏和肝脏的酵素浓度，并将数据实时地与其他指标关联起来又会如何呢？从这浩瀚的数据海洋里会诞生出多少前所未见的更大元因素呢？

例如，激光光谱目前就被用来分析食物和饮料中的过敏原、有毒物质、维生素、矿物质和热量。包括苹果、Consumer Physics的SCiO、TellSpec、Vessyl和Airo Health在内的多家公司都已开始了利用这一技术的探索工作。不久之后，激光光谱将会成为一种医学和健康的指示工具，同时还能测量和跟踪我们身体的方方面面，包括生物指针、疾病、病毒和细菌。举个例子，OwnHealth创始人约纳坦·艾德里（Yonatan Adiri）就利用云计算来分析尿检试纸的照片，并对许多医学状态进行诊断。

与此同时，正如我们在第3章中提到的那样，高通三录仪X大奖赛会为第一支开发出既能快速准确地对健康状况进行诊断和监控，又足以取代10位职业医师的手持医疗设备的团队颁发1 000万美元奖金。来自全世界的300支团队正为之竞争，其中还包括Scanadu这样专为赢得这一奖项而成立的公司。据估计，这场比赛将在一年内出现获奖者。至少在这方面，我们无须等上150

年就能离《星际迷航》（*Star Trek*）更近一步了。

指数型组织正从两种角度利用这种加速趋势：在现有的数据流上建立新的商业模式，或在旧的范式上添加新的数据流。前者中 PASSUR Aerospace 就是一个典型案例。由于航班的早点或晚点都可能会带来最高每分钟 70 美元的成本，因此该公司在全美各地设置了许多电冰箱大小的自动依赖监督广播（automatic dependent surveillance-broadcast，简称 ADS-B），用以跟踪电台。这些电台会监控天空中的每一架飞机，并以分钟级的精度准确预测飞机抵达登机口的时间。除了能省下大量成本之外，这一系统还被 FAA 和航空公司反向应用，以决定某次航班应在何时起飞。

从以上案例及其他数百个案例中可以看到，我们正朝着一个“一切均可度量，一切均可知晓”的世界前进，而这一切不仅发生在我们周遭的世界，而且也包括我们身体的内部。只有为这一新的现实做好准备的企业，才有可能获得长期成功。

既然我们已经讲解了指数型组织的特性和影响力，那么我们来看看指数型组织与其他体系之间的映射关系。表 6-2 将指数型组织的属性与伊藤穰一的麻省理工学院媒体实验室守则和纳西姆 · 塔勒布的反脆弱理论进行了对比。

表 6-2　　指数型组织 VS 麻省理工学院媒体实验守则 VS 反脆弱理论

指数型组织	伊藤穰一	纳西姆 · 塔勒布
宏大变革目标	重凝聚，轻排斥 重罗盘，轻地图	着眼于长期目标，而非只是经济利益和短期目标
随需随聘的员工	重弹性，轻蛮力	保持小规模和灵活性
社群与大众	重系统（生态系统），轻个体 重弹性，轻蛮力	有选择性地发展 保持小规模和灵活性
算法	———	有压力地发展 > 简化和自动化 启发式教育法
租用的资产	重弹性，轻蛮力	减少依赖性和信息技术；保持小规模和灵活性 在研发、数据和社交基础设施中投资

续前表

指数型组织	伊藤穰一	纳西姆·塔勒布
参与	重凝聚，轻排斥	有选择性地发展 启发式教育法
用户界面	————	简化和自动化 克服认知偏差
仪表盘	重学习，轻经济	简化和自动化 缩短反馈回路仅在项目完成后奖励
实验	重实践，轻理论 重冒险，轻安全 重学习，轻教育	多样化 在破解和自我压力中发展快速、频繁地失败 有选择性地发展 重冒险，轻安全 避免过多地关注效率、控制和优化
员工自我管理	重创造，轻权威 重反抗，轻顺从	去中心化，不要管得太紧，挑战高层的管理，划分区块 在指数型组织内部共享所有权
社交技术	重创造（对等学习），轻权威	有压力地发展

在第 3 章和第 4 章中，我们讲解了指数型组织的各个特性。在本章中，我们放宽眼界，讨论了指数型组织在更广范围内的影响力和它们将会一展身手的美丽新世界。估计，许多读者现在脑中正在思考的问题包括以下几个：

- 我所在的组织的指数程度如何？
- 我们准备得是否充分，能否在新的现实中取得竞争优势？
- 我们需要改变什么才能成为指数型组织？

我们发现，并非所有的指数型组织都拥有范式指数型组织的所有特性，这并不令人感到意外。实际上，我们的研究表明，一家指数型组织要想达到 10 倍的基础合格线，赢得指数型组织的头衔，往往只需最少实现这 11 项特质中的 4 项即可成功。这个数字已足以让你利用信息服务称霸一个新的市场，或在原有市场中大幅度降低成本。

不仅如此，有些属性并不适用于某些行业（至少目前看来）。因此，若你从事的是特务工作或者你的公司是在北海开采石油，那么随需随聘的员工这一属性显然就不合适了。

确认你的公司是否走在通往指数型组织道路上的唯一方法，就是进行一次指数型组织考核。我们设计了一套测试题，供你解答这个问题。测试结果可能让你感到欣慰，也可能令你感到不安。无论如何，我们都希望你会从中受益。

EXPONENTIAL ORGANIZATIONS
关键要点

- 信息加速一切。
- 供应的边际成本首次以指数速度降低。
- 一切正在被颠覆。
- 在颠覆性的世界里越小越好。
- 专家可以告诉你什么事情是做不到的。
- 租赁，而非拥有资产。
- 一切正被转化成信息，并因此变得可度量和可知晓。
- 指数型组织测试题可以帮助你为所在的组织打分并加以分析。

EXPONENTIAL ORGANIZATIONS

第三部分

如何创建指数型组织

07 创建指数型组织的关键步骤

通过社区、大奖赛和众包的方式，本地汽车公司仅用 1 年半的时间就生产出了拉力战斗机汽车，堪称汽车业的奇迹。有了成功典范本地汽车公司的指引，人们就可以按照 12 个关键步骤实实在在地创建一家指数型组织了。在构思了巧妙的宏大变革目标并实现了合适的属性后，BlaBlaCar 就成了一家运转良好的指数型组织。

从互联网时代的黎明开始，我们就目睹了公司的创立和成长方式发生的根本性变化。1998—2000 年之间，互联网大爆发时出现了建立极快成长公司的第一代理论。到了 2005 年，社交媒体的崛起又开启了新的篇章，截至 2008 年，低成本云计算的广泛普及又为其增添了新的内容。

现在，随着指数型组织的崛起，我们正翻开史上最为重要的商业教科书。在加速技术的推动下，指数型组织让我们能以新的方法管理自身，顺应这个信息化的世界。

本地汽车公司就是指数型创业公司的一个好榜样。2007 年，杰夫·琼斯（Jeff Jones）和杰·罗杰斯（Jay Rogers）创立了这家位于亚利桑那州凤凰城的公司，它是一个全球协作新平台，为其社群赋予了设计、建造和销售定制汽车的能力。2004 年，罗杰斯服役于海军进驻伊拉克时读了艾默里·洛文斯（Amory Lovins）的著作《赢得石油残局》（*Winning the Oil Endgame*），从而产生了开办新型汽车公司的灵感。罗杰斯的目标和宏大变革目标是以最高的效率将激动人心的汽车推向市场。

罗杰斯走访了许多汽车公司，其中包括法拉利、通用汽车和特斯拉，随后他为自己设立了 3 个目标。

- 建立史无前例的汽车车身设计开源社群。
- 制造一辆汽车。
- 建立一条通向市场的渠道。

为了吸引社群的兴趣，本地汽车公司首先找到了设计院校，从学生当中搜集创意。但这种战略失败了，失败原因很大程度上与所有权的法律问题和授权许可的成本有关，也与设计院校学生缺乏像公司那样的目的性和责任心脱不了干系。结果是，依托于设计院校的平台实验，本地汽车公司几乎未收获任何可用的想法。毫不气馁的琼斯和罗杰斯再次发起了吸引社群的尝试，但这一次，他们的方法是众包。第二次尝试取得了成功，在 2008 年 3 月，本地汽车公司成为第一个完整外包一辆汽车的社群。该公司当时有 83 名员工和 3 家用于制造汽车的微型工厂。本地汽车公司的员工团队随后将注意力转移到了宣传上，在无数设计师网站上散播自己对产品的热情，此举如同磁铁一般聚起了一个志同道合的社群。

下面该轮到“参与”这一招了。本地汽车公司举办了第一届汽车设计大赛。当时该公司只有 4 名员工，却要负责管理 1 000 名社群成员。最后一共涌现了 100 份参赛结果，同时也吹响了平台成形的号角。如今，本地汽车公司的社群拥有 43 100 名成员，他们在 31 个项目的 6 000 份设计方案和 2 000 个创意中相互合作。每个项目平均获得的成员参与时间为 200~400 小时。

本地汽车公司的社群由爱好者、业余创新家和专家组成。这些设计师、工程师和制作者参与到了设计的每一个环节，如内饰、外饰、名称、商标等，而这些成果随后就会按照知识共享（Creative Commons）许可的规定开源。你可以将这一平台视为 Quirky（产品开发）和 Kaggle（有奖竞赛）在汽车领域的混血儿。

在社群初具雏形时，罗杰斯就立刻朝着下一个目标前进了：制造第一辆众包汽车。2009 年，本地汽车公司生产了拉力战斗机（Rally Fighter），完成了这一目标。这辆车的最终设计方案凝聚了来自 100 多个国家 2 900 名社群成员所提供的 3.5 万份设计想法。拉力战斗机仅花费了 1 年半时间就完成了生产，比传统流程快了 5 倍左右，而其开发费用只有 300 万美元。买家得到的也不是一辆组装好的汽车；相反，他们花费 99 900 美元换来的是一套制作材料，辅以说明书、维基百科和视频。他们还可以咨询本地汽车公司在美国的 3 家微型工厂中的专家。公司还计划在接下来的 10 年内于全球各地再部署 100 家。全球已经上路的拉力战斗机汽车目前共计 23 辆，其设计者金尚浩（Sangho Kim）也凭借在这款车型上的贡献，在韩国通用汽车公司谋得一席之地。

本地汽车公司还鼓励其他组织访问自己的社群。2012 年，在与壳牌石油公司（Shell Oil Company）合作时，本地汽车公司举行了一场比赛，取名为壳牌 GameChanger DRIVEN（“满足能源需求的合适且创新的汽车设计”的英文首字母缩写）。参赛者需设计一辆能在 5~10 年内于 5 处地点，包括阿姆斯特丹、班加罗、巴士拉、休斯顿和圣保罗中任意一处利用当地能源和材料生产出来的汽车。参赛者的设计方案还需要解决具体地区的社会性问题。每个地区的优胜者将得到 2 000 美元的奖励，而大奖得主将获得额外的 5 000 美元，同时公司还会将其成果设计制作成 1 或 4 比例的模型，在全世界展出。

本地汽车公司还联合宝马发起了城市驾驶体验挑战赛，参赛者要解决 2025 年生活在城市里的宝马车主可能产生的需求。参赛队伍共计 414 支，其中前 10 名可以获得总计 15 000 美元的奖励。本地汽车公司社群赞助的其他比赛还包括为达美乐比萨设计最佳的外卖汽车和为锐步（Reebok）发明汽车鞋。本地汽车公司接下来的两个目标是创造世界上第一辆 3D 打印汽车和设计零件数量不超过 20 个的高度可定制性汽车。

指数型组织，成功创业公司的典型特征

有了本地汽车公司的指引，现在我们终于可以讨论如何创建一家指数型组

织了。不过这里要先提醒一句：这不是一本详尽的创业说明书，何况世界上并不存在这样的书。我们会讨论与建立指数型组织相关的一些元素，让你无论是白手起家，还是在原有企业的基础上，都能运用信息的力量，实现高度的可扩展性。

这里要简单提一下：我们强烈建议将埃里克·莱斯的《精益创业》与本章放在一起阅读，因为我们会不时援引其中的观点。实际上，我们找到的有关创业公司的最佳定义就是出自莱斯之笔："创业公司是一个由人组成的机构，要在极端不确定的情况下开发新的产品或服务。"

在商业史上，也许现在就是建立新企业的一个最佳时机。突破性技术的融合、企业精神的认可、不同的众包选择、众筹机会和亟待颠覆的旧有市场，这一切都为新公司的建立创造了诱人的条件。不仅如此，传统的高风险领域已经前所未有地消失了。还记得之前那个彗星导致恐龙灭绝的比喻吗？彗星撞击地球，恐龙帝国摇摇欲坠，新一代小巧敏捷的生物兴盛发达的条件已经成熟。你完全可以将如今这个时代视为一场又一次寒武纪大爆发。

在评估一家创业公司的投资价值时，投资者通常会考虑以下 3 类主要的风险领域。

- 技术风险：是否可行？
- 市场风险：人们会买这个产品吗？
- 执行风险：这支队伍能合格地运作吗？

每家创业公司都面临的一大挑战就是找到降低这 3 类风险的方法，并在这个过程中找到目标问题领域的商业模式。下面我们来逐个分析一下这 3 种风险领域。

技术风险

1995 年，在硅谷成立一家软件创业公司大概要花费 1 500 万美元。这笔钱主要用于建立服务器堆栈、购买软件、雇用人才对这些技术进行配置和管理、编写新的代码。到了 2005 年,这一成本下降到 400 万美元左右。服务器更便宜了，已开源的软件也更加容易开发和配置。如今，大部分硬性成本都被集中在了市场和销售方面。

现在，凭借云计算和社交媒体这样业已成型的力量，你只需不到 100 万美元就能做到相同的事情。曾经高得吓人的技术风险，尤其是软件，已在过去 20 年里下降到原来的 1 或 150，剩下的大部分技术风险只是些有关规模控制的问题而已。这方面的一个例子是：标准化网络服务的兴起使创业公司只需点击一个按钮即可集成复杂的软件功能。其他例子还包括谷歌用于预测分析的 Prediction 应用程序接口和将深度学习软件用于模式识别的 Alchemy 应用程序接口等。

按照企业家克里斯·迪克森（Chris Dixon）的说法，现在的企业和 10 年前相比，最重要的变化就在于影响力与资金的比例。如今，创业公司的影响力比过去大出 100 倍，而需要的资本却是 10 年前的 1 或 10。因此，技术风险已完全消失了，尤其是对以信息为基础或信息化程度高的公司而言。但如果你想建立一家航空母舰级的公司，那么毫无疑问，一定程度的资本还是必需的。

市场风险

在说到产品能否卖出去的时候，我们再次想起了史蒂夫·布兰克的那句名言:“在与顾客的第一次接触中，任何商业计划都是无用的。”从历史的角度来看，我们必须首先对典型市场进行研究，开发出完全成熟的产品或服务，雇用昂贵的销售团队，再耗费时间和金钱在市场上宣传这一产品或服务，但直到最后，我们都无法真正知晓结果是什么样的。

互联网狠狠地给了这种范式一拳，而社交媒体的兴起又补上一脚。从 21 世纪的第一个 10 年开始,创业公司就能利用 A 或 B 测试、谷歌的 AdWords 服务、社交媒体等，以前所未有的方式试探市场反应。现在，我们可以在产品设计尚未启动之前就对想法进行部分验证。

众筹是市场验证的典型方法。像 Kickstarter 和 Indiegogo 这样的众筹网站能让用户预购某款产品。如果预购的人数足够多，网站就会将钱交给开发者。这种筹资过程所体现的民主思想激起了人们的狂热，对此我们并不意外，我们认为更为有趣的结果是，企业家能在制造一款产品之前验证市场需求是前所未有的。

执行风险

在 3 大主要风险中，执行风险成了创业公司唯一真正的困扰。企业要如何进行自我管理，将创始人和管理团队的能力最大限度地发挥出来呢？它该如何利用技术和信息来创造独特而可持续的优势和商业模式呢？正确回答这些问题是成功建立一个指数型组织的关键。因此，我们需要更深入地观察成功的指数型组织所经历的每一个步骤。

2013 年，艾琳·李在 TechCrunch 上发表了一份洋洋洒洒的文章，描述了过去 10 年内，所有市值超过 10 亿美元的美国软件创业公司，并称之为“独角兽”。由于每一家公司都正在越来越多地朝软件公司靠拢，所以她的发现也越来越与经典的垂直市场和领域有所关联。尽管我们建议读者将整篇文章通读一遍，但限于篇幅，在此我们只罗列与指数型组织相关的艾琳·李的几个重要发现。

- 在成功之前，每个指数型组织平均需要经历 7 年时间。
- 20 出头、经验有限的创业者都会出局。30 多岁、有着良好教育背景且有合伙经历的联合创业者建立的公司更易取得最大的成功。
- 在创业之后发生思想上的“大转弯”而去做其他产品的人都会出局，大部分独角兽都坚持了自己最初的理想，即他们创业时的宏大变革目标。

创建指数型组织的 12 个关键步骤

我们发现，指数型组织和独角兽公司之间存在非常密切的相关性。实际上，大部分独角兽公司的得分都高于指数型组织的及格线。这些独角兽都是相对年轻的公司，也就意味着它们利用了新的信息流、拥有低成本的供应链，并且与社群合作紧密。因此，它们能够高速扩张。这些独角兽公司大都是遵循了以下 12 个步骤才达到了现有的高度（见图 7-1）。

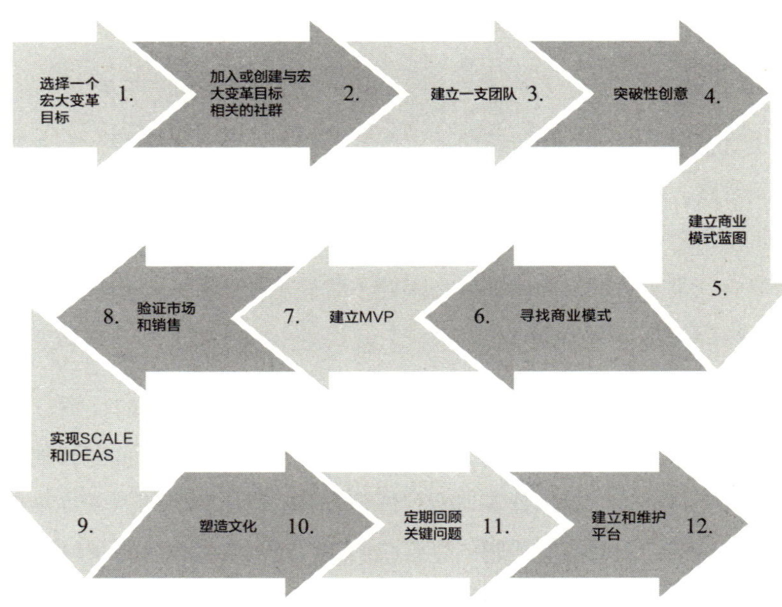

图 7-1 创建指数型组织的 12 个关键步骤

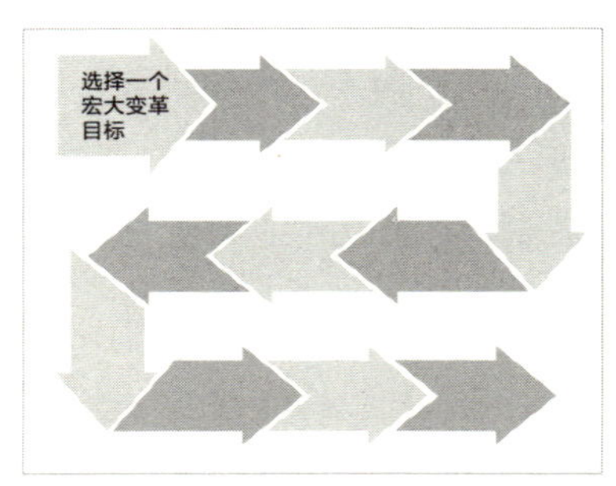

第 1 步：选择一个宏大变革目标。这是创业公司最本质和最基础的方面。西蒙·斯涅克的两个“为什么”指出了一个关键点，那就是你必须对准备攻克的问题领域有强烈的激情和热情。所以，首先问问自己：我想要解决的最大问题是什么。找到问题领域，然后构思一个对应的宏大变革目标。目前全球最有名的企业家埃隆·马斯克在自己的孩提时代，就渴望着能够解决全球范围的能源、运输和太空旅行问题。他的三家公司（太阳城、特斯拉和 SpaceX）就分别着眼于这三大领域，而且它们都各自拥有独立的宏大变革目标。

不过，请别忘了，宏大变革目标并不是商业决策。寻找激情是你个人的旅程。正如优步首席执行官特拉维斯·卡兰尼克（Travis Kalanick）在 2013 年 LeWeb 大会上所说："你必须认识自己，然后寻找与你完美匹配的创业思想和目标，而这个你是作为个人的你，不是作为商人的你。"美国作家和哲学家霍华德·瑟曼（Howard Thurman）则是这样总结这一思想的："别只问世界需要什么，问问什么能让你精神百倍、发愤图强。世界需要的是积极进取的人。"

硼堡箱的创始人德鲁·休斯顿（Drew Houston）也有相同的看法："最成功的人都着迷于解决重要的问题，尤其是与他们息息相关的问题。看到他们我就想起了追逐网球的狗。要提高幸福和成功的机会，你就必须找到自己的网球，找到那些吸引你的东西。"

寻找宏大变革目标就相当于以一种新奇、乃至有趣的方式来问自己下面两个问题：

- 我真正关心什么？
- 我应该做什么？

再补上两个问题可以帮助你加快寻找激情的速度：

- 如果肯定不会失败的话，我会做什么？
- 如果今天赢了 10 亿美元，我会做什么？

但是，要考虑的还不仅仅是作为企业家的你，你还需要考虑下面的员工。贝宝（PayPal）的联合创始人彼得·蒂尔（Peter Thiel）提出了以下问题，并认为这种方法能有效地测试创业公司的宏大变革目标是否能既吸引志同道合朋友，又吸引个人社交圈子之外的员工："第 20 位员工在没有联合创始人头衔或没有股票（期权）的情况下，凭什么加入你的创业公司？"

因此，你应将自己的宏大变革目标的这三个字母重新审视一遍。它是否宏大？是否有变革意义？是否有目标性？单凭盈利的动机是不足以建立起一家指数型组织的，或者更坦白地说，建立任何一家创业公司都行不通。相反，你需要炽热的激情去解决棘手而复杂的问题。这也是每一家创业公司背后，推动他们如坐过山车般反复经历沸腾与绝望的动力。奇普·康利（Chip Conley）是建立以目标为驱动力的公司（如爱彼迎）的专家，他时常引用纪·哈·纪伯伦（Kahlil Gibran）的这句话："工作是看得到的爱。我们的目标并不是永远活下去，而是创造出能永远活下去的东西。"

第 2 步：加入或创建与宏大变革目标相关的社群。社群的协作力量对任何指数型组织而言都是至关重要的。无论你有志于何方，你都会发现由满腔豪情、为目标拼搏的人所组成的社群，他们会为相同的事业而倾力投入。

在第 5 章中首次提到的量化自我运动是社群的极好例子。在近 40 个国家的 120 座城市中，约有 1 000 家公司和 40 000 名成员现已参与到量化自我运动的生态系统中。任何想创立医疗设备公司或攻克如癌症或心脏病之类的重大疾病问题的人，都可以找到并加入庞大的社群，与同样感兴趣的人们共同探讨问题。例如，在众多致力于癌症或心脏病研究的社群中，就包括 TEDMED、Health Foo、DIYbio、GET、WIRED Health、Sensored、Stream Health 和 Exponential Medicine 等。

如果你认为自己的问题领域并无相关的支持社群，那就去 www.meetup.com 上看看吧。Meetup 的目标有两个，一是复兴本地社群，二是帮助全世界的人们组成社群。该公司认为，人们在组成集体，获得足够强大的变革力量时就能改变这个世界。Meetup 由斯科特·海夫曼（Scott Heiferman）于 2002 年 1 月创立，它在全球 197 个国家中帮助汇聚了超过 15 万个以兴趣为中心的小组，每个小组的平均成员数有 1 000 万。有了如此庞大的群体，你很可能会发现，在自己国家里就有一个与你的问题领域相关、热情而有志向的社群。

然而，在任何一个由社群推动的创业公司里，都会存在社群利益与公司利益之间的紧张关系。克里斯·安德森的应对原则很简单：

> 这其中有一个基本的 DNA 路径依赖关系。你所在的组织的本质是一个社群，还是一家公司？你之所以必须问自己这个问题，是因为二者早晚会发生冲突。我们（DIY 无人机）本质上是一个社群。我们每天都会做出不利于公司但有利于社群的决策。

安德森说，优待社群的建议来源于全球传播最广的博客平台 WordPress 的首席执行官马特·穆伦维格（Matt Mullenweg）。穆伦维格说过："每当这一刻到来，在社群上下注就对了，因为这就是长期思维和短期思维之间的区别。"

基本上，如果你能让社群走上正轨，那么机遇自然就会出现；如果你的社群经营不善，那么创新的引擎就会土崩瓦解，公司自然也会崩溃。

第 3 步：建立一支团队。虽然在任何一家创业公司里，初创团队都是很重要的，但鉴于指数型组织凭借极少的资源就能实现高速扩张，因此初创团队的慎重构建更可以说是性命攸关之事。

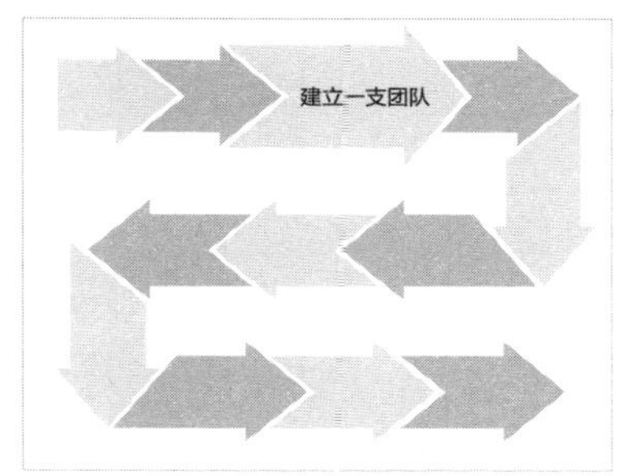

在《优势》（*The Advantage: Why Organizational Health Trumps Everything Else In Business*）一书中，帕特里克·兰西奥尼（Patrick Lencioni）认为，判断组织健康状况的唯一最佳方法就是"在开

会时观察领导团队”。事实证明，领导层的交流是团队动力、透明度、决策力和认知偏差的一张准确的晴雨表。不仅如此，组建成功的指数型组织初创团队的关键就在于每个人都拥有朝宏大变革目标奋发的热情。世界上最成功的风投之一的 Andreessen-Horowitz 的联合创始人本·霍洛维茨（Ben Horowitz）在近作《创业维艰：如何完成比难更难的事》（*The Hard Thing About Hard Things: Building a Business When There Are No Easy Answers*）中就提到了共有热情的重要性：“如果创业者因为错误的原因（金钱、自尊）而聚在一家创业公司里，那么往往会造成可怕的局面。”

类似地，我们应该重温一下艾琳·李的独角兽研究中的一个要点：曾经是同事或同学、受过良好教育的 30 多岁的联合创业者所组成的公司取得成功的概率最高。她的研究表明，独角兽创业者的平均年龄为 34 岁，而联合创业者数量的平均值为 3 人。除此之外，大部分成功创业的首席执行官都有技术背景。

需要注意的是，对于由社群推动的公司而言，多样性是一个很重要的属性。例如，在建立 DIY 无人机社群时，克里斯·安德森偶遇了墨西哥人霍尔迪·穆尼奥斯（Jordi Munoz），当时后者还只有 19 岁。安德森发现，对无人机有着同样热忱的穆尼奥斯的技术背景与他截然不同，正好形成互补。对穆尼奥斯的技术、热情和学习能力印象深刻的安德森便将他拉入了联合创业的队伍当中。如今，虽然年纪轻轻且没有“恰当的”背景，穆尼奥斯依然在一家市值数百万美元的公司的首席执行官位置上表现得可圈可点。

若要让指数型组织的初创团队表现出多样化的背景、独立的思想和互补的技术，那么下面这几个角色是极其关键的。

- **空想家或梦想者：**这是公司理念的基础角色。拥有最宏大的公司愿景的创业者负责构思宏大变革目标，并让组织走上正轨。
- **用户体验设计：**这一角色专注于用户的需求，确保与用户之间的每一次接触都尽可能直观、简洁、清晰。

- **程序设计或工程：**这一角色负责将制造产品或服务所需的各种技术组合起来。
- **财政或商业：**商业职能决定了组织的生存能力和盈利能力，这一角色是与投资人交流的基石，管理着最重要的扭亏为盈点。

在《创新者的基因：掌握五种发现技能》（*The Innovator's DNA: Mastering the Five Skills of Disruptive Innovators*）一书中，克莱顿·克里斯坦森对技能分类的问题做出了略有不同的解答，他提出了两种截然不同的技能类型。

- **发现技能：**产生想法的能力，即联系、提问、观察、组织网络和实验的能力。
- **输出技能：**执行想法的能力，即分析、计划、实施、跟踪和细节管控的能力。

这还只是如何建立初创团队这一问题的众多答案中的其中两个而已。但是，无论采用什么方法，创业者都必须是骨子里有积极态度的人。最重要的是，面对高速的发展和变化，他们必须完全信赖其他人的判断。

我们来看看贝宝的故事。彼得·蒂尔对他的联合创始人埃隆·马斯克、里德·霍夫曼、卢克·诺赛克、马克斯·莱夫奇思、查得·赫利和员工说，他们都应像朋友一样共事，而不要像正式员工那样严肃。事后看来，或许朋友关系就是贝宝的宏大变革目标。贝宝不仅成了一家非常成功的公司（以 12 亿美元的价格被易贝收购），而且几位创始人之间美好的友谊之花也得以怒放。其初创团队现在被称为“贝宝黑帮”（PayPal Mafia），团队成员接连扶持了一个又一个创业公司，其中包括特斯拉、YouTube、SpaceX、领英、Yelp、Yammer 和帕兰提尔，而这些公司如今的总市值已超过 600 亿美元。

为了满足指数型组织发展速度的需要，我们需要花费额外精力创建一支合作得天衣无缝的核心团队。阿里安娜·赫芬顿说得好：“我宁愿选择不怎么出色但有团队精神且直率的人，也不要才华横溢却对组织有害的人。”

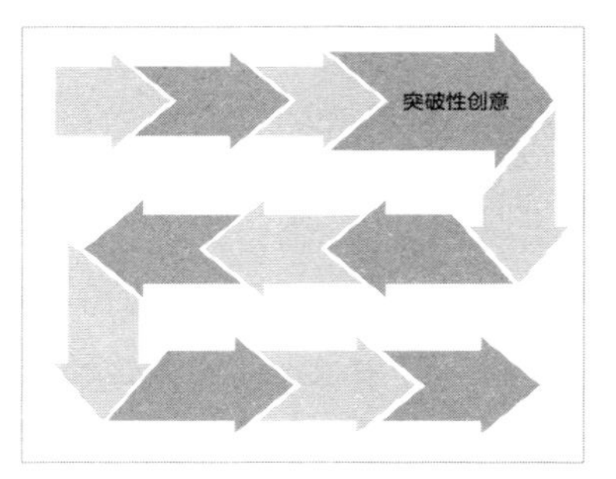

第 4 步：突破性创意。我想不用多说，你也知道下面这一步是一次跨越。你必须通过某种方式，利用技术或信息来改造现状。是的，我们说的是改造。指数型组织要做的并不是在市场中循序渐进地提升，而是要实现根本性的突破。用马克·安德森的话来说：“大部分企业家宁可用传统的方式失败，也不愿用非传统的方式成功。”

记住，指数型组织拥有突破性创意的 3 大关键成功因素是：

- 至少在现状的基础上提升 10 倍。
- 利用信息大幅削减边际成本。换言之，拓展商业中的供应环节的成本应尽可能减少。
- 创意应该能通过拉里·佩奇首创的“牙刷测试”：这个创意是否能解决一个真实的客户问题或常见用例？它是否极有帮助，能让用户每天都使用好几次？

我们也可以利用社群或大众来发现突破性的创意或新的实现模式。埃隆·马斯克设立的运输革命的宏大变革目标，就是他的超回路高速列车的创意。与此同时，他将这个创意的设计和实现开放给了任何一个敢于尝试的人。

将突破性创意的位置在整个流程中延后几个步骤，这一做法看起来似乎不合逻辑。毕竟在我们听说的故事里，大部分创业公司都是从针对某个问题领域的爆炸式的新创意开始的。然而，我们认为，更好的做法是本着解决某个具体问题的热情而踏出第一步，而不是一开始就以创意或者技术为近期目标。

这其中有两个原因。第一，在将注意力集中在问题领域时，你就不会专注于某个特定的想法或解决方案，因此也不会在某个技术应用到可能并不合适的问题领域之前悬崖勒马。硅谷随处可见这种空有非凡之名的技术，却找不到合适的需要解决的问题的失败公司。第二，创意或新技术的发展是永无止境的。毕竟，只要是在类似硅谷这种地方，人人都有创立新技术公司的想法。相反，成功的关键在于勇往直前的执行力，因此就需要有热情和宏大变革目标。表 7-1 展示了一些公司的创始人在成功之前寻求投资人的次数，可以作为佐证。

表 7-1　　一些公司在成功获得投资前做说服的次数

公司名称	向投资人做说服的次数（次）
Skype	40
思科	76
Pandora	300
谷歌	350

如果拉里 · 佩奇和谢尔盖 · 布林（Sergey Brin）在尝试了 340 次后就放弃了呢？那么如今的世界将会大不相同。还有一个同样有趣的问题：有哪些神奇的技术和公司是由于创始人过早放弃寻找投资者，而未能在今天成为现实呢？

我们此前已经说过，但这里还要再强调一次：企业的成功几乎都非来自创意。相反，它源于创业团队永不言弃的态度和勇往直前的执行力。那些真正想要某样东西的人自然会找到方法。而那些只是有点想法的人找到的只有借口。休利特（Hewlett）和帕卡德（Packard）在位于帕洛阿尔托的那间如今赫赫有名的泥地车库里创立他们的公司时就是这样的。他们凭借的是热情创业，而非产品。到最后，只有原始的、放肆的热情才能解决重大问题，克服不断涌现的无数障碍。正如投资人弗雷德 · 威尔逊（Fred Wilson）所说："创业公司一开始应该是由直觉驱动的，在扩张时才变为数据驱动。"

贝宝的联合创始人彼得 · 蒂尔在这个基础上向创业公司创始者提出了一个发人深省的问题："告诉我某件你认为是真理，却很难说服别人相信的事情。"这个问题考察的一方面是信服和热情，另一方面则是根本的、无条件的、突破性的创意。彼得 · 戴曼迪斯很喜欢说这句话："在重大突破出现的前一天，它还只是一个白日梦。”

我们再举一个例子：在与埃隆·马斯克最近一次的对话中，伊斯梅尔问起马斯克的超回路列车概念：“马斯克，我学过物理学，我觉得要在如此短的时间内将人加速到每小时 1 000 公里，然后再减速到零是不可能的。你对此怎么看？”

马斯克回答：“是的，这是个问题。”

对于真正的企业家而言，世上没有不可能，只有等待克服的障碍。事实上，刚才那个物理问题最后还真有一个解决方案，而且很简单，那就是通过流体动力学。

如前所述，克里斯·安德森的 DIY 无人机产品 ArduCopter 以 1 或 1 000 的成本复制了军用级掠食者 98% 的功能。ArduCopter 是一款售价不到 1 000 美元的无人机，也是一款革命性的产品。而你有没有发现，在像亚马逊、QuiQui 和美国联合包裹这样形形色色的公司里，都突然出现了许多无人机的应用规划，这可不是什么巧合。

突破性思维同样会带来灵感。在奇点大学，学生们会针对医疗、教育、净水等重大问题领域组成不同的团队。接着，他们的课题就会带来能在 10 年内为 10 亿人带去积极影响的产品或服务。一支自称 Matternet 的团队在听说非洲 85% 的道路在雨季总是难逃被冲毁的命运时，选择了将贫困作为他们的问题研究领域。

可是，如果无法便利地输送人员或物资，那么要如何消除贫困呢？这个问题让 Matternet 将“发展中国家的运输”作为了自己的宏大变革目标。当安德森在讲座上描述 DIY 无人机的想法时，这支团队的灵感来了：就像非洲直接跳过铜线通信的时代直接走入无线时代一样，为何不用无人机来负责运输，一劳永逸地省去修路之苦呢？

在无人机领域，目前最激动人心的趋势是，其性价比每过 9 个月就能提高一倍。这个速度是摩尔定律的两倍。现在的无人机可以携带 4 千克的包裹飞行 20 千米的距离。在 9 个月后，无人机的能力就会翻倍，可以飞行 20 千米同时运输 8 千克物资，而再过 9 个月，负重 16 千克飞行 20 千米的性能就开始令人瞩目了。通过利用无人机在发展中国家运输食品和药品的性能翻倍规律，Matternet 就这样革新了运输产业。

在海地完成试运行后，现在正在不丹开展业务的 Matternet 就是指数型组织的一个很好的案例，它运用了信息技术，使供应的成本呈指数级下降，而且要么能改变问题领域，要么能激励其他创业公司这么做。亚马逊最近发表声明称，准备用无人机送货，这无疑使这个方向的前景显得更为光明了。

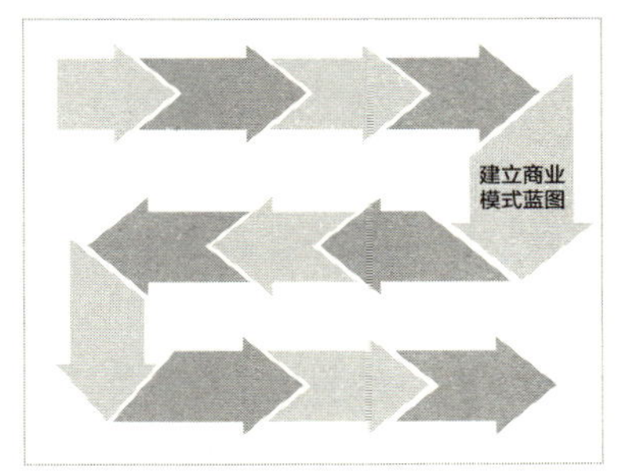

第 5 步：建立商业模式蓝图。一旦找到核心创意或突破性想法，下一步就是详细计划该如何让它走向市场了。在这一步，我们建议使用的工具是商业模式画布（Bussiness Model Canvan），它是由亚历山大·奥斯特瓦德（Alexander Osterwalder）创作，随着精益创业模式风靡开来的。如图 7-2，你首先要画出模型的各个组成部分，如价值主张、顾客划分等。这里要告诫一句：这一阶段的商业模式画布一定要简单，不能想得太多。通过实验，你会找到最佳路径，并更深层次地看透本质。

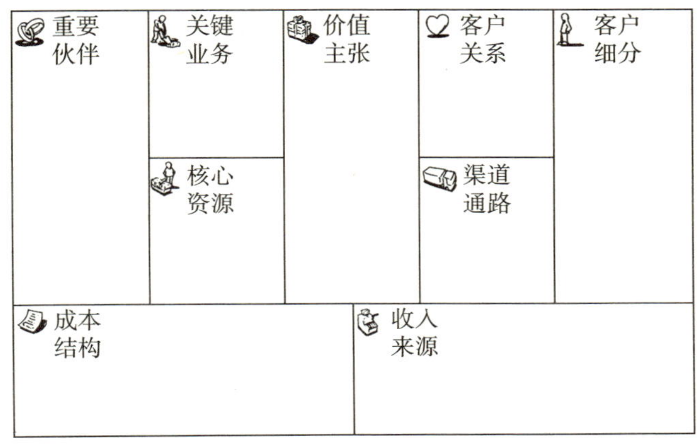

图 7-2　商业模式画布

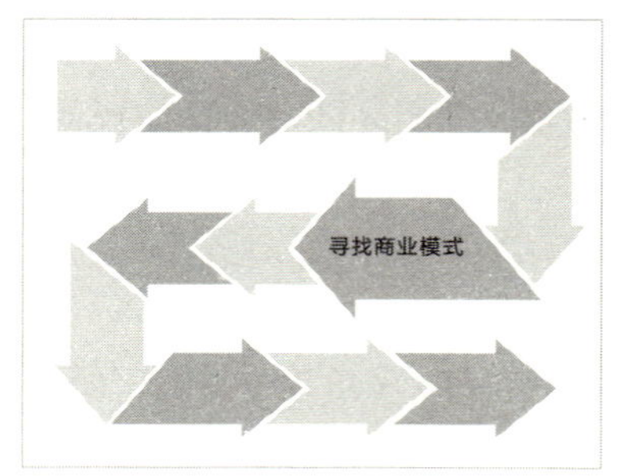

第 6 步：寻找商业模式。另一个需要理解的重点是，若想要实现 10 倍的增长，那么你的公司就很有可能需要一种全新的商业模式。正如克莱顿·克里斯坦森在《创新者的窘境》一书中所述，大部分颠覆都发生在一家利用新兴技术带来廉价产品，并满足未来或未饱和的顾客需求或利基市场的创业公司。克里斯坦森强调，关键并不是颠覆性的产品，而是新的商业模式对原有势力的改革。

例如，西南航空公司按照汽车的模式管理飞机，为自己创造了一整个利基市场。谷歌则创造了 AdWords 商业模式，这在网页诞生之前是根本不存在的。在不远的将来，通过比特币这样的加密货币形成的微交易将会创造出一整个前所未有的全新的金融商业模式。

在 2005 年的著作《免费》（*Free: The Future of a Radical Price*）中，克里斯·安德森将低成本定位视为一个颠覆者，他认为几乎所有的商业模式，尤其是那些以信息为基础的商业模式，都很快会以免费的形式向顾客开放。流行的“免费品”模式只是其中的一个例子而已：许多网站都无偿地提供基础级服务，同时让用户可以付费升级，获得更多的存储空间、统计信息或额外功能。广告、交叉补贴和订阅的商业模式则是另外几种方法，主要是在基本免费的基础信息之上堆叠能产生利益的业务。

凯文·凯利在 2008 年刊登在其技术元素（Technium）博客上的一篇题为《比免费更好》（*Better than Free*）的原创文章中，将此概念进一步扩展开来。在数字网络中，任何东西都可以被复制，因此都是“富足的”。那么，你要如何增加或减少价值呢？对顾客而言什么才是有价值的呢？新时代的稀缺品是什么？推动价值的新幕后黑手又是谁？凯利提出了下面 8 种方法，用于在底层信息免费的情况下建立商业模式：

1. 即时性：这是人们在亚马逊上预订货物或在首演之夜到剧院观看演出的原因。成为第一个知道或体验某件事物的人，包含一种天生的文化、社会乃至商业价值的因素。简而言之，时间可以带来优越感。
2. 个性化：拥有一项专为个人定制的产品或服务，不仅在体验质量、易用性和功能方面增添了价值，而且还形成了“粘连性”，因为买卖双方在这一过程中都有所投入。
3. 解读：即便产品或服务是免费的，但如果一个服务能够缩短使用者学习如何使用的时间，或者能提供更好的使用方法，那就依然能产生大量的附加价值。凯利常开玩笑说：“软件：免费；说明书：10 000 美元。”
4. 真实：在担保产品或服务是真实且安全时，就产生了附加价值。用凯利的话来说就是：“产品应没有瑕疵、可靠且有保障。’
5. 可访问性：拥有就势必要管理和维护，在产品拥有数个平台上的上百款应用的时代，如果某项服务能帮助我们打理一切，提高我们寻找所需功能的速度，那么就会显得特别有价值。
6. 具体化：数字信息是没有“实体”的，没有物理的形态，除非我们赋予它们，如高清、3D、大银幕、智能手机等。人们愿意付更多的钱让免费软件变成我们喜欢的实体形式。
7. 赞助：“我相信，听众有向创作者支付报酬的意愿，”凯利写道，“粉丝们想要奖励艺术家、音乐家、演员，表达他们的赞美之情，因为这会让他们与那些人产生联系。但是他们只有在途径简便、价格合理，并认为这笔钱会让创作者直接受益的情况下付款。”他还补充说，简单的支付过程可以带来的另一好处便是能利用用户的冲动吸金。iTunes 的歌曲和声田（Spotify）以及奈飞订阅均属此道。尽管可以通过盗版渠道获得相同的内容，顾客还是会花钱购买这些服务。
8. 可发现性：如果无法被潜在受众发现，再有创意的作品也毫无价值。

> 这种“可发现性”特指在网络层面上，因为在如此纷繁的环境中，个体创作者往往难以被人发现。因此，让自己搭上有效的渠道，诸如应用商店、社交媒体网站或在线市场这样能让潜在用户发现你的数字平台会给创作者（最终也会给用户）带来极大的价值。

我们认为，上面所列出的方法就是信息时代行之有效的一系列商业模式，而表 7-2 则展示了著名的指数型组织采用了其中的哪些模式。

表 7-2　　著名的指数型组织运用的信息化商业模式

	真实	个性化	解读	具体化	可发现性	可访问性	赞助	即时性
优步					√	√		
爱彼迎					√	√		
Topcoder					√	√		
GitHub		√					√	√
Quirky	√			√			√	
本地汽车公司	√			√			√	
小米							√	√
维尔福					√	√		
美捷步		√			√			
亚马逊		√	√					
谷歌		√	√		√			
Waze		√			√			
奈飞		√				√		

我们回头再说商业模式画布，并将注意力集中在其中一个特点，即合作。

Union Square 风险投资公司的弗雷德·威尔逊曾指出，在不同的行业里，有许多现有的从业者正在遭到颠覆。而颠覆源并不只是一家创业公司，而是很多家不同的创业公司，它们会对一个行业里的某项服务“群起而攻之”。威尔逊发现，商业模式中正发生着两大颠覆：解体或重组。

我们以金融服务产业为例进行说明。普通的银行会提供如支付、信托、移动和社交钱包、电子商务、借贷、投资、股票等大量服务，提供了各种不同的独立金融服务的统一体或者集合体。这种银行现在正在被各种各样的金融创业公司颠覆，包括 Square、Clinkle、Stripe、借贷俱乐部、Kickstarter、e 投睿（eToro）和 Estimize 等。我们将这种碎片式的独立金融服务视为一种解体的形式。

那么，如果所有这些创业公司决定在接下来的 5 年里合作或者合并呢？如果它们达成共识，通过开放应用程序接口的方式组成联盟呢？如果它们形成合伙关系重组起来呢？最后可能会出现一个至少超越传统银行 10 倍的全新银行，因为这个新的经济体并不需要过去那么多的不动产和员工。

总而言之，第 6 步的目的是创建新的商业模式，而目前的趋势正越发朝着免费和免费品模式发展。这些新的商业模式可能拥有多个新的利益驱动源，帮助指数型组织产生利润、在竞争者中脱颖而出，并使得它们在长期战略上与特定行业的关系密切的其他指数型组织合作，完全颠覆老旧企业，而不拘泥于只提供某一种特殊的商品或服务。我们所描绘的就是这样一个强有力的双重颠覆的场景。

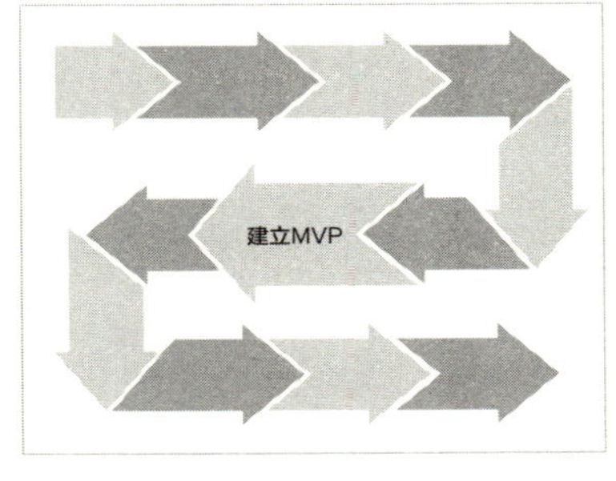

第 7 步：建立最小可靠产品。商业模式蓝图的一项关键性输出就是所谓的最小可靠产品，即最小可靠产品。最小可靠产品是一种应用性质的实验，用来确定一个最简单的产品能否闯入市场，以及能获得怎样的用户反馈，同时也有助于在下一轮开发中寻找投资者。随后，你就可以在反馈回路中快速迭代和优化产品，实现开发路线。学习、测试期望、调整方向和迭代是这一步中的关键要素。

不要小看这个变化的字母：第 1 步宏大变革目标强调的是目标，而第 7 步最小可靠产品强调的则是实验。然而，对于最成功的创业公司而言，光有这些还远远不够。彼得·蒂尔就解释说："并非所有的创业公司都能光靠实验和目标走上康庄大道。”领英、帕兰提尔和 SpaceX 的成功从根本上说是源于对未来的准确预估。艾琳·李的独角兽研究也通过类似的方式进一步证实了蒂尔的判断。

领英、Facebook、Twitter 和 Foursquare 早期的网站都是实用的最小可靠产品案例。这些早期网站简陋粗糙，导航路径也不清晰，却能迅速验证核心期望、理解关键的用户需求，并且实现高速的反馈回路，从而使问题迎刃而解。

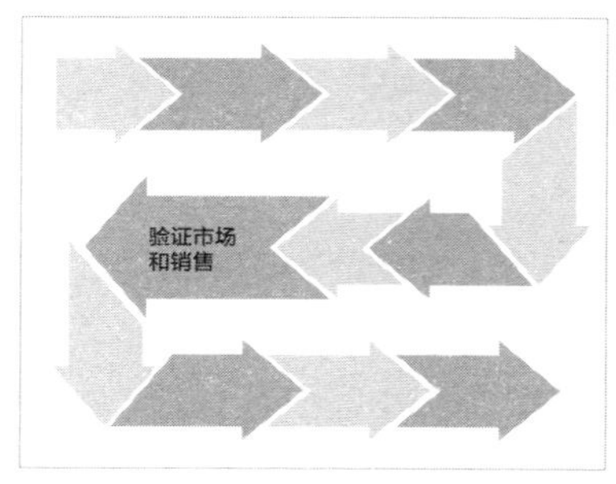

第 8 步：验证市场和销售。一旦产品得到了目标市场的认可，那么就需要建立起客户获取渠道来促使新的访问者发现你的产品。渠道的作用是识别潜在客户，并将其转变为用户和付费客户。戴夫·迈克鲁尔（Dave McClure）的 AARRR 就是一个很好的初始选择，这一串缩写其实是创业公司指标的“海盗”模型。这个模型关注以下层次和关键指标：

- 获取（Acquisition）：用户发现你的速度快吗？（增长指标）
- 激活（Activiation）：用户的第一印象好吗？（价值指标）
- 保留（Retention）：用户会回来吗？（价值指标）
- 收益（Revenue）：你如何赚钱？（价值指标）
- 推荐（Referral）：用户会告诉别人吗？（增长指标）

在使用过 AARRR 模型之后，你一定会被它吸引住的。

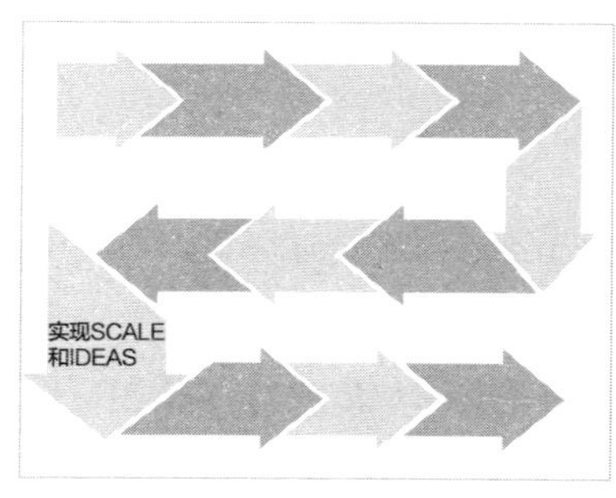

第 9 步：实现 SCALE 和 IDEAS。如前所述，成为指数型组织并不意味着要实现所有的 11 项内部和外部属性。好的宏大变革目标加上三四项其他属性通常就足以带来成功了。当然，关键在于确定你应执行的是哪些属性。表 7-3 会指引你在创业公司中如何实现指数型组织的属性。

表 7-3　　创业公司指数型组织属性的实现方法

指数型组织属性	创业公司的实现方法
宏大变革目标	针对特定问题制订宏大变革目标，要让所有的创业者都为之激情四射。
随需随聘的员工	尽可能地利用承包、SoD 平台；将全职员工数量尽量保持在最低限度。
社群与大众	在宏大变革目标社群中验证创意。 获取产品反馈。 寻找合作创业者、承包人和专家。 利用众筹和众包来验证市场需求、加速市场营销。
算法	找出可以自动化并为产品开发提供帮助的数据流。部署基于云的开源机器和深度学习工具，拓展眼界。
杠杆资产	不要收购资产。 利用云计算和 TechShop 进行产品开发。 利用 YC 创业营和 Techstars 这样的创业孵化器里的办公室、投资、就业导向和同行意见。 将星巴克当办公室。
参与	将参与作为产品设计的一个方面。 收集一切用户互动。 尽可能地游戏化。 利用激励奖金与大众接触，并形成话题。
用户界面	设计管理 SCALE 的定制流程；在准备好进行扩张之前不要采用自动化。
仪表盘	创建目标与关键成果评价法和仪表盘；在产品最终定稿之前不要采用价值指标（参见第 10 步）。
实验	建立实验和反复迭代的文化。愿意经历失败，并在必要时改变方向。
自治	采取简化版的全息主义。从通用公司圈开始，然后朝管理会议的方向发展。采用 GitHub 的技术和组织模型，实现根本上的开放、透明和许可。
社交技术	采用文件共享、基于云的文档管理。协作和活动流都应在社群内部进行。

在表 7-4 中，我们对一些著名的指数型组织进行了评估，列出了它们运用得最好的属性。

表 7-4　　知名指数型组织运用得最好的属性

	宏大变革目标	S	C	A	L	E	I	D	E	A	S
GitHub	√		√			√				√	√
爱彼迎	√		√		√	√	√				
Quirky	√	√	√		√				√		
优步	√		√		√	√	√				
Topcoder	√	√		√			√				
Waze	√		√			√	√				
Supercell	√							√	√	√	√
谷歌创投	√			√			√	√	√		
维尔福	√							√		√	√
BlaBlaCar	√		√		√	√	√				
本地汽车公司	√	√	√		√		√				

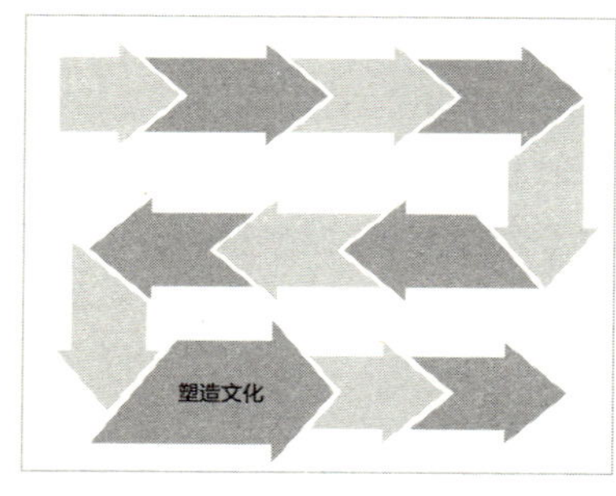

第 10 步：塑造文化。在建立指数型组织的步骤中，最关键的一个可能就是塑造文化了。我们应回顾一下以密切的友谊而非严肃的工作关系为特点的贝宝文化。在高速扩张的组织中，文化、宏大变革目标和社交技术就是在指数型组织的量变跃升中保持团队凝聚力的胶水。毫无疑问，仅仅是文化这个词的定义就足已让人头疼了，实施这个步骤自然更为困难。

著名的旅馆大王奇普·康利（Chip Conley）认为："公司文化就是老板不在时的样子。"我们觉得这句话概括得很好，唯一需要补充的是，文化是一个公司最大的无形资产。正如麻省理工学院媒体实验室带头人伊藤穰一所指出的："文化的早餐是战略。"从"惠普方法"到 IBM 的"Think"，再到谷歌的娱乐室和 Twitter 的仓库，文化的附加价值都不可小觑。几乎没人会质疑美捷步（Zappos）的成功与其公司文化之间的密切关系。

建立企业文化首先要从学会如何有效地跟踪、管理和奖励员工的绩效开始。而做到这一点，就是要设计出我们在第 4 章中所勾勒的目标与关键成果评价法系统，然后让团队习惯于透明、责任、执行和高效的风格，并不断继续深化。

第 11 步：定期回顾关键问题。在建立创业公司时，你需要思考 8 个关键性问题，而且要定期回顾这些问题，不是一次就终止。每一个能获得满意回答的问题都会让你一步步接近目标：

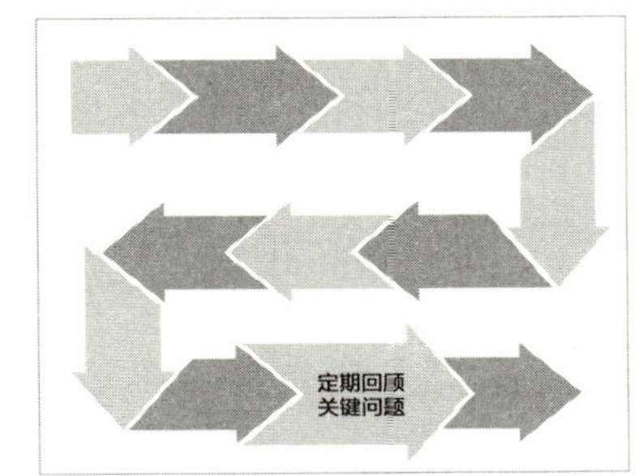

1. 你的顾客是谁?
2. 你解决的顾客问题是什么?
3. 你的解决方案是什么，至少使现状改善了 10 倍吗?
4. 你会如何为产品或服务进行市场营销?
5. 你的产品或服务的销售情况如何?
6. 你如何利用病毒效应和净推荐值将顾客转变成宣传者，从而降低需求的边际成本?
7. 你如何扩大客户群体?
8. 你如何将供应的边际成本降至零?

我们之前讲过，最后一个问题对指数型组织而言至为关键。为了成为合格的指数型组织，就得拥有对现状真正的颠覆力，并实现 10 倍的扩张，因而必须凭借内部属性和外部属性的其中几项来让供应成本发生指数级下降。

在这里我们要最后补充一句：任何一家想要成功的创业公司都必须将必备技能、努力工作和准确的市场时机结合起来，尤其是对技术公司而言。

诚如雷·库兹韦尔所言："一项发明必须能在其完成时的世界里发挥效用，而不是在它开始时的世界里有效。"这句话意义深远，却往往被创业者遗忘。它说的是对技术进化轨迹的理解。也就是说，按照摩尔定律的速度，你要知道有哪些功能和能力会在两三年内变为可能。当你在开发产品时考虑的是临近的未来，而不是拘泥当下的话，就能大幅提高成功的概率。

未来学家保罗·萨佛曾说过，那些最具变革力的技术或发明在刚出现时都会经历几次失败，然后通常要花费15年的时间才能被完全实现。这是为什么呢？原因有很多：时机过早、时运不济、错误的商业模式、集成上的问题等。这些都会让你本就很糟糕的客户体验落入一个更为糟糕的市场环境中。米歇尔·穆勒（Michiel Muller）对此做了补充："要让人们抛弃原有的产品，改用创业公司的新产品，至少得有9倍的改进才行。"正因为这其中存在某个临界值，所以我们为建立指数型组织设定了提高10倍的最低要求。

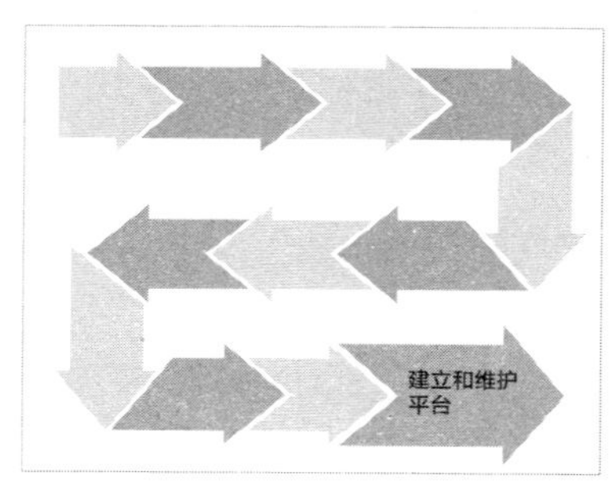

第12步：建立和维护平台。平台方面的权威专家桑吉特·保罗·乔杜里（Sangeet Paul Choudary）列出了建立一个成功平台（而非成功产品）所需的4个步骤：

1. 找出某个消费用例的"痛点"。
2. 找出生产者与消费者之间的任何互动当中的核心价值单元或社交对象，这可以是任何东西。合租房间和拼车都是成功平台的例子。许多人既是生产者，也是消费者，我们要将这一点利用起来。
3. 设计出一个促进这种交互的方法。接着看看能否开发出一个小型原型，为你自己提供帮助。若能做到这一步，那你就可以继续发展壮大了。
4. 决定如何围绕这一交互关系建立一个网络。寻找一种方法将你的平台用户转变成宣传大使，到时候你就会不知不觉地走向成功了。

在创建平台时，指数型组织要遵循数据和应用程序接口的4个步骤：

1. 收集：算法首先要从得到数据开始，你可以通过传感器和人力来收集数据，也可以从公共数据库中导入数据。
2. 组织：下一步就是组织数据，这也被称为 ETL（提取、转换和加载，对应英文分别为 Extract、Transform and Load，简称 ETL）。
3. 应用：在得到可访问的数据后，像机器学习或者深度学习这样的算法就可以从中提取信息、找到趋势并产生新的算法了。你可以通过例如分布式计算、中枢计算、DeepMind 或 Skymind 之类开源的深度学习算法来完成这些工作。
4. 释放：最后一步是将数据以开放平台的形式释放出来。利用开放的数据和应用程序接口，指数型组织的社群就可以在平台的基础上，将公布的数据与自己拥有的重新结合起来，开发出有价值的服务、新的功能和创意。成功地通过这种方式释放数据的公司案例包括福特、优步、IBM 沃森、Twitter 和 Facebook。

有一点再怎么强调也不为过：正在崛起的新世界与我们熟知的世界大有不同。在新世界，力量的获取变得更加容易，但保持起来却更难了。强大的病毒传播和社交网络让创业公司得以高速扩张，如今创立新公司并颠覆旧产业的难度已经低到了史无前例的程度。例如，Facebook 是行业内的领军公司，其网络效应和客户锁定力让其变得无懈可击，而这也突出了平台相比产品或服务所具备的明显优势。

在著作《竞争优势的终结》（*The End of Competitive Advantage: How to Keep Your Strategy Moving as Fast as Your Business*）中，丽塔·贡特尔·麦格拉斯（Rita Gunther McGrath）指出，我们只能通过平台、目标、社群以及文化来获得她笔下的暂态竞争优势（Transient Competive Advantages）。

BlaBlaCar，一家运转良好的指数型组织

当万事俱备，即构思了巧妙的宏大变革目标并具备了相应属性后，结果将

会是惊人的。法国的 BlaBlaCar 就是这样一例。

由弗雷德里克·玛奇拉（Frédéric Mazzella）、尼古拉斯·布卢森（Nicolas Brusson）和弗朗西斯·纳珀斯（Francis Nappez）于 2004 年创立的 BlaBlaCar（原名 covoiturage.fr）是一个对等市场，它将有空座位的车主与想搭车的乘客联系在了一起。这一服务现活跃于 12 个国家，拥有超过 800 万用户。目前有 100 万人每个月都在使用该服务（这个数字预计还会继续上升），这已经超过欧洲主流列车公司欧洲之星（Eurostar）的乘客数量。后者每个月运送的顾客数量为 83.3 万人次。BlablaCar 采用了与爱彼迎相同的商业模式，即司机可以从每次搭车中获取报酬，而 BlaBlaCar 则抽取其中的 10%。尽管优步目前正面临商业和责任保险之类的许多法律问题，但 BlaBlaCar 却无须为相同的问题发愁，因为它所采用的模式相当于在朋友搭车的时候让他们出油钱。从本质上讲，BlaBlaCar 提供的是长距离拼车服务，也就是从一座城市到另一座城市，而非在某个城市内部。这一点让它大受欢迎，因为相比坐火车或者飞机，还是拼车更加实惠，平均 200 公里的车程只需花费 25 美元而已。为了建立这一平台，在 2013 年 Crunchies 奖中惜败于 Waze，取得最佳国际创业公司亚军的 BlaBlaCar 就利用算法来匹配司机和乘客（算法要素）。

BlaBlaCar 以由司机和乘客所组成的相互信赖的社群为基础，创造了一个崭新的交通网络（它的宏大变革目标是由人驱动的交通）。其结果就是产生了一种社交化程度更高且更高效的运输形式，据估计，它每年能为司机节约 3.45 亿美元。这家公司每年还减少了 70 万吨二氧化碳的排放量，产生了明显的社会和生态效益。

和美捷步公司的谢家华一样，玛奇拉希望将 BlaBlaCar 打造成工作环境最好的公司之一。为了保持员工的士气，他实施了 BlaBlaSwap 计划，为所有员工（该公司目前有 115 名员工）提供了每年在公司的任何一个国际办公室里工作一个星期的机会。除此之外，公司还会每周召集所有员工举行 BlaBlaTalk 讨论会（国际员工通过视频会议共同参与），让员工有机会分享自己在过去 6 个星期内的成就和接下去 6 个星期的计划（社交技术要素）。

BlaBlaCar 还在软件开发中运用了精益创业方法，让多个小型团队通过迭代的方式开发软件。值得注意的是，BlaBlaCar 在过去的 10 年里曾“熄过好几次火”，完成了从 B2B 到 C2C 的转变，并在三种不同的商业模式中切换。

在与社群的交互中，BlaBlaCar 主要依赖于独创的数字声望系统，他们将这一框架称为 D.R.E.A.M.S。

- 声明（Declared）：可信的在线档案，提供更多有关用户的信息。
- 评价（Ratings）：请用户在“现实生活”中见面后相互评价的一种协作服务，让人们能建立起良好的在线声望。
- 承诺（Engagement）：要想让会员完全放心地相互交易，他们就必须相信对方会恪守诺言，公平交易。
- 基于活动（Activity-based）：为买卖双方提供相关和实时的信息，确保交易过程从一开始的产生兴趣到完成支付都能顺畅进行。
- 中间人（Moderation）：共享服务的用户发送的所有支付信息都必须经过第三方验证。
- 社交（Social）：允许用户将在线身份与现实世界的身份连接起来，可以是社交的，例如 Facebook，也可以是职业的，例如领英。

最后，为了将业务拓展到全欧洲，BlaBlaCar 在当地的竞争对手羽翼未丰之时就及时将其收购了。很显然，他们的决策是正确的。在 2014 年 7 月，BlaBlaCar 就在股权众筹中收获了令人咋舌的 1 亿美元。

建立企业指数型组织应该注意什么

我们在本章中所讨论的内容很多都既适用于纯粹的创业公司，也适用于从现有的企业中成长起来的创业公司。不过，在企业的指数化过程中，你还需要考虑几个特殊的地方。伊斯梅尔认为，在建立企业中的指数型组织时，最大的危险就是可能会遭到母公司“免疫系统”的攻击。

- 只追求新兴市场，避免触发免疫系统的反应。若想动摇现有的摇钱树或者跳过目前的商业元素，那么就需要有一支独立且完全由员工自我管理的小团队。
- 从首席执行官那里获得直接的支持和直接的正式链接。无论你在做什么，都不要与首席执行官以下的层面建立任何其他的汇报关系，尤其是不要与首席财政官打交道。
- 脱离还是回归。如果你成功了，那就要将一切脱离出去，成立新的公司；不要尝试将新生的公司重新塞进航空母舰里。新企业无法在母公司里找到安身之处，还会产生内部政治矛盾，尤其是当你做的事情会蚕食现有的收益链时。我们见过的唯一反例是像苹果产品这样的大型平台所产生的独立企业指数型组织，它们都是在平台上起步，最后回归中心的。
- 从现有组织中邀请最具颠覆力且敢于做出变化的人来为企业指数型组织效力。管理学专家加里·哈默就说过，年轻人、异议者和那些在位置和精神上与组织核心相去甚远的人是最有趣、最自由且最开放的思想家。你要寻找叛逆者，幸运的是，这些人往往并不难找。
- 让指数型组织完全独立于原有的体系和政策，其中也包括物理上的实际隔离。除非能获得巨大的战略优势，否则就尽可能不要使用现有的条件或基础设施。和任何一家新的创业公司一样，新的指数型组织一定要白手起家，以秘密行动和保密措施为根基。

正如史蒂夫·乔布斯所说：“我们把苹果当成一家创业公司来运营。我们一直让创意胜过争议，而非由阶级地位说了算。否则，你就留不住最优秀的员工。

协作、纪律和信任是至关重要的。”

如果你有兴趣更透彻地学习如何创立指数型组织，那么可以选择彼得·戴曼迪斯和史蒂芬·科特勒合著的第二部著作《创业无畏》（*BOLD*）①。这本书是为那些想要在最短时间内将一个创意转变成价值 10 亿美元公司的企业家撰写的。

① 本书中文简体字版已由湛庐文化策划，浙江人民出版社于 2015 年出版。——编者注

08

中型公司如何获得指数级成长

与创业公司不同，一家已经存在的中型公司只能在现有基础上向“指数型组织”迈进，从而实现 10 倍的绩效改善。通过设定“社交编程”宏大变革目标，GitHub 变成了 600 万开发者的开源社区，是指数型组织中的 No.1。丛林狼物流则致力于“提供史上最佳的物流体验”，一举变身为美国成长最快的物流公司。

在上一章中，我们讨论了如何建立一个指数型组织。不过，指数型组织并非创业公司的不二法门。实际上，我们完全可以选择一家原有的中型公司，使之一跃获得指数级增长速度。

在本章中，我们会了解中型企业，并解释它们应如何利用指数型组织哲学的优势。和创业公司不同（你可以从头开始，以指数级增长速度建立起所有的内部运营体系），对原有的公司而言，解决方案必然是具体问题具体分析的：你必须从已有的东西入手，在此基础上建设。换句话说，世上并没有什么“指数化”的通用模板。

因此，我们会研究5家截然不同的案例，它们都成了指数型组织的公司，展现了如何将增长率在稳定的商业环境中升至顶点。然后它们转变成指数型组织，并实现了性能提高10倍的改进指标。

TED，20亿人次观看的思想论坛

1984年，理查德·索·沃尔曼（Richard Saul Wurman）创立了TED大会。在对演讲方式的精心打理和对如今已赫赫有名的18分钟标准模式的推广中，TED逐步发展壮大，成了许多世界级的行动者和创新者的年度盛会。在创立18

年后，TED 已步入中年。虽然它得到了利润和尊重，且每年都有约 1 000 名演讲者光顾加利福尼亚州的蒙特雷郡，但它的年增长率却已趋于平稳（不过这也是有意为之）。简而言之，TED 已经处在一个安乐的停滞阶段。

到了 2001 年，通过名下实体 Imagine Media Group 建立的 Business 2.0 和 IGN，克里斯 · 安德森收购了 TED。安德森有志于将 TED 带入一个新的阶段，将其运作规模扩张到全球范围，并将参与的基础群体从有权有势者扩充为普通的知识分子。

为此，安德森做了两项翻天覆地的改革。首先，他在互联网上免费开放了新旧 TED 演讲。第二，他与劳拉 · 斯坦恩（Lara Stein）合作创建了一个工具包，让任何一名 TED 会员都能在自己所在地区创建由 TEDx 冠名的活动。这些举措带来了令人震惊的结果：如今，网络上已有超过 3.6 万部 TED 和 TEDx 演讲，观看次数更是接近 20 亿，而在全球范围内举行的 TEDx 活动也快要达到 9 000 场了。在这一过程中，TED 已从业余爱好者的年度集会演变成了世界上最流行、最具影响力的思想交流论坛。

下面，我们从指数型组织的角度来观察一下这个项目。正如沃尔曼从一开始所阐明的那样，TED 拥有一个既吸引人又可扩张的宏大变革目标，即值得传播的思想。当安德森将 TED 演讲转变成免费的在线内容时，就创造了参与要素，并迅速建立起将大众转化成社群所需的关键性的大批用户。TED 演讲还利用了云服务的指数型本质（这是杠杆资产要素）。与此同时，在工具包的支持下所产生的 TEDx 冠名模式创造了可扩张的一系列最优流程，让这个刚成形的社群能在传统的公司汇报制度之外建立新的组织。同样，TED 现在可以畅行无阻地高速成长，而如果安德森及其团队让公司的成长完全依赖于他们的管理，那么他们所能取得的成就就差得远了。

本章要说的是，我们可以将一个已有的中等规模组织转变成完全拥有指数型属性的指数型组织。

对于 TED 而言，其结果是现象级的。在短短几年内，安德森就将一个本地化的项目转变成了一个全球性的媒体品牌。不过，尽管增长迅速，但 TED 从未在内容精彩程度或观众体验品质上有过任何妥协，这些是它从一开始就拥有的制胜法宝。

我们来看看 TED 是如何拥有指数型组织属性的（见表 8-1）。

表 8-1　TED 指数型组织属性的实现

指数型组织属性	TED 的实现
宏大变革目标	值得传播的思想。
社群与大众	利用 TED 社群开展 TEDx 活动。TED 演讲让数百万业余成员变成了社群。
算法	用来衡量在主站点上应推广哪些 TED 演讲。
参与	借助富媒体来利用大众的力量。TED 目前正在全球范围内举行地方性的演讲讨论会，寻找优秀的演讲者。
用户界面	在 TEDx 活动的开展上制订固定的规则。
仪表盘	对全球的 TEDx 活动进行实时统计。
实验	尝试和评估不同的形式（例如在公司内部举行）。
社交技术	利用富媒体来吸引社群参与。

GitHub，600 万开发者的开源社区

自从林纳斯·托瓦兹（Linus Torvalds）在 1991 年创造了 Linux，并率先建立起开源的范式之后，一个庞大的全球社群就开始不断地创造出新的软件，并将其应用于数以百万计的场合。SourceForge 也本着相同的初衷，容纳了超过 43 万个开源项目，而其中一些已取得了令人瞩目的成功。

除了 Linux 本身，或许最知名的开源项目就是 Apache Web 服务器了。这是由开源大师布莱恩·贝伦多夫（Brian Behlendorf）领导的一支团队在 1996 年创作的一款免费软件，后来被强大的竞争对手微软公司收购。很多人都不知

道，如今运行在全世界大部分网站上的都是 Apache。在 1998 年的一次启发式训练中，IBM 做了一份调查问卷，询问 100 位高薪的精英级公司首席信息官是否在其公司内部使用了开源软件，其中 95% 的人都回答“没有”；但当采访者将相同的问题摆在这些公司的系统管理员面前时，95% 的人都回答“有”。这一结果让 IBM 决定做出一次重大的战略转移，朝开源方向发展。即便无人称颂，甚至无人知晓，开源软件都正在如今世界范围内的互联网上活跃着。

在最初那场非同凡响的成功过后，开源软件运动就在接下来的 10 年里基本进入了一个稳定的、层级化的环境中，社群并未朝创新的方向上做出多少成绩。不过，这一切在 2008 年发生了变化，因为克里斯·万斯特拉斯（Chris Wanstrath）、P.J. 海伊特（P.J. Hyett）和汤姆·普雷斯顿 - 维尔纳（Tom Preston-Werner）在当时创立了一家名为 GitHub 的公司。而这 3 人皆是从保罗·格雷厄姆的 YC 创业营企业家孵化器项目中脱颖而出的。

作为开源编码和协作工具与平台，GitHub 彻底改变了开源环境。这是一个面向程序员的社交网络，其核心是人与人之间的协作，而不仅仅是代码本身。当开发者向 GitHub 项目提交代码时，这段代码就会得到其他开发者的审核和评论，同时开发者还可以相互打分。GitHub 的编码环境集成了即时通信功能，还具有分布式版本控制系统。这么做带来的实际效应是：程序员不需要服务器了，他们所需要的一切都位于本地，而且可以在无须提前获得许可的情况下开始编写代码。这也没有地域限制，甚至可以离线操作。

GitHub 通过实现几乎所有的指数型组织属性，成功地改变了开源社群。下列出了该公司是如何实现宏大变革目标、SCALE 和 IDEAS 属性的（见表 8-2）。

表 8-2　GitHub 指数型组织属性的实现

指数型组织属性	GitHub 的实现
宏大变革目标	社交编码。

续前表

指数型组织属性	GitHub 的实现
随需随聘的员工	GitHub 可以利用整个开源社群完成内部工作。
社群与大众	凭借编码课程和协作环境，新的开发者（大众）可以迅速转变为用户（社群）。此外，GitHub 还创作了一个能让任何有兴趣者随时参与进来学习并做出贡献的新型办公室。线下社群也有开放的活动空间，可以聚会并组织各种项目。很显然，GitHub 并未将“锁定”作为一项战略，而是专注于尊重用户的选择，致力于成为市场空间中的最佳平台。
算法	反馈信息都会被算法收录，用于改进版本控制和工作流。
杠杆资产	GitHub 并不拥有其平台上的任何一个项目，它本身也是在云端运行的。该公司使用了各种各样的项目软件来强化自身平台，相当于招募用户来改进他们自己的工作环境。
参与	GitHub 的排行榜和声望系统广泛运用了游戏动力学，这就在不强迫用户参与的情况下与之保持了联系。此外，它对于新代码的反馈信息几乎是实时完成的。
用户界面	该公司定制了一系列为开发者提供支持的功能，其中包括即时消息、评分和声望系统、软件编码课程。这一切都集成在同一个平台上。其产品的核心力量就是高度自动化的控制机制和工作流管理，将不同的外部组织属性的产出，例如软件有奖竞赛和游戏化项目，与大众和社群的贡献融合起来。
仪表盘	GitHub 会监控平台上的量化指标。这一性能可以通过精密而直观的控制面板供内部使用。
实验	坚持着去中心化、响应速度快、透明且自我管理的公司文化，整个组织的各个部门都会对新想法进行持续不断且开放的迭代。
自治	管理和决策都是完全去中心化的。团队进行自我管理，而参与任何项目的员工只需根据团队自身的直觉来进行关键决策。所以，公司里的每一个人都可以为组织任何方面的工作和决策提供贡献和建议。因此，各个部门的招聘流程基本关注于那些有热情、有目标和有潜力的开发者。在公司内部，这被称为“开放分配”，即总是为那些个人感兴趣或能得到满足感的东西工作。
社交技术	社交技术已深深根植于 GitHub 的平台和文化中。毫不夸张地说，产品的每一个方面都有社交的特点。因此，该公司的办公室实质上就是一个聊天室；电子邮件只是用来发送平台通知和提醒平台功能改动的工具。这种“会话式的文化”提高了团队的士气和生产力。高级管理层也愿意推行这样的文化：在这样一个实验性的、网络在的组织模式中，清晰的交流手段是最为重要的。团队成员一方面依赖于面对面的谈话、电话或环聊来进行策略的讨论，另一方面则是用 GitHub、聊天或电子邮件来进行偏向运营方面的工作。

GitHub 在这种革命性的、指数型的公司文化上取得了什么成绩呢？在 6 年时间里，该公司创造了一个拥有超过 600 万开发者的社群，大家在 1 500 多万个开源软件项目中协同工作。更为重要的是，在现在的硅谷，软件开发者的求职机会乃至薪资都在很大程度上受到他们在 GitHub 上的个人评分的影响。也正因为评分系统的强大影响力，开发者会不断为 GitHub 的项目增添代码，从而提高自己的个人评分。这种二次效应进一步提升了社群和公司的价值。简而言之，GitHub 不仅是指数型组织的一个范例，其产品也是指数型组织模式一个强有力的模板：协作、开放、透明、由社群推动，还拥有能力优秀且愿意自行选择项目的员工。GitHub 在贯穿组织上下的不同功能、职能和部门中都取得了 10 倍的改进。总而言之，GitHub 是一个以热情和目标为动力的自发性组织。尽管 GitHub 目前是专为开发者使用的，但面向律师、医生、政治评论家和其他职业从业人员的类似平台也终将问世。这个平台已凭借成功的公司付费模式，拓展到了企业软件开发领域，并有望很快得到政府、非营利性组织和教育机构的采用。GitHub 向用户收取每月的订阅费用（7~200 美元不等），用以存储编程的源代码。全球最大的风险投资公司之一 Andreessen-Horowitz 最近向 GitHub 注资 1 亿美元，这是该风投公司史上最大的一轮投资。从 GitHub 在全球政府当中的使用率就可以理解此举的缘由了（见图 8-1，请注意这是一条指数曲线）。

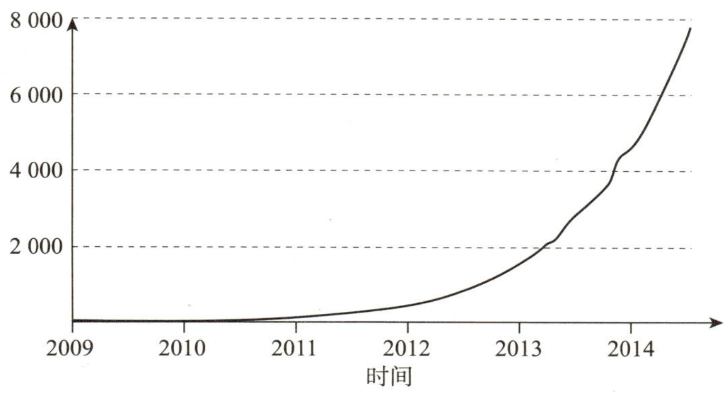

图 8-1　各国政府使用 GitHub 的数量统计

从林狼物流，成长最快的物流公司

我们并不想让读者留下指数型组织只适用于互联网公司或热门游戏公司的印象。丛林狼物流公司（Coyote Logistics）这个案例就证明了这些属性同样适用于传统的、已有产业的组织，它们并不一定是社交网络中的一员，也不一定要位于硅谷。接下来这个案例讲述的就是卡车和物流的世界。

American Backhaulers 前执行官杰夫 · 西尔弗（Jeff Silver）与玛丽安 · 西尔弗（Marianne Silver）在 2006 年联合创立了丛林狼物流公司。该公司着眼于货物的运输和分配，凭借指数型组织特性成功地改革了一个原有的传统行业。公司目前拥有 1 300 名员工，服务于包括喜力（Heineken）这样的国际巨头在内的 6 000 位客户，在全美各地建立了一个由 40 万名签约运送方组成的网络。

丛林狼物流公司成功应用的指数型组织属性如表 8-3 所示。

表 8-3　丛林狼物流公司指数型组织属性的实现

指数型组织属性	丛林狼物流公司的实现
宏大变革目标	提供史上最佳的物流体验。
随需随聘的员工或杠杆资产	按照合约运作的 40 万名运送方让丛林狼物流公司能在无须管理庞大员工团队的基础上完成非同寻常的业务扩张。
社群与大众	丛林狼物流公司将 40 万名签约运送方转变成了一个通过社交媒体和移动应用与核心团队互动的社群。
算法	该公司运用了复杂的私有算法，消灭了空载卡车的问题，也就是所谓的空驶，这可是该行业最大的物流难题。对于在任意时刻行驶在美国道路上的 40 000 多辆卡车而言，丛林狼物流公司必须将空载的卡车与货物配对起来，而这一算法使得该公司相对于其他卡车运输公司取得了很大的竞争优势。据估计，仅在 2012 年，丛林狼物流公司就减少了 550 万英里的空载里程，避免了 9 000 吨毫无意义的 CO_2 排放，并为客户节省了 900 万美元的成本。

续前表

指数型组织属性	丛林狼物流公司的实现
用户界面	丛林狼物流公司为承包商、客户和车队创造了大量定制的流程。如前所述，这些算法是他们将卡车与货物匹配起来的独门秘诀，即丛林狼物流公司的“秘密配方”。在招聘时，该公司更喜欢雇用有热情、有态度和有个性的年轻大学毕业生和那些刚踏入物流产业的新手。据丛林狼物流公司称，这样就产生了一批不会受到老旧的行业标准和偏见的阻碍，愿意接受新思想和新方法的劳动力。
仪表盘	所有卡车和公司专用移动应用的数据都会得到实时监控，公司管理层和司机自己可以利用它们来更好地完成任务并实现性能目标。
社交技术	公司在内部充分利用了社交媒体。他们鼓励员工通过 Facebook、Twitter、YouTube 和领英这样的社交媒体进行交流，并通过这些账号为社群和慈善组织提供支持。对公司外部，丛林狼物流公司创作了自己的移动应用 CoyoteGO，简化了司机、发货方与员工之间的所有交互过程，不管卡车位于何处，丛林狼物流公司都可以实现与运送方保持 7 天 ×24 小时的不间断联系。

2012 年，丛林狼物流公司取得了 7.86 亿美元的收益，并在 2010 年被《公司》(*Inc.*) 评为世界 500 强中成长速度最快的物流公司。它还曾在 Crain 的 50 大快速增长公司中位列第一和第四，目前在福布斯的美国最有前途公司榜单上占据第 26 个席位。

丛林狼物流公司所订立的宏大变革目标基本上确保其会一直将顾客作为发展的主要驱动力，而且它正持续不断地利用新兴技术，保证尽可能天衣无缝和高效的用户体验。

丛林狼物流公司的大多数员工都在一个 1 万平方米的空间中工作，这一点和传统的卡车公司总部并无差别。但你能感到火热的年轻技术创业公司的氛围，即步履轻快、创意频发和激情四射。丛林狼物流公司并不是一家提供在线游戏的公司；相反，它是通过卡车将真实的实体货物运送到全国各地的商店和办公室里的公司。

从丛林狼物流公司自信满满打出的 4 个品牌特性中就能反映出该公司的态

度：真实、顽强、部落和聪明。就是这种自信、共有且名副其实的态度让丛林狼物流公司当之无愧地连续4年在《芝加哥论坛报》(*Chicago Tribune*)的顶尖工作环境榜单上占据一席之地。

玫瑰园设计公司，最具创新能力的“梦想工厂”

由自称“商业计划嬉皮士”的丹·罗斯加德（Daan Roosegaarde）于2007年在荷兰创立的玫瑰园设计公司（Studio Roosegaarde）一开始就宣称自己的目标是“创造梦想”。实际上，罗斯加德将他的公司称为“梦想工厂”（相当于宏大变革目标）。他的工作室是艺术、设计和诗歌的特殊混合体，同时也融入了一系列交互和指数型技术。

玫瑰园设计公司主要是利用诸如传感器、纳米技术和生物技术（合成生物学）这样的以信息为中心的技术创造融入生活的艺术品。其中一例就是会自动应对天气变化的智能高速公路。第二例则是雾霾消除项目，它利用收集的雾霾制成碳的戒指，成为可穿戴设备。这些创意听起来似乎都有点儿荒唐，却都已成了现实。

该工作室最初的成功主要是源于其目标、项目的内在本质，以及大胆的想法和独特的本质。罗斯加德称之为最先进却又能被接受的东西（Most Advanced Yet Acceptable，简称MAYA）。在5年时间里，该工作室已发展到一个趋于稳定的状态。2007年的收益为5万欧元（约合6万美元），而在接下来的6年里，该工作室在收益水平上取得了较大突破。工作室所有的作品都是由全职员工内部管理的，不管是创意的产生、原型制造还是产品推广，其流程已开始制度化，并形成了固定的习惯。

2012年，罗斯加德意识到，工作室已经丧失了自由开放的艺术精神，急需重新调整方向。于是，他着手对企业进行了一场大翻新，融入了一些指数型组织的特性，如表8-4所示。

表 8-4 玫瑰园设计公司指数型组织属性的实现

指数型组织属性	玫瑰园设计公司的实现
宏大变革目标	用技术的诗歌开启新的世界，使之富于人性和美感。
随需随聘的员工	将 SoD 作为最主要的创意催化剂。
社群大众	通过原创和明智的方法汇聚创意和卖方，为实现未来艺术的项目打下基础。公司最初在一场采访中想到了一个关于低利润杂志或报纸的简单创意，接着又通过大众获得了一些地方性的想法，然后又上电视，最终通过组织卖方发送电子邮件解释如何建立艺术项目。艺术在整体上（该工作室的作品尤其）具有一种引力，能够将想法分享出去，并快速实现（所谓的意向经济）。需要的资源和员工数量减少了，大部分的概念和销售研究都转为众包，并根据热情和认可程度加以选择。
算法	早期的作品采用模糊逻辑。后来则基于传感器和算法，趋向个性化。没有使用深度学习或机器学习。
杠杆资产	在很多大学设有实验室（苏黎世大学、剑桥大学、埃因霍温理工大学和瓦格宁根大学）。深圳设有工厂进行原型制造与改良。
参与	认真听取社群与大众的声音，不是通过在线市场这样的官方渠道，而是通过内部电子邮件和电话，直接获取新的创意和实验想法。
用户界面	3 个人手动地处理所有的内部电话和电子邮件，选择最好的广告机会、人才、创意和销售商。
仪表盘	实时跟踪现金流。公司设有 18 个月的财务考核期限。每次内部讨论的创意数量都会被记录和衡量，并与每次讨论的主题放在一起考察。
实验	“保龄球和乒乓球”。对于迭代方法和简短的反馈回路很有信心，尤其是在与客户和终极用户交流时。“保龄球”就像是缓慢的、按部就班的开发，而“乒乓球”（原型设计）才是关键。
自治	没有职位描述。员工可以将至少 30% 的工作时间花在自己的项目上。 由于依赖于梦想家式的创始人，所以很难让艺术去中心化。 朝着实现全息主义模式的方向前进（目标与关键成果评价法、精益、开放、透明）。
社交技术	通过 Viadesk 软件管理活动流，并广泛使用维基百科。 通过 3D 打印机和思科的高级视频会议技术连接荷兰和中国，提高团队凝聚力和创造力。 使用 Google Trends 和 Social Media Monitoring（精益创业的工具），根据国家（文化）特点，使艺术作品和展览会具有个性化；这种定制手段被称为复制变形（Copy Morph）。

在 2012 年，玫瑰园设计公司赢得了 TEDx 一场受人瞩目的有奖竞赛，这成了一个转折点。紧接着它就连续赢得了 2013 年和 2014 年的许多美国、欧洲和全球的奖项，其中包括福布斯世界最有创意公司称号。如今，该工作室的注意力主要放在了以更精简的核心团队进行构思和扩张，更多地运用随需随聘的员工和众包途径上。

玫瑰园设计公司在 2014 年的收益高达 300 万欧元，与 2007 年相比增长了 60 倍。对于一家艺术工作室而言，其实体产品的可扩展性并不强，且更看重客户体验上的认可程度，因此它能取得这样的成就实属不易。

GTG 资本合伙人，成功实施目标与关键成果评价法的典范

这 4 个案例帮助我们证明了可将指数型组织原理嵌入到原有组织中去，继而其的表现发生了真正的大爆炸。如果读者对于这一方法依然存有疑问，那么我们就一起来看看罗伯特 · 戈德堡（Robert Goldberg）取得的成就吧。

在 10 年时间里，戈德堡先后为 NBC 新闻网开设了互联网部门，运营着开创性的孵化器 Idealab，后又转而利用自己的能力为他人提供服务，成了许多创业公司和其他基金的风投资本家及顾问。戈德堡在 2009 年加入了星佳，成为首位商业执行官，领导了这家游戏公司的并购和收购行动。正如我们在第 4 章中所提到的，在两年半的时间里，星佳游戏公司的员工数量就从 30 人增加到了 3 000 人，一跃成为史上增速最快的公司之一。能实现这样的增长，凭借的就是在短短 10 个季度中的 40 次收购活动。令人惊奇的是，这些收购中有 95% 都是成功的，如此精准的决策实在是前所未闻。

那么，戈德堡是如何做到这一点的呢？星佳在不稀释自身文化的前提下管控增长的基本机制就是严格执行目标与关键成果评价法，跟踪团队状态，保证所有人处于同一战线上。在上任时，戈德堡又向前迈出了一步，将这些流程应用到了星佳新的收购行动中，不过在这中间也略有调整。大部分收购行动失败

的原因是，母公司故意放慢新收购公司的运营速度，想借此更深入地了解它，并让其内部运营模式适应新的秩序，完成合并和协作，且将公司文化灌输到新员工的脑中。这种做法虽情有可原，却几乎必然会让新的团队困惑不已、士气低落，并导致戈德堡所说的“阻抗不匹配”（impedance mismatch）。也就是说，新加入的团队会感觉被门槛绊住了，感到被遗忘、被忽视或者被惩罚，而这一情况往往会使核心人才做出离开公司的决定。

戈德堡将这种模式整个儿颠倒了过来。他不仅拒绝放慢新收购公司的速度，而且还在对方同意的基础上实施指数型的目标与关键成果评价法。这种狂热的新节奏不仅让新团队保持了畅通的交流和高涨的士气，而且甚至带着星佳朝着更趋于指数型的结果前进了。在星佳公开募股后，戈德堡又回到了投资的老本行。他创建了一个新的基金，名为 GTG 资本合伙人（GTG Capital Partners），旨在将自己划时代的思维运用到其他的公司和行业中。GTG 资本合伙人会寻找那些增长速度陷入停滞的早期和中期公司作为目标，并成功加入了表 8-5 展示的指数型组织的属性。

表 8-5　GTG 资本合伙人指数型组织属性的实现

指数型组织属性	GTG 资本合伙人的实现
宏大变革目标	公司改变任务宣言，展开更宏伟的蓝图。
社群与大众	密切与社群的关系。
参与	广泛运用在线市场营销和推荐市场营销的方法，增加客户的参与机会。
算法	运用数据科学技术获取有关顾客和产品的新观念。
实验	用精益方法重新设计产品，对功能特性不断迭代。
仪表盘	利用实时数据和增长率指标跟踪外部进展，在组织上下的管理团队中使用透明的目标与关键成果评价法。
社交技术	在内外部皆采取社交机制。

戈德堡和 GTG 资本合伙人会花一个财务季度的时间帮助有前途的创业公

司和中型公司，部署上面列出的一些指数型组织属性。若他们能在这一时间框架内让公司的增长率翻倍（这绝非易事），那么就会投资，并设定10倍增长的目标。在过去两年里，GTG资本合伙人已募得了1亿美元的资金，并将自己的方法系统化。时至今日，已有40家公司通过了它的改造。这个数字是非常惊人的。

GoPro，5年实现50倍速增长

2001年，冲浪爱好者尼克·伍德曼（Nick Woodman）开始将照相机绑在腰上，拍摄在冲浪板上的照片。经过早期的几次失败的实验，伍德曼意识到必须制作防水外壳才行得通。到了2004年，伍德曼制造自己的防水照相机，并最终取得了完美的客户体验。尽管在电视购物网络QVC中收获了几次成功，相机销量却很快止步不前，面对竞争对手Flip Video的成功，伍德曼感到了一丝恐慌。

在2006年，当朋友们说服伍德曼朝全数字化方向发展时，转机出现了，这也让GoPro生产出了自己的第一台数字摄像机。2008年，GoPro推出了广角镜头，但也只是昙花一现，而史蒂夫·乔布斯宣布iPhone将会提供视频拍摄功能的消息更是带来了第二波令人惊慌失措的打击。Gopro销量再一次陷入泥潭，增长率也毫无起色。在7年的艰苦挣扎后，GoPro遇到了上升瓶颈，似乎走进了一个死胡同。与此同时，思科以将近6亿美元的价格买下了Flip Video的制造商Pure Digital。

但伍德曼拒绝投降，坚信市场并未消失的他继续着迭代和创新。到了2009年年末，他终于一鸣惊人，凭借GoPro HD Hero推出了高清视频拍摄功能。同时，这款照相机的成本也以指数级速度降低，达到了主流顾客可以接受的程度。当BestBuy从2010年开始销售GoPro相机时，销量提高了3倍。

GoPro现已拥有700多名员工（在2010年只有8人），市值高达30亿美元。2013年，GoPro卖出了384万部照相机，总营业额高达9.857 3亿美元，与 2012 年相比上升了 87.4%。GoPro 目前在《快公司》的世界 50 大创新公司排名中位列第 39 位，而该公司在 2014 年 7 月进行了公开募股，成为这场卓绝旅程的一段高潮。

那么，GoPro 在 2010 年和 2011 年间具备了哪些指数型组织属性才能在停滞期后继续以指数速度成长呢？表 8-6 给出了答案。

表 8-6　　GoPro 指数型组织属性的实现

指数型组织属性	GoPro 的实现
宏大变革目标	帮助人们抓住和分享最有意义的经历。
社群与大众	来自全世界的用户在 GoPro 的网站和 Facebook 页面上分享自己的足迹，目前总共收集了 750 万个赞。访问者看了视频之后就会产生自己参与创作的冲动。
算法	嵌入摄像机内部的广泛运用的模糊逻辑。
杠杆资产	GoPro 主要利用位于中国的制造商和供应商来生产自己的设备，尤其依赖于在 2012 年 12 月对 GoPro 投资 2 亿美元的富士康。
参与	GoPro 举行了“你会如何使用 GoPro”的比赛。参赛者主要通过文字和视觉素材分享他们的梦幻冒险。
实验	在摄像机品质（高清）、使用环境（用例）、权限管理和分销渠道等方面进行尝试。
社交技术	大量使用 YouTube 和 Facebook，并充分利用观看次数达 800 万的具有历史意义的菲利克斯·保加那（Felix Baumgartner）的太空跳伞事件。

尽管 GoPro 在过去 4 年里表现出众，但依然面临许多严峻的挑战，比如该公司的主要分销渠道百思买和其他大型实体零售商正在缓缓衰落。但是，作为一个原本表现平平的公司利用指数型组织属性改变自身的例子，我们很难找到比它更合适的了。GoPro 是个当之无愧的指数型组织，因为它在 5 年时间内将销量提高了 50 倍以上。

那么，传统公司能否采用指数型组织方法来获取 10 倍的成果呢？答案正如我们在本章中所看到的那样，是一个响亮的“是”。但这一过程总是充满挑战性，而且没有什么必胜策略。对于原有的公司而言，所有的指数型组织的解决方案都是量身定制的。

从经验中我们知道，将原有的企业转变成指数型组织需要两个条件。第一是公司的文化，要能够迅速适应变化，且往往是根本性的变化。丛林狼物流公司的成功靠的就是相对精简而专注的员工团队和客户的流动性本质。罗伯特·戈德堡在星佳上取得的成功则源自他与那些通过收购而加入的员工和运营团队的合作，这些工人与新雇主之间原本并无瓜葛，因此也无法求助于过去。而 GitHub 几乎完全是从零开始的，所以它可以很轻易地改变参与的门槛。毫无疑问，在更为传统的公司中引入指数型组织模式会面临更大困难，因为传统意味着公司文化更顽固或管理阶级的阻力更大。

尽管如此，这仍非不可能完成的任务。我们相信，任何一个稳定的环境或者中型公司都能运用指数型组织原理，改变自身，实现指数型增长。

于是，我们还需要第二个条件来将传统公司转变成指数型组织：一个得到董事会和高级管理层全力支持的梦想家领袖。要让一家公司以令人目不暇接的速度发展、让员工各施所长、让顾客心满意足，并建立起精密而彻底的技术基础设施，不仅要求领导者理想远大、行动果敢，而且还要得到公司中最有权力之人的支持，也就是说，当事情陷入困境或遭遇挫折时，这些人不会直接喊停。戈德堡在星佳的成功不仅源于他自身的天赋和下属的信赖，也来自无所畏惧的公司顶层管理者的支持。对于想要进入指数型轨道的传统公司而言，主管和高管团队的性格和勇气往往比他们的能力更有决定性作用。

也许埃隆·马斯克就是时下最好的一个优秀领导者的例子。在如史蒂夫·尤尔韦松这样强大的领导层和有梦想的投资人的支持下，马斯克的固执和冲劲带领他克服了种种极端困难。如今已经 10 岁的特斯拉在 2011 年和 2012 年增长率经历了一段下滑期，落入了破产的边缘，还解雇了 500 名员工。在得到尤尔韦松的 DFJ 基金的注资后，该公司推出了特斯拉 S，这款车型被《汽车潮流》（*Motor Trend*）杂志评为 2013 年年度车型，被誉为历史上最安全的汽车。面对成功，马斯克并未裹足不前，而是接着将公司的所有专利都开源了，还建立了新的电池工厂为其他品牌生产电池。从指数型组织的角度来看，电动机所带来的杠杆效应或许是最有意思的 10 倍改进的例子了。特斯拉 S 的传动机构只有 17 个运动部件，相比之下，传统汽车的传动机构由 700 个运动部件组成。

特斯拉利用宏大变革目标向社群开放知识产权，并且灵活运用加速技术，让原本原地踏步的中型公司获得了新生。一度它的市场覆盖率从 40 亿美元提高到了 300 亿美元以上。

最后，我们再次请出创造了 Joie de Vivre 特色连锁酒店，现已成为爱彼迎高级管理团队一员的奇普·康利为管理高速发展的话题写下最后的注脚。康利发现，我们越是以信息为基础，就越是需要依赖于各种各样的规则和方法来保持公司稳定和团队士气。因此，当指数型组织吸纳越来越多的员工时，个人的任务和职能就会越发需要在宏大变革目标的引力作用下找到目标。尽管这听起来似乎会为想成为指数型组织的大型公司增添额外的负担，但是事实上，传统公司在规则、历史和传奇方面有着更大的优势，而这一优势在它们进行指数加速时尤为突出。

在下一章中，我们将迎来最难啃的那根骨头，研究一下大型组织该如何量身定做适合自己的指数型组织的改造方法，将这些原则运用到它们的世界里。

09

大型公司向指数型组织靠拢的 4 大策略

传统大公司的层级结构、员工数量和实体资产，使它们自己无法适应目前和未来的需要。在这个新陈代谢极快的新世界，指数型技术正在对越来越多的行业形成致命冲击，因此，大公司必须想办法让自己尽可能地向指数型组织靠拢。本章提出的 4 大策略，一定会让大型公司实现华丽转身。

拉米兹·纳姆（Ramez Naam）为软件巨头微软工作了13年，领导了包括Outlook、IE浏览器和必应（Bing）在内的许多新产品的早期开发。在这个职位上，纳姆拥有观察微软，观察其客户以及竞争对手的独一无二的视角，他不仅看到了公司高速发展的阶段，同时也看到了公司成熟后的情况。

2008年，纳姆产生了一个想法。整个20世纪，自上而下的经济结构被自下而上的架构击败了。但纳姆意识到，大部分公司的结构却与历史的大背景背道而驰，依然是彻头彻尾的层级制度和自上而下的结构。

纳姆还发现，由于专注于这种自上而下的结构，大型公司的信息流传递不可避免地会速度放缓、原地打转。从高级管理层传出的信息要通过各个层级缓慢地向下流动，这最终导致一线员工用可能已过时的信息来执行僵化的一系列任务。接着，一线员工收集的结果又要通过这套流程返回上去，经历一层又一层管理架构，任务的结果才会抵达高级管理层的办公室。随后，领导做出新的决定，于是一系列新的命令又要周而复始地在整个组织中传递下去。

除了这一过程明显存在的效率低下的问题，它其实还增加了信息和决策之间的距离，从而导致了下面这些结构性的失败。

- 信息传递的速度慢，想法要花费很长时间才能实现。

- 真实情况每经过一个传达点就会被扭曲，就和“拷贝不走样”这个游戏一样。
- 信息的传递模式不可避免地绕过了处在中间层次的不可估量的智慧和经验。
- 这一过程往往会让组织产生反社会的行为，最终迫使员工做出违反自身合理判断的行动。

我们可以将大型组织面临的问题归纳为以下 3 点：（1）大部分关注点都是内部的，而非外部的。（2）重点往往放在现有的专业技术上；技术的融合和拼接往往被忽略，突破性的思维得不到赏识。（3）依赖来自内部的创新，而非来自外部的创新。

纳姆并不是唯一一个在观察许多现代公司时感到惊讶的人。在企业管理解决方案公司不同担任了多年全球研究副总裁的杰森·岳特普洛（Jason Yotopoulos）采访了来自 36 家跨国公司的首席执行官，最终他发现，组织理论家约翰·西利·布朗的这句话很有道理：“公司有可能会推进新的商业创造的想法，但最后它们都会忙着降低风险并想方设法按原样扩张，而这自然是与企业家精神和新的冒险相对立的。”

在这一过程中，岳特普洛还发现，在这些公司中，新型商业团队几乎全部由公司内部人员组成，因此采用保守的方法取得相对无差别的结果基本上是板上钉钉的事情。

岳特普洛和纳姆的发现为我们的总体议题提供了有力的支持：传统的大型组织结构根本无法适应目前的组织范式，当然也包括未来的。这没什么特别奇怪的：颠覆性的创意从来不会出现在传统的组织路线图上，而成熟的公司恰恰是最看重组织路线图的。

伊斯梅尔在 2007 年担任雅虎内部孵化器 Brickhouse 的主管时也得出了相同的结论，尤其是在雅虎紧锣密鼓地筹划收购 Twitter 的那段时间里。他很快意识到，问题在于尽管年轻的社交网络公司可被强行并入雅虎 5 个不同的商业单元中，但最终却必然不得其所。原因是什么呢？因为 Twitter 的产品和文化对这样一家老牌公司而言实在是太过突兀了。此外，他们也很难确切地定义 Twitter 所属的业务是哪一块，这个问题直到现在也依然找不到答案。最后雅虎决定放弃收购 Twitter，其中的原因更多的是来自组织上的考虑，而非战略意义上的统筹。

回想一下第 1 章中说到的铱星悲剧，这个教训应为所有的大型老牌公司敲响警钟。即便如恐龙般强大，在遭遇名为信息的彗星撞击后，它们也无法忽视越发危急的灭亡风险。无论在什么行业，那些严重依赖于人力或者基于实体资产的孤岛型组织都是最岌岌可危的，没有什么能幸免于这场颠覆的强大威胁。正如彼得 · 戴曼迪斯所说："如果单纯依赖于公司内部的创新，那么你就已经死定了。"

当我们进入 IDEO 的戴夫 · 布莱克利（Dave Blakely）所说的"可编程世界"（a program-mable world）时，大型的老牌组织应该怎么做呢？答案是：改变。

然而，改变并非易事。大公司就像一辆超级坦克：需要花费很长的时间才能转弯。尽管时间长，但弯还是要转的。我们可以找到不少大公司经过漫长的时间转变到新兴市场的案例。比如，诺基亚原本是个轮胎公司，三星原本是个贸易公司，英特尔一开始是做内存芯片的，而拥有漫长而辉煌历史的通用电气也一直在重塑自身。

但是，鲜有公司能完成迅速的转变。苹果和 IBM 是大型公司完成翻天覆的转变，并在短时间内取得成功的两个罕见例子。在这两个案例中，它们都是从绝望中迸发了灵感，因为两家公司当时距离一文不值都只剩下几个月的时间了。与此同时，两者都遇到了极具领袖魅力且勇往直前的领导者，能将可怕的环境转变成扭转公司局势的斗志。

经济学家保罗·罗默（Paul Romer）说过："好的危机是绝妙的机遇。"但是，大部分公司却都错失良机，而且在大多数情况下，绝地反击的结果都不尽如人意。正如我们在前言中指出的那样，一个世纪前，标准普尔 500 强公司的平均寿命为 67 年，而现在已降到了 15 年；在如今的《财富》500 强公司中，有 40% 都是在 10 年之内成立的。

很显然，无论公司或行业的规模大小，待到灾难临头才开始冒险转变对任何一家公司而言肯定都不是最佳的选择。然而，许多研究已经表明，绝大多数的公司转型计划均以失败告终。这些失败的原因有很多：复杂程度过高、计划时间跨度太长、缺乏来自上层的支持、预算超额，等等。

然而，在结构上还有一个关键原因，即在股票价格和季度收益的压力下被迫采取的短期思维方式。当首席执行官或者高级管理团队要"在高风险的长期转型计划"和"在兑现股票期权之前稳定当前局势"之间做出选择时，他们通常都会选择坐以待毙的策略。

因此，许多大型组织为了延缓这一趋势而采取的关键性拖延措施就是寻求立法援助。如果能够给公司争取到有利的法律条文，那么就可以保护自己不受外界的颠覆影响。

在 1998 年那部被批评家讽刺为"米老鼠保护法"的法律中，美国国会通过投票，将版权保护的期限延长了 20 年，这是对创造力的一次沉重打击，且显然并未给普通大众带来最好的结果。

类似地，有线电话公司也通过强势推动法律行动，保护了自己在地方上的垄断地位，它们甚至不惜向那些计划放宽互联网入口、刺激经济发展的城市提起诉讼。

无党派的联合共和组织（United Republic）发现，在政府游说方面的投资回报率其实是相当惊人的：石油补贴回报率高达 5 900%，MNC 免税回报率为

22 000%，保持药品高价的回报率更是达到了令人咋舌的 77 500%。面对如此高的比例，不去找政府游说才是真正的不负责任呢。

但我们认为，在指数型组织的时代里，这种策略是不可持续的，尤其是对消费领域而言。这是为什么呢？原因就是其所耗费的时间。互联网的接受速度远远快于立法流程。例如，等到全世界的出租车公司和旅馆意识到了分别来自优步和爱彼迎的威胁时，公众早已充分接纳了这些服务，以至于要游说政府抵制它们变得更为困难了。这就好比逆流而上。

同样的道理也适用于其他行业。新泽西的汽车经销商与特斯拉的直销模式之间浓浓的火药味就是一个很好的例子。在听到汽车经销商大肆宣传自己所做的一切都是为了保护消费者时，真让人感到讽刺。

除了拖延策略之外，还有另一个同样不可忽视的原因让你不能等到最后一分钟才开始转型：解药可能会成为毒药。我们坚信的一点是，大型公司不可能一夜之间实行 SCALE 和 IDEAS，将自己变成一家指数型组织。这样的转变实在太大了，公司的核心业务很可能在还未找到替代时就已崩溃。而即便公司成功开创了新的业务，如此巨变所产生的内部压力也是极其严重的。

与此同时，传统公司又必须改变自身，否则便会很快落后于时代。无论有多少证据证明大型公司实行变革的难度极大，它们也不能束手就擒。报业就是这么做的，瞧瞧，结果又如何呢？

在这个新陈代谢极快的新世界里，加速技术正对越来越多的行业形成致命的冲击，那么大型组织就需要采取一些策略，让自己更多地朝指数型组织思维方式靠拢。

我们已经总结了 4 种这样的策略（见图 9-1），让大型组织可以在核心运营业务不受影响的情况下逐步适应加速发展的商业世界。

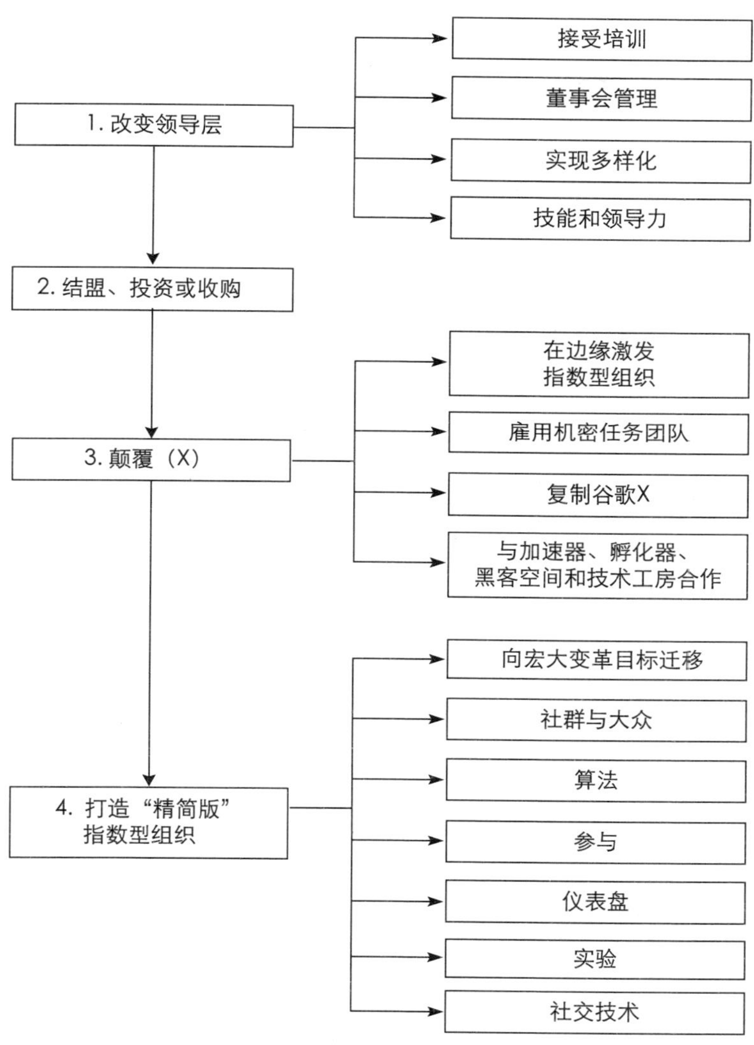

图 9-1　把大型组织改造成指数型组织的 4 大策略

下面我们来依次解释每一种方法。

策略 1：改变领导层

改变大型公司领导层级的方法有 4 种：接受培训、董事会管理、实现多样化和技能与领导力。

接受培训

正如我们在第 1 章中所指出的那样，经济领域的新陈代谢正在加速，并受到了一系列全新的大众化、指数型技术的推动。如果你正在管理一家大型公司，却对这些技术一无所知，更不知它们会如何影响你的公司，那么你就完全失职了。对于任何一个大型组织而言，高级领导层必须填补这一空缺，以免成为下一个柯达、黑莓或者诺基亚。

奇点大学、X 大奖基金会和德勤合作开设了一个为期 4 天的研讨会，名为创新合伙项目（IPP），为企业的技术需求提供了一个解决方案。在 6 个月的周期里，80 名《财富》500 强顶级高管花两天时间对各种加速技术进行大致了解，最后再花两天时间通过讨论会的形式学习指数型工具，活动包括案例研究、采访和大奖赛等实践环节。

在参加课程之前，75% 的高管都表示自己很少甚至并不知道公司会牵涉哪些技术。在课程过后，100% 的人都说自己已对这些技术准备了应对策略。更夸张的是，80% 的高管都赞成，最近发现的这些突破性技术会在两年内给他们的业务带来足以改变游戏规则的冲击，而剩下的 20% 则相信这样的冲击会在 5 年内发生。

建议：引入外部资源，基于加速技术更新公司的高级管理层和董事会。

董事会管理

对于高级领导层而言，必要的教育若是放在董事会成员上则更为重要，因为他们参与应用最新技术的可能性更低。如果董事会对公司面临的具有潜在颠覆力的改变一无所知，那么要如何为首席执行官们指明方向呢？

许多聪明的首席执行官已经组织了许多会议，目的就是帮助董事会成员理解指数型世界的新现实。实际上，欧洲就有一个聪明的首席执行官，他帮那些最忠于传统、拘泥于过去的董事会成员报名参加像奇点大学讲座那样的培训课程，取得了很好的效果。他的想法是，因为董事会成员总是拖慢进度，所以当务之急就是颠覆他们过时的信念和意识形态。

好在并非所有的董事会成员都目光短浅。事实上，有不少董事会成员都是颇为开明睿智的。尤里 · 范吉斯特发现，在荷兰的大型公司里，有 40 位最具影响力的董事会主席比他们的首席执行官还了解加速技术颠覆的现象。他称赞这些董事会主席拥有更为广阔和泛组织化的眼光，并指出，首席执行官需要专注于手头的业务，而董事会成员则可以自由地展望前景，思考更为宏大的战略。

董事会成员对现状认识的加深，尤其是在接受过培训之后，可以帮助他们更充分地支持首席执行官改革组织，适应加速变化的世界。如果首席执行官无法得到董事会的全力支持和必要的资源，那么他就无法完成实现改变而必经的步骤，由此产生的不作为会让整个组织陷入险境。

即便无法做到上面的程度，也至少要让位于顶层的所有管理者能完全认识到公司所面临的威胁，相互合作、达成共识，让组织朝着成功转型的方向前进。

更好的管理可以为董事会的培训提供良好的补充。正如 Advisory Board Architects 的吉米 · 格雷格 - 梅耶尔所指出的，在董事会中，有 95% 的部分完全未得到程序化的管理，而如果董事会成员能紧密联系在一起的话，完全可以创造出巨大的价值。如果指数型组织正在使用目标与关键成果评价法来衡量与跟踪团队和高级管理层的表现，那么对公司有着最强大潜在影响力的董事会成员也理应得到跟踪和管理。

建议：为董事会成员普及知识，让他们能认同首席执行官的大手笔变革计划。此外，利用目标与关键成果评价法来跟踪董事会的表现。

实现多样化

变革的第三阶段就涉及高级领导层的具体组成情况了。无数例子表明，在性别、经验和年龄上的多样化会带来更好的成果。但是大部分大型组织的那些首席执行官们却惊人的相似，其中不少人还是从同一家商学院毕业的。甚至还有人是从更久远的时代做起的，他们并不了解新的技术，甚至不了解电子邮件。

大多数诺贝尔奖获得者都是在 20 多岁到将近 30 岁时完成自己的研究框架的。在阿波罗计划中，美国航空航天局的工程师的平均年龄为 27 岁，互联网时代的许多创业者都只有 20 出头。而大多数公司却还是认为，高管的年纪越大，对于市场的理解就越深刻。但在一个高速变化的世界里，这样的假设已不再有效。

伊斯梅尔给大型公司首席执行官的一个建议是，他们应寻找组织中最聪明的 25 岁的人，让他们站在领导层的位置上，以帮助公司缩小与时代和技术的鸿沟，加速在管理上的学习曲线，并提供反向的教学。现在对年轻领导者的需求是极度迫切的。在新的技术世界里，组织要应对前所未有的市场动态，而我们通常所熟悉的经验只能让公司止步不前。Udacity 的首席执行官、谷歌汽车的幕后推手塞巴斯蒂安·特龙（Sebastian Thrun）最近提出："现在在招聘员工的时候，我认为想象力比经验更为重要。"

星巴克首席执行官霍华德·舒尔兹（Howard Schultz）对于这一概念的认识一定极其透彻，因为他任命了史宗玮（Clara Shih）担任董事。年仅 31 岁的史宗玮给星巴克带来了年轻的观念和对社交媒体的深度经验，这对于"努力寻求与顾客实现更紧密接触"的星巴克而言，可谓是理想品质。史宗玮就是"反向教学"这一新兴现象的一个优秀例子。

多样性的另一个维度是性别。2012 年，瑞士信贷完成了一场为期 6 年的针对市场资本 100 亿美元以上的公司的研究。其中一个发现就是，如果公司董事会清一色是男性，那么相较董事会成员中有男有女的公司，其价值低了 26%，这个数字是非常惊人的。著名记者、《创新的女性》（*Innovating Women: The Changing Face of Technology*）一书的合著者维韦克·瓦德瓦（Vivek Wadhwa）至今已为这一理念呼吁多年，她会毫不畏惧地对那些多样性程度差的公司发起点名批评。

建议：打破旧派思维方式的壁垒，将墨守成规者替换成在经验和观念上有着多样性的个人和团队。要记住，多样性的一个最重要方面就是要让年轻人站在拥有权力和影响力的位置上。此外，在董事会中要多增加几位女性成员。

技能与领导力

在企业管理解决方案公司就职时，杰森·岳特普洛发现，大型公司时常无法意识到员工是分为许多种不同类型的，而每种类型适合被分配在公司内部的不同职位上。员工的类型包括：

- 优化者：在宏观上运营大型公司，高效地获取最大利益。
- 扩张者：找出可行的模式并发展壮大。
- 传道者：推广新的想法，将项目从创意阶段带入初次商业化阶段。

许多公司常犯的一大错误就是，将在一个领域表现最好的人调到另一个领域，期望他们能做得同样好。比如，经理会让一个优化者去做传道者，但是不管从性格还是从技能上来讲，这名员工根本就不适合这个职位。接着，经理就会感到奇怪，这个最佳员工怎么会表现得如此失败。然而，我们真正应该做的是，从内部找出求新求变的传道者，找出对公司独一无二的资产和能力了如指掌的人，并让他们在公司外围塑造一个新的指数型组织。

像这种武断的管理层决策，即把人才分配到并不合适的岗位上，几乎从来不会有好的结果。在指数型组织的世界里，这样做的灾难性后果更是特别严重，因为在指数型组织世界中成功的领导者与过去企业的成功领导者截然不同。奇点大学的首席执行官兼合作创始人罗布·奈尔（Rob Nail）详细研究了领导者的品质，总结出指数型组织领袖的6大特质性格：

1. **梦想家式的顾客宣传者：** 在高速变化的过程中，组织及其产品在一开始与客户建立成功的联系之后，很容易误入歧途。让组织的领导者成为企业形象的终极代言人，可以确保组织与顾客交流的一致性。史蒂夫·乔布斯就是梦想家式的顾客宣传者的绝佳例子，他拥有非同寻常的能力和全新的技术，并亲自参与到与顾客体验有关的方方面面的决策中。如果顾客觉得自己的需求和要求能被企业最高层的人知晓，那么企业在承受指数级增长过程中时常出现的混乱的能力就会强很多。
2. **以数据为本的实验家：** 要想在高速混乱中创建秩序，就需要用以过程为导向的方法，并最终实现敏捷和可扩展的特点。精益创业方法可适用于任意规模的组织，进行快速迭代并更新知识。我们拥有许多社交工具和载体，它们可以用来完成维护与顾客和社群之间保持联系的繁重工作。如果沟通得当，顾客不仅更能接受过程中的变化，而且会为参与其中而感到激动，甚至会主动要求参与进来。然而，若无以数据为中心的方法、迅速处理反馈意见并及时改进产品或服务，顾客就会感到失望，并最终选择离开。
3. **乐观的现实主义者：** 在高速扩张时，尽力理解和量化当前环境或机遇，是决定组织方向的重中之重。但是，在面对现实时，还是需要加入一些个人解读，能在任何场景下找出积极结果的领导者就能帮助团队坚持自己的目标。快速的发展和改变可能会让一些人感到愉悦刺激，但大多数人通常都会在变化面前惊慌失措、难以适应。过度悲观的领导者就可能会加剧这种反抗或逃避的反应，最终做出错误的决策。

4. **极高的适应力：**当一家公司发展壮大、业务出现变化时，其管理层也必须跟着改变才行。对于那些监督加速增长的长远状况的领导者而言，他们必须跟着时势改变关注点和技能。由于能够随着技术和组织一同进行指数型变革的领导者极其少见，所以当商业模式遭到颠覆时，就必须改变领导层。持续学习是维持指数曲线的关键之处。
5. **根本上的开放性：**我们面前摆着一个绝妙的机会，那就是与组织外部的专业人士进行合作。不幸的是，与这一机会同至的，还包括组织不得不与庞大的多样化社群互动的挑战。最后，在与大众的接触中，我们会听到许多噪声，也会获得潜在的批评和反馈意见。许多领导者和组织都忽视了大部分的批评和建议，创建一个面向大众的开放渠道和从噪声中分辨积极信号的机制，可以给我们带来新的观念和解决方法，从而实现崭新层次的创新。
6. **超自信：**若要维持住指数曲线，不被组织中的官僚阶级的线性思维所束缚，你就必须有甘愿被炒鱿鱼的勇气，甚至自行退出的决心。战斗不可避免，反对者终将闭嘴，如果领导者有这个决心，那么就需要有超强的无私奉献精神和自信心。指数型领导者最重要的两大性格特质就是学习、适应并最终颠覆自身业务的勇气和毅力。

建议：在指派管理层和顾问团的时候始终考虑多样性。定期让高级领导层参与个人改变计划。认真审视自己的领导技能。如果有人将自己的仕途摆在企业成功的前面，那么就应该请他走人。

策略 2：结盟、投资或收购

1990—2005 年，零售或快速消费品行业至少发生了 5 次大型的颠覆事件。其中 3 次，即销售点交易的 EPOS 系统、供应链管理的 RFID 标签和会员卡，产生了极为庞大的新数据，从根本上改变了这个产业。

德勤咨询公司的负责人马库斯·辛格尔斯（Marcus Shingles）和他的研究团队在 2012 年用了将近一年的时间，帮助美国食品杂货制造商协会（Grocery Manufacturer's Association，简称 GMA）分析快速消费品行业，寻找在大数据创新中可能出现的相同程度的颠覆事件。出乎意料的是，他们找到了数百家拥有针对特定行业的解决方案的创业公司，其中 80 家还运用了新兴技术。而在这 80 家公司中，有 30 家已表现出可能带来与上述 3 大颠覆事件类似的颠覆性冲击的迹象。

换句话说，当初的快速消费品行业在 21 世纪的前 15 年内遭遇了几次重大变化，而今却有 6～10 倍之多的潜在颠覆力量正在虎视眈眈，而且这都是在最近几年才出现的。在认识商业世界的这场翻天覆地变化的重要性时，我们一定要意识到，快速消费品领域与其他更大更新的技术领头羊相比，在总体上并没有那么强烈的创新欲望，而且与硅谷流行的超高速世界也完全不在一个次元。很显然，在当今时代，需要担惊受怕的可不仅仅是那些行业前沿的公司。

辛格尔斯将这一研究推进了一步，调查了快速消费品行业早先的龙头企业们是如何看待这 30 家最具颠覆力的创业公司的。他发现，有一些大型公司（先于旁人、不断创新的 1% 的业内玩家）不仅会跟踪这些创业公司的进展，而且还与其中不少公司建立了合作关系。与此同时，眼光没这么长远的快速消费品巨头连这些竞争威胁都没听说过，更别提考虑对策了。当通用电气在 2013 年 5 月与 Quirky 达成合作，允许 Quirky 的发明家们使用通用电气庞大的专利库时，这些迟钝的巨头公司被吓得手足无措。实际上，通用电气就是 Quirky 在 2013 年 11 月获得的那一轮 8 000 万美元投资的主要成员。

正是这种思维方式将行业中的领导者和跟随者区分了出来。辛格尔斯和德勤的创新团队目前正在向许多行业团体告知对应领域当中类似的状况。

正如我们在第 5 章中所说，颠覆是新的标准。在每一个行业里，加速技术的大众化为数百家创业公司提供了富有攻击性和颠覆传统市场的力量：特斯拉、比特币、优步、Twitch、Hired、Clinkle、Modern Meadow、Beyond Verbal、Vayable、GitHub、瓦茨普、Oculus Rift、Hampton Creek、爱彼迎、Matternet、阅后即焚、Jaunt VR、Homejoy、Waze、Quirky、Tongal、BuzzFeed，类似这样的颠覆者可谓不胜枚举。尽管当然有许多初生牛犊并未获得成功，但它们急剧增长的数字意味着这些前赴后继的勇士终有一天可以创造历史。

大型公司必须本着观察、合作、投资和收购的目的找出并跟踪这些具有颠覆性的指数型组织，而且还要尽快采取行动，才能降低投资的门槛并在竞争中占据先机。与指数型组织接触的最完美时机是在这家创业公司拥有了真正的吸引力，并且刚开始成为市场领袖时。在 2005 年就有过此类时机的一个经典案例：谷歌以 16 亿美元买下了 YouTube。当时的 YouTube 已经淘汰了谷歌视频（Google Video）和其他竞争对手，正在市场上疯狂地攻城略地。谷歌在 YouTube 彻底爆发之前收购了该公司，并因此能够将自己的力量灌注进去，帮助这个曾经威胁自身的公司实现了扩张。

正如上面提到的通用电气和 Quirky 的例子，好事达保险公司也是一家有远见，并对现状有清楚认识的成熟行业的传统公司。在几年前发现业务所在领域的创业公司并进行跟踪调查后，好事达保险公司的首席执行官汤姆·威尔逊就得出结论，认为最大的威胁来自如 Geico 和 Esurance 这样的新兴在线保险公司，它们可能会对好事达保险公司遍布全国的办事处和办公室网络带来严重威胁。和大部分首席执行官带去的观望加祈祷的被动战略不同，威尔逊主动出击，在 2011 年收购了 Esurance。同样重要的是，好事达保险公司并未尝试将新的子公司集成到原有业务中，而是明智且勇敢地让它继续以独立实体的形式运营，而母公司现在则开始从这家创业公司里取经。

接下来，真正的问题就不是是否要收购指数型组织了，而成了何时与指数型组织建立合作关系，何时对指数型组织投资以及何时收购指数型组织。创立了企业管理解决方案公司的收购战略小组的岳特普洛在谈到抓住颠覆性市场机遇时指出，在各种各样的“工具箱里的工具”，即组建、购买、合伙和投资中慎重选择非常必要性。每次机遇的应对方式都是不同的，因此，这里并没有什么万能钥匙。相反，你需要的是一个更关注全局的方法。

公司应在如下情况出现时考虑创建内部指数型组织：

- 目标对象与公司的核心业务只差一到两层关系，比如说可以是不同的商业模式、买家、用户或市场战略。
- 急迫性不强，即距离市场的转折点还有一段时间。
- 公司有能力招募到需要的人才。这一方法通常可以在那些因本身的战略性质而必须“拥有”的市场上，尽量提高控制能力并降低成本。

当一个市场从战略角度上讲必须“拥有”，而你又面临这些障碍的时候，收购通常是最合适的途径：

- 很难雇用到合适的人才。
- 市场的转折点在你的掌控下。
- 目标对象与公司的主导模式关系不大（3层以上的联系）。在这种情况下，你必须明智地管理好合并后的集成工作，确保公司的流程不会给被收购的公司带来太大压力，不会摧毁其价值。

当眼下没有什么采取拥有行动的战略需求时，公司可以和外部的指数型组织合伙，从而对市场和新的模式有更多了解，同时衡量双方的契合程度和合作成效。当你想要先试试水的时候，对外部指数型组织投资可能是最好的一步棋，也就是说，你可以一边考虑在将来进行合伙或收购，一边观察和学习这个新的组织。

建议：制订计划，找出所在行业的指数型组织，并与之合作、进行投资或者收购。给它们加一把劲儿。

策略 3：颠覆（X）

第三种策略就是让大型组织自己利用颠覆性技术。从历史上看，真正做起来要比说困难得多，因为传统公司的组织结构会将颠覆性的影响力压制住。

但这并非不可能。我们只要想想惠普的第一台科学计算器、苹果的 iPhone 和耐克的 FuelBand 就明白了。关键在于高级管理层是否敢于接受根本性变化的想法（朝新兴市场发展），然后在组织的各个方面对接受这一想法的人予以奖励。我们将其称为颠覆（X），这其中包括 3 个重要的步骤。

在边缘激发指数型组织

在组织的边缘创立指数型组织并非易事，关于这一点，谷歌的塞巴斯蒂安·特龙就说得很清楚："当你身处一家公司，而它的主要产品是搜索，那么每当你进行一项实验的时候，都要冒着失去几百万或几亿用户的风险，所以实验真的非常困难。进入公司从未涉足的领域反倒简单得多。"

企业管理解决方案公司在 2001 年买下 TopTier 时，并未尝试将其创始人夏嘉曦（Shai Agassi）集成到组织里，因为这样很可能会让他失去方向。公司将他置于组织的边缘，任其自由发挥。依旧可以保持自己最爱的异议者姿态的夏嘉曦将炮口对准了企业管理解决方案公司的开发者社群，并很快意识到其中隐藏的潜力。在两年时间内，他建立了一个由 200 万名开发者组成的庞大网络，这已成为企业管理解决方案公司目前的重要资产之一。

每一个组织里都会存在像夏嘉曦这样的变革者，他们有着高度的创造力和自发动力，天生就是坐不住的人。如果强迫他们安安稳稳地坐下来的话，反而会制造相当可怕的混乱。变革者才华横溢，拥有很多想法和观念，且往往对公司忠贞不二，但他们在受到限制时会遭到很大的打击。由于看不到尽头的管理层级和官僚主义流程的阻碍，他们最终只能做出辞职的决定，要不然就是被开除。这种现象最早的例子就是前谷歌员工埃文·威廉姆斯（Ev Williams）、比兹·斯通（Biz Stone）、丹尼斯·克罗利（Dennis Crowley）、本·希尔伯曼（Ben Silbermann）和凯文·斯特罗姆（Kevin Systrom），这些人在离开谷歌后纷纷建立了创业公司，分别是 Twitter、FourSquare、Pinterest 和 Instagram。当然了，谷歌是一家极其成功的公司，但如果这些不同寻常之人能被留住，那么今天的谷歌或许又会大不一样。

能在变革者的热情消退之前找到他们，并重新分配到组织的边缘，给他们自由建立指数型组织的权力，对于大型公司而言尤为重要。这样不仅可以充分利用变革者的能力，而且可以保持组织核心的稳定性。不仅如此，若过程处理得当并取得了积极成果，处于边缘的指数型组织就能像拖船一样带动公司核心这部超级坦克，驶入新的有利可图的水域里。如果最后能成功的话，这些高速发展的周边企业就会自行建立起新的核心，并最终取代过去的业务。一些零售商就成功地建立了企业的边缘指数型组织。像 Macy's、Burberry、Target 和沃尔玛这样的公司都在核心组织之外建立了独立的电子商务网站，并且等到这些组织达到一定规模后才开始进行集成。实际上我们的建议是，一旦取得成功，传统的板砖灰泥式的业务就应被融入到企业的指数型组织中，这显然是将来的必然趋势。这也是许多奢侈品品牌会向意大利电子商务网站巨头 Yoox 提供贴牌产品，从而更快地进入市场的原因。

约翰·哈格尔是尖端创新中心的联合主席，他和他的团队为这家名字起得很有意思的公司开发了一种富于前景的新方法，实现了他称之为“扩张边缘”（Scaling Edge）的大规模组织变化。在扩张边缘背后的方法论主要基于如下基本方针。

- 找到新兴商业机会并将其作为边缘，它应具有快速扩张和成为公司新核心的潜力。
- 找到一位变革者或一支变革者团队，这些人应该理解并接受这一边缘机会。
- 将变革者或变革者团队安排在核心组织之外。
- 利用精益创业方法和新计划的实验来加快学习进度。
- 不要为这支团队提供什么援助、资金或其他资源。
- 鼓励这支团队与其他公司联系和接触，到可能有助于加速增长的生态系统中寻找杠杆。
- 让指数型组织向外部发展。初出茅庐的企业应创造一个新的市场或产品领域，而不是瓜分核心产品的市场，至少在前期阶段应该如此。

之所以要实行最后这 3 项元素，根本原因就是，你不希望看到伊斯梅尔所说的核心组织的免疫反应。如果母公司感到新计划吸引了过多资源，那么就会唤起它做出反应，产生臭名昭著的“公司抗体”，机体就会攻击并试图杀死这家创业公司。

我们想给哈格尔的理论增加一个具体步骤，那就是运用数据（leverage data）。大多数大型组织的数据库里都存储着非同凡响的信息和价值，若能利用这些信息就能为边缘指数型组织提供便于利用的素材。尖端研究中心欧洲分部主管瓦西里·贝尔托内（Wassili Bertoen）指出，在致力于公司创新工作的 7 年时间里，他发现大多数大型公司都具有未被发掘的巨大潜力，而且实际上，它们都迫切需要一个井井有条的渠道将这些能力释放出来。

在 2007 年建立雅虎的 Brickhouse 孵化器时，伊斯梅尔组织了一支开发者团队，其中一些人来自雅虎内部，还有的来自外部。可以说，这是世界上最优秀的开发团队之一。毫无疑问，每一个雅虎人都希望能加入这支团队。但是雅虎希望 Brickhouse 为核心组织创造新的产品和服务，而不是为公司开拓新的市场。结局自然不必多说，在 Brickhouse 成立短短几周后，Brickhouse 残存的一切员工自我管理氛围就全部瓦解了，对这个新团队的嫉妒和怨恨之情也弥漫到了公司的每一个角落。“凭什么他们能霸占最优秀的员工？”“他们是要跟我的产品竞争吗？”在任期结束时，伊斯梅尔把 80% 的时间都花在努力保护 Brickhouse 团队不受来自母公司的压力影响上。很显然，这对于每一方而言都是没有好处的。

2008 年，在被微软提出收购意向之后，雅虎终于决定杀死 Brickhouse，但抛开成败不谈，Brickhouse 当时发布的一些产品确确实实推动了互联网消费的前沿发展。尽管雅虎公司的免疫系统赢得了这场战役，但他们最终输掉了整场战争。不过，从那时起，伊斯梅尔就开始与新的高级管理层合作，并为首席执行官玛丽莎·梅耶尔（Marissa Mayer）和首席营销官凯西·萨维特（Kathy Savitt）眼中的目标而深受鼓舞。

岳特普洛在企业管理解决方案公司的遭遇就好得多了，因为这家诞生于公司的全球商业孵化器（Global Business Incubator）的新公司在 3 届首席执行官任期当中一直受到了完善的庇护。其成功背后的另一个因素就是，新公司也具有比较合适的一系列指数型组织属性，其中包括以下几点。

- 具体流程的全部决策由员工自治。
- 小型、敏捷且自给自足的功能多样化的创业公司团队负责从创意到商业化的全部流程。
- 除了传统的产品层面的创新之外，有能力在多种类型的创新方法中迭代，如商业模式、市场战略等。
- 在市场中借助于顾客来迭代测试原型产品，从而实现加速学习的目的。

建议：将企业中比较确定的变革者转换到组织边缘，让他们自由创建指数型组织去颠覆其他市场。观察他们与母公司的相互关系，随后增加更多的变革者。

雇用机密任务团队

机密任务团队的传统定义是秘密地执行颠覆行动，在暗中进行，且与执行的组织不产生联系。另一种基于边缘指数型组织的创建和与指数型组织合作的策略就是让大型公司成立一支专门颠覆自身的团队。这一策略的想法就是雇用一支年轻的、熟悉数字技术的、有自发性的千禧年青年团队，任命他们建立一家以攻击母公司为唯一使命的创业公司。任务的一部分要求就是这支团队必须与外部社群互动，找到公司内部无法看到的机会。

业界领先的设计公司 IDEO 在几年前采取了类似的方法。尽管公司的设计过程和方法被市场广泛认可，但高级管理团队发现，他们面对颠覆毫无招架之力。经过一番具有前瞻性的思考后，公司高层邀请了公司内部的经理之一汤姆·休姆（Tom Hulme）成立一支团队，接下了颠覆 IDEO 自身的艰巨任务。其结果就是，这只团队开发了该公司奇妙的开源版本 OpenIDEO，它产生了全新的价值，并最终为 IDEO 的核心价值做出了补充。

不可否认，这一步骤需要相当大的勇气和魄力，但这难道不正是领袖精神吗？如果你是一家大型公司的领导，那么你有什么资格不这么做呢？现如今，若你不颠覆自己，就只能等着别人来颠覆；你要么做颠覆者，要么就是被颠覆者，除此之外，别无选择。

实际上，这一战略给了我们很大的启发，除了建立外部颠覆团队外，我们还建议组织另一支类似的内部团队。你可以将两者称为红队和蓝队，因为这一做法就与测试军队备战程度的军事演习没什么两样。通过这种方式，你就等于将两种观念放在了赌桌上，并对双方都下了注。

例如，思科就一直在一个无法预知标准的环境中运作着，这个市场随时可能突然从一种技术标准转向另一种。于是，思科就采取了这样的双面下注法，向那些专注于思科看重的当前标准的新内部公司提供资金。与此同时，其原来的风投资本来源 Sequoia C 应用程序接口 tal 则对外部团队投资（也是由思科的前任员工组成），让他们专心钻研与之竞争的标准。成为备胎的公司会得到来自思科的预认可收购价，当市场朝这个方向倾斜时就可能被收购。通过这种方法，思科不仅站稳了脚跟，而且还能在不确定的市场中灵活变化。

建议： 雇用内外部的机密任务团队，让他们以打败和颠覆母公司为目标建立创业公司。

复制谷歌 X

在 3 年前奇点大学的一次活动中，拉里 · 佩奇与伊斯梅尔商量，说他听说 Brickhouse 搞得挺不错的，不知道谷歌是否也应该建立类似机构。伊斯梅尔的建议是“不”。他认为这只会唤起与他在雅虎时所遇到的相同的免疫系统反应。

佩奇的回答令人摸不着头脑:“做一个原子版的 Brickhouse 会如何？”他问道。

现在我们都知道佩奇当时的意思了：在建立谷歌 X 时，将经典的臭鼬工厂方法以难以想象的深度融入到新的产品开发中。谷歌 X 为传统方法提供了两项令人赞叹的新拓展。第一，它的目标是登月思维般异想天开的创意，例如延长寿命、自动驾驶汽车等。第二，和专注于现有市场的传统公司实验室不同，谷歌 X 将突破性的技术与谷歌的核心信息竞争力结合了起来，从而创造了全新的市场。

我们强烈建议每一家大型公司都尝试做类似的事情，建立一个让突破性技术大展拳脚的实验室。接着，这个实验室就应本着为公司开创全新市场的目标,对正在进行的新产品和服务的实验加以引导。保护这间实验室也同样重要，尤其是在发展缓慢的时候，以避免被组织内部的“抗体”攻击，因为它们迟早会指责实验室这个“异物”的投资回报率过低。最后同样重要的是，要注重实验室的发现。好的想法总是出现在不同领域的交叉点上。

大型组织的核心竞争力在与新的技术突破相结合时会创造出一股神奇的力量，为许多大型传统公司开创崭新的未来。3M 公司堪称是这方面的典范，该公司多年来一直在研究员当中实行高度的员工自我管理，并因此不断地在新市场中创造突破性的产品。现在随处可见的便利贴就是一个突出案例。

最妙的地方在于，多亏了如今许多加速技术的成本锐减，建立一家高端实验室已没有那么昂贵。正如我们在第 1 章中所列出的技术成本降低表格所示，10 年前要建立一家 DNA 合成实验室需要耗资 10 万美元，但现在这个价格已降到了大约 5 000 美元。而 10 年前的工业机器人可能要花费 100 万美元，但同款机器人目前的最新型号（Rethink Robotics 的 Baxter 机器人）只需 22 000 美元。麦肯锡的研究表明，在 MEMS 传感器领域，加速度仪、话筒、陀螺仪、摄像头和磁感应仪的费用比起 5 年前已经降低了至少 80%。3D 打印机在 7 年前还挂着 4 万美元的售价标签，但如今只需 500 美元就能买到。简而言之，摩尔定律是现代实验室最好的朋友。

建议： 建立一间内部的加速技术实验室，运用核心竞争力，并以不超出预算的价格追求登月级别的创新。

与加速器、孵化器、黑客空间和技术工房合作

在 21 世纪第一个 10 年里，新型商业孵化器和加速器发生了一次爆炸性的增长，其中包括 YC 创业营（创造了颠覆性的消费互联网创业公司碉堡箱和优步）和基于会员制的 TechShop。在用指数型组织的眼光看待大型公司时，我们可以参考下面 4 个案例。

TechShop

我们在第 3 章就已详细探讨过 TechShop 有趣的商业模式了。在这里我们会更细致地探索其连锁效应，将重点放在 TechShop 帮助大型组织的方法上，其中就包括福特和劳氏（Lowe's），TechShop 为这两家公司搭建了独立的设施。

TechShop 的首席执行官马克·阿奇对《财富》500 强企业的首席技术官抛出了这样一句令人瞩目的话："给我 1% 的研发费用和 1% 的员工，我会给你 10 倍的回报。"虽然这是一个宏大的目标，但阿奇却用实际成绩证明了自己。专门从事基于 GPS 的农业氮检测的 Solum 公司从概念阶段开始，到整整 4 代的产品开发都使用了 TechShop 的设施，最后仅用 14 周时间就得到了 100 万美元的投资。TechShop 还见证了不少其他的公司客户在创立后只花了 3 个月时间就达到了 100 万美元的销售额。如果你不知道这有多快，那么不妨比较一下，一些大型公司花 3 个月时间只能完成初始流程中一个步骤的工作。

奇点大学实验室

公司的高管们总是络绎不绝地来到奇点大学，寻找着他们的圣杯，即那些可以管理颠覆性创新的方法。对此，奇点大学创立了一个实验室，那是专门让公司创新团队常驻奇点大学的开放创新训练营，在那里，他们可以与奇点大学丰富的创业公司和教职员工协作。奇点大学的每家创业公司都以利用加速技术为 10 亿人带来积极影响为目标。在奇点大学的教员里有 8 大加速技术领域的世界顶尖专家、从业者和研究者。已参与进来的组织包括可口可乐、好时、劳氏和 UNICEF。

近期一位参与者的评论很好地抓住了这一项目的本质："能与指数型技术和组织的世界级专家合作，保证了我们的思维能够领先于下一个季度的财政报表，而且远远领先。大部分公司创新交流成员都是为了在自己的公司内部推动颠覆行动，要赶在车库里的那两个浑小子之前下手。"

mach49

创立了企业管理解决方案的全球商业孵化器的岳特普洛利用这段独一无二的经历，与长达 10 年的硅谷风投资本家背景相结合，找到了一套赚钱的门路。他与经验丰富的首席执行官兼公开董事会成员，在 Global 1000 拥有 20 年推动策略和创新经验的琳达 · 耶茨（Linda Yates）正在制订数条指数型组织原则,帮助跨国公司从组织内部创建出新的“临近”业务。他们希望能提供设施、硅谷的人脉以及对目标公司和创业公司领域都较为熟悉的资深高管团队，催生新的公司业务，而这其中还要运用到公司本身并不拥有（可能无法拥有）的资源。

岳特普洛和耶茨首先通过大奖赛的形式，借助于公司的广大受众寻找到最具吸引力的商业机遇、有企业家精神的内部人士。获胜团队可以到 mach49 在硅谷的基地免费游学一次。他们在那里会与来自其他行业的非竞争关系的团队结对。接着，所有团队都将接受精益创业风格的企业家精神和设计思维方式的培训，其目标就是通过原型和市场内测试对商业机遇加以验证。

在与 mach49 的团队和网络合作一段时间后,这些由公司企业家组成的小型多职能团队就可以带着清晰的执行计划毕业了。他们可以继续留在硅谷加速发展，最后重新回归或脱离母公司，也可以成为实验者，为更大的收购或合作项目铺平道路。尽管目前才刚刚开始,但我们相信这一模式拥有非同凡响的前景。

H-Farm

资深企业家毛里奇奥 · 罗西（Maurizio Rossi）在 2005 年与互联网老兵里卡多 · 多纳登（Riccardo Donadon）一起创立了 H-Farm。他们的目标是在威尼斯附近乡村的设施中建立一个面向“数字工匠”的工作室。罗西和多纳登在那儿的一家旧农场上建起了 42 栋建筑物,举行教学课程、黑客马拉松和设计竞赛。这个项目已经吸引到了 450 位企业家和开发者，两位创始人希望在两年内让这个数字翻倍。虽然他们的团队成员主要是企业家，但约有 1 或 3 的人都是签署了一年期会员合约的各大公司加速项目的负责人。

H-Farm 还会为大型公司举行月度黑客马拉松，并邀请获胜者到现场实现他们的创意。保时捷就在 H-Farm 里开设了一个创新项目，邀请顾客到这家农场来参加讨论会，保时捷车主们能考查这些优秀的创业公司，甚至有可能当场拍板投资，这也是终极的顾客购买增值。

上面列出的这些孵化器项目只是现在这股洪流中的几个例子而已。类似的以指数型组织为中心的孵化器正在世界各地不断涌现：安大略省的 Communitech 和 OneEleven；在南美洲设有多个办公室的 SociaLab；位于圣迭戈的 Start-Up Chile；总部位于哥本哈根的 Thinkubator。谷歌在这方面显得尤其忙碌，合作对象包括美国的 Startup Weekend 和 Women 2.0、肯尼亚的 iHub 和法国的 Le Camping。

来自马德里的国际咨询公司 Everis 与两位西班牙企业家路易斯·冈萨雷斯-布兰奇（Luis Gonzalez-Blanch）和巴勃罗·德·曼努埃尔·特利安塔菲洛（Pablo De Manuel Triantafilo）合伙创作了一款教学软件，可将大型公司的高管与内部孵化器中的创业公司匹配起来，目标是将服务推广到全西班牙数百家客户当中。Everis 现正推动咨询业朝开放人才、加速创新、互联知识、大数据、知识货币和泛企业家精神的新型经济发展。在每一个领域中，他们都制订了类似的路线图和数据库。比如，在企业家精神方面，该公司创造了全球最大的 B2B ICT 创业公司数据库，囊括了 63 000 家有企业家支持的组织，目前还在利用超过 600 家网站的应用程序接口收集信息，并已分析了 50 多万家创业公司和中小型企业。

上面所写的每一场合作都让我们进一步相信，大型组织可以与新生的本地商业加速组织建立成功的合作关系。总部位于意大利的全球资讯公司 Business Integration Partners（简称 BIP）甚至还开设了“公司加速器套餐”服务。BIP

已帮助许多高端市场的客户通过招募、风投联系和大学合作等方式建立了自己的一套机制。这项服务还拥有锦上添花的流程管理和软件，帮助他们举行大奖赛和管理开源项目。

西班牙手机运营商巨头 Telefonica 在这个基础上又进了一步。它并不局限于与指数型组织合作或者创立内部孵化器，而是以 Wayra 这个品牌建立了一系列全球范围内的孵化器，并积极地向所在国家的创业公司生态环境提供投资。

在听说其创业公司中有 80% 都被视为“成功”时，我们一开始对 Wayra 是持怀疑态度的。在我们看来，如此高的成功比例就等于说明其突破性思维方式的缺乏。换言之，该公司把目标设得太低了。一说起创业公司，我们期望看到的是 80% 的失败率和 20% 有能力改变当前游戏规则的创意。然而，当我们仔细观察 Wayra 率先建立企业家社群的那些国家时（其中许多都是前所未见的新兴市场），就想到了“在跑之前先学会走”这一真理。尽管每一个社群的规模都不大，但将多个成功的小故事聚集起来，就能为将来的突破性思维打下一个平台基础，毕竟就连硅谷本身也是花了好几十年时间才发展起来的。尽管有电信战略专家称该产业的利润在 2020 年会有惊人的 85% 的下滑，但 Telefonica 的方法使其业内领头羊的身份得到了巩固。Wayra 在过去 3 年里已创造了将近 400 家创业公司，报名者更是达到 2.5 万家。

建议：找到适合组织的孵化器或加速器并与之合作，或者如果它的规模达不到你的需求，就进行投资。如果还找不到这样的孵化器或加速器，那就自己创造一个！

策略 4：打造“精简版”指数型组织

即便大型公司必须维持现状，并因而无法转变成指数型组织，也并不意味着它们就无法具备一些指数型组织属性，并以此加速公司的运营。下面是我们认为每一家大型组织应该部署到位的内部属性和外部属性。

向宏大变革目标迁移

红牛的宏大变革目标是“你的能量超乎你想象”，这与传统的任务宣言风格迥异。不过，我们建议你以之为榜样：许多大型公司需要对目前大部分《财富》500 强公司所使用的老派的、可预测的任务和前景宣言说再见。他们应转而向宏大的转变目标迁移。

如前所述，我们预计今后的品牌会寻找并融入到雄心壮志的宏大变革目标中，让它们朝着为社会提供真正价值的方向前进。换句话说就是社会、环境和经济三大底线。为了激发团队的斗志、吸引新的顶尖人才和形成凝聚社群的引力井，大型公司就应该制订自己独特的宏大变革目标。这不仅可以在公司的相关人员面前树立正确的形象，而且还能成为在需要进行关键决策时的指导方针。

例如，好事达原来就有这样一段完全合适的任务宣言，“提供产品和服务，用优越的办事处和附属机构的分配网络来维护顾客的财政未来”。这个宣言是完全合适的，但也非常糟糕。当他们选择了更激情澎湃的（也因此更亲近所有人的）“好事达是你的专业助手”时，是不是好了很多？

表 9-1 列出了大型品牌正在进行的向宏大变革目标靠拢的行动。

表 9-1　　大型品牌向宏大变革目标靠拢的行动

公司	向宏大变革目标靠拢的行动
沃达丰	与 Malala 基金合作，为发展中国家的数百万女性扫盲。沃达丰计划在 2020 年之前用移动技术启蒙 530 万名女性。

续前表

公司	向宏大变革目标靠拢的行动
可口可乐	可口可乐已经与企业家兼投资人迪恩·卡蒙（Dean Kamen）合作，引入卡蒙的净水设备 Slingshot。一部这样的设备可以每天为 300 人提供饮用水。可口可乐计划在短期内为 20 个国家中的 45 000 人提供 1 亿升水。
思科	从 2008 年至 2012 年，思科以色列分部投资了 1 500 万美元，在西岸的巴勒斯坦境内建立健康的创业生态环境。因为有了这一行动，巴勒斯坦的 ICT 公司的国际客户业务有了 64% 的提升。
联合利华	联合利华在 2010 年 11 月发起了可持续生活计划（Sustainable Living Plan），提出了直至 2020 年的可持续发展目标。他们的目标包括帮助 10 亿人行动起来，改善他们的健康状况，提升全世界数百万人的居住环境和减少公司 50% 的环境足迹。

社群与大众

大部分大型组织都在忙于进行内部管理，根本没有将社群利用起来，更别提更广泛的大众了。近些年来，尽管其中大多数已有了改善（这基本上多亏了社交媒体潜移默化的影响），但即便是现在，公司的在线形象仍是由市场营销部门心不在焉管理着的 Facebook 页面。

公司该如何从现在这种漫不经心涉足 Web 2.0 世界的状态迈出去，建立一项真正的社交业务呢？它们该如何与共享经济或点对点的创业公司合作，加速内部的创新呢？它们该如何围绕产品组织有活力的社群，从而利用 P2P 论坛来推动支持成本的降低呢？

美捷步在管理社群上耗费了大量的时间和金钱，作为一家建立了真正的社交业务的公司，它是一个非常棒的例子。只要你在社交媒体上自称是该公司粉丝，美捷步就会立刻为你提供粉丝专享的特殊优惠。这样的关系迅速演变成了一条双向通道，用美捷步自己的话来说就是“赞 - 赞”关系（Like-like relationship），其目的就是让顾客与公司及其服务之间的关系变得更为紧密。

类似地，软件公司 Intuit 也建立了自己的社群，用户在上面发表的问题都会得到公司代表的细致回答。截至目前，大家已经提出了将近 50 万个问题，它们形成了一个丰富的知识储备，减少了技术支持的负担，也开拓了产品开发的眼界，同时在这一过程中大幅提高了顾客的满意度。

算法

如今，每一家公司都在不断地生成庞大的数据，而真正利用这些数据的却寥寥无几。这非常遗憾，因为如果公司能真正分析一下搜集到的部分数据，就能对公司的产品、服务、分配渠道和顾客拥有超乎寻常的认识。

使用算法和数据的另一个原因在于，大多数新型商业模式都是以信息为基础的。实体资产无法以指数级速度扩张，而数字资产却能带来新的用例、伙伴、生态系统、规则和商业模式。若想拥有真正的颠覆力，信息因素至关重要。聪明的公司已经开始使用如 Kaggle、帕兰提尔、Cloudera、DataTorrent、Splunk 和 Platfora 这样的服务分析数据了；它们还用到了 Apache 分布式计算的开源机器学习变种。实际上，可能性是无穷无尽的，关键在于公司是否懂得运用。谷歌显然是会玩的：它毫无保留地将数据运用到了几乎所有的商业职能当中。大多数其他公司也都可以采用相同的方法。由数据产生的新观念也能为传统的基于直觉的管理决策提供重要的对照（和对现实情况的确认）。

再举个例子详细说明一下：早在 2010 年，杰里米·霍华德（Jeremy Howard）还是 Kaggle 平台的首席科学家。现在他已成为奇点大学的助教成员，最近正在为全球最大的一家手机公司提供咨询服务。霍华德将该公司的顾客数据输入一系列机器学习算法，对信贷价值做了分析。此后才过了不到一个月，他发现该公司就已直接节省了 10 亿美元，真叫人跌破眼镜。没错，就是 10 亿美元……显然他当初应该按照比例收费的。霍华德最近成立了一家新公司 Enlitic，主要是利用算法寻找医学扫描图中的肿瘤。这些算法在“看过”现有的扫描图后，就能将其作为学习基础分析将来，从而省去了人工的干预。

参与

游戏、竞赛和有奖竞赛（最好能与宏大变革目标保持一致）都是让社群实现快速参与的简单方法。实际上，能为这些行动提供支持的工具已经比比皆是了。

收集来自顾客的即时反馈同样也是产品开发的关键驱动力。而这一点也并非仅限于外部：第二人生的创始人菲利普·罗斯戴尔在最近的创业公司 High Fidelity 中就发表了一些令人赞叹的创意。比如，我们之前也提到过，罗斯戴尔的员工会在每季度投票决定他是否继任首席执行官。显然答案是肯定的，罗斯戴尔在上一次的投票中得票率为 92%。

世界领先的日常消费品公司联合利华在全球范围内拥有 20 亿客户，客户们每天都会使用其旗下 400 个品牌中的一个或多个。在 2013 年 6 月，联合利华宣布与 eYeka 达成合作关系，后者是将品牌与来自 164 个国家的 288 907 位创造力智囊连接起来的众包平台。eYeka 平台上共计举行了 683 场竞赛，奖金总额为 440 万美元。参加联合利华竞赛的选手需要设计出一款能够节水的可持续淋浴喷头。在 102 名参赛者中，5 位胜者赢得了共计 1 万欧元的奖励。联合利华还通过 eYeka 为旗下品牌清扬（Clear）、立顿（Lipton）和可爱多（Cornetto）等举办了比赛。

仪表盘

在认识到公司决策应由数据驱动，而非直觉驱动后，仪表盘就能以一种直观的方式将复杂的信息以简单而确切的方式呈现在你面前。

约翰·西利·布朗和约翰·哈格尔发现，尽管所有的大型组织都想提高扩张效率，但在现在的新经济中，实现扩张真正需要的是学习。尽管存在一些非常优秀的商业知识系统，但它们的主要目的只是衡量效率的提升而已。现在我们需要的是一套全新的仪表盘，对组织的学习能力予以衡量。如果这种学习仪表盘在短时间内还无法成形，那么大型公司就应该考虑督促那些新任首席数据官建立一个。

那么，学习仪表盘到底要跟踪哪些指标呢？下面是一些建议。

- 客户服务部在上周执行了多少（精益创业）实验或者 A 或 B 测试？市场营销部呢？销售部呢？人力资源部呢？
- 在过去一年里收集了多少创新性的想法？有多少得以实现？
- 总收益中有多少来自过去 3 年内或过去 5 年内的新产品呢？

目标和关键结果也是公司的重要指标，尤其是在因员工增长率高而必须缩短反馈回路周期的新兴创业公司中。不过，大型公司也同样需要目标与关键成果评价法，因为它们能产生以下效应。

- 鼓励有条理的思维方式，随之可以产生主要目标。
- 增加有效的交流，这样每个人都知道什么东西是重要的。
- 建立衡量进度的指标，可以表明公司走到了哪一步。
- 集中力量，并因此让组织齐心协力。

在 2008 年，领英新任首席执行官杰夫·韦纳（Jeff Weiner）为公司引进了目标与关键成果评价法，目标是让所有员工能与领英拥有相同的愿景，同时为员工提供一个灵活、自主的跟踪进度机制。这一行动被外界普遍视为是领英能成为价值 200 亿美元公司的关键原因之一。

我们认为，将来组织中决定性的指标不会再是投资回报率，而是学习回报率（Return of Learning）。凯尔·蒂贝茨（Kyle Tibbits）最近就把这一概念带到了员工个人的层面上，他发现："在创业公司工作，而不是选择一份'普通的职业'，最有价值的收获就是学习回报率的大幅提升。"

在尖端创新中心的达利沙·库拉索利亚（Duleesha Kulasooriya）眼里，大型公司的创新是一个关于衡量的问题。Backpocket 的前管理顾问和创始人兼首席财政官尼尔·达利（Niall Daly）与他意见一致：“对于颠覆性的创新，你必须用非线性效应衡量，采用非线性的核算方法。这会给真正的创新留出更大的空间。在如今的公司环境中容不得半点模糊。”约翰·哈格尔认为，虽然大型公司的“边缘”思想者应能引起核心领导层重视，但与此同时，也要找到并跟踪与指数型组织有关的一系列指标。

另一种大型组织的仪表盘方法是德布林模型（Doblin Model）。德布林集团花了 35 年时间研究企业创新，发现大部分高级经理都在很大程度上将创新视为产品的特性。然而，他们发现在组织中应该均衡地跟踪另外 10 种类型的创新。

1. 利润模型：你如何赚钱。
2. 网络：你如何与其他人连接从而创造价值。
3. 结构：你如何组织和调整人才和资产。
4. 过程：你如何利用授权或高级方法来完成工作。
5. 产品性能：你如何开发独特的特性和功能。
6. 产品系统：你如何创造互补的产品和服务。
7. 服务：你如何支持和放大你所提供的价值。
8. 渠道：你如何将产品传递给顾客和用户。
9. 品牌：你如何呈现产品和业务。
10. 顾客参与：你如何培养有吸引力的互动。

例如，苹果的 iPod 和 iTunes 就集成了以上 10 种类型中的 8 种，这难道还不够说明问题吗？实际上，利用德布林模型跟踪和平衡创新能力的公司都在学习回报率方面取得了成倍的增长。我们认为将德布林模型与指数型组织测试题结合运用的话，可以让任何一家大型组织得到一份颇为有效的评定书。

在 90 个国家拥有将近 2 000 家门店的西班牙国际零售公司 Zara 就充分利用了实时统计数据和仪表盘。这家零售商面对尝试通过大规模经济方式取得成功的趋势不为所动，而是专注于小规模的、独特的系列活动和近乎实时的生产流程。例如，Zara 将近半数的服装都是在公司中心制造的，这一决定让它能够在不到两周时间内完成从设计到发货的所有步骤。这也在一定程度上解释了该公司为何能在每月推出多达 75% 的新品。结果，每年光临 Zara 店铺的平均顾客人次增加了 17 倍，比 Zara 竞争对手的数量高出 3 倍有余。

实验

实验也许是对学习型组织而言最关键的一个属性了，但这一点对大型组织而言却格外困难，因为它们倾向于把精力集中在执行上，而非创新上。但是，任何大型组织都可以采纳像精益创业这样的方法，并且不断地对期望进行测试。事实上，在这个瞬息万变的世界里，任何组织对外部世界的认识都必须跟上时代的步伐。而这就需要有所冒险，但毫无疑问，冒险也就意味着会增加失败的可能性。

你可能还记得我们在第 4 章中提到的“失败奖励”。这种奖励自然也不是什么新鲜事了：在 20 世纪 70 年代，戴维·帕卡德（David Packard）就为员工查克·豪斯（Chuck House）颁发了那枚著名的“挑战奖章”（Medal of Defiance），因为豪斯无视命令，创作了最后取得成功的新产品。然而，尽管“失败奖励”理论上是很有利的，但实际情况是，大部分大型组织依然会对失败做出严厉的惩罚。我们强烈建议让冒险奖励和实验跟踪成为大型公司认知过程中的关键组成部分。例如，亚马逊在跟踪自己的创新智库时，就会记录下每个部门执行的实验的具体数量及其成功率。

通用电气在 FastWorks 计划中的行动更是野心勃勃，它邀请了精益创业专家埃里克·莱斯来培训 80 人教练团。该计划得到了通用电气最高领导层，包括首席执行官杰弗里·伊梅尔特在内的支持，让将近 4 万名通用电气员工学习了精益创业的原理。作为通用电气史上最大规模的一次行动，FastWorks 计划在全球范围内开创超过 300 个项目。其中一例就是 PET 或 CT 扫描仪。

原先的产品开发成本可达数百万，耗时 2~4 年。但多亏了与顾客之间的高速迭代，它们的开发时间缩短了一半，原型开发更是只有不到原计划的 1 或 10。

社交技术

尽管大家可能认为现在所有公司都已经在采取社交技术行动了，但麦肯锡全球研究所的迈克尔·崔却估计，社交媒体大约还有 80% 的真正价值未能得到利用。更令人吃惊的是，沃顿（Wharton）公司的乔纳·伯杰（Jonah Berger）估算，目前只有 7% 的信息是在线的。毫无疑问，他们的结论表明，适当改进产品和服务的架构可以释放出多么巨大的潜力。

在组织内部，社交技术的主要目标就是像稠堡箱、Asana、Box、谷歌云端硬盘和印象笔记这样的协作工具。从非任务上的关键数据开始，内部团队先是采用文件共享，随后又在工作流程中运用了在线论坛。还记得我们在第 7 章中研究过 GitHub 的案例吗？如果透过协作的角度来看，那么这里要提出的问题就是：在 GitHub 采用的高级社交技术中，哪些是能运用到其他公司里的？

同样是有关协作的话题：VentureBeat 的报告称，在《财富》500 强公司里有 80% 都已部署了像 Yammer 这样的社交软件。但是，根据 Altimeter 集团的李莎琳（Charlene Li）和布莱恩·索利斯（Brian Solis）的说法，在受调查的 700 名高管和社交战略师中，只有 34% 的人认为社交行动对商业结果会产生影响。

类似地，《计算》杂志（*Computing*）最近调查了 100 位高级 IT 专家，得出了下面的结论：68% 的人说他们的组织正在使用某种协作手段，12% 的人说他们拥有企业级的协作套件，17% 的人对消费产品的使用随意放行或不闻不问，例如印象笔记、稠堡箱。

Adjuvi 公司的变革专家迪恩·欣奇克利夫将这种通过 IT 部门实现社交结构的方法称为“重心从记录系统向参与系统的转移”，并总结了几个在实施协作技术后取得出色成果的大型组织。

墨西哥水泥巨头 CEMEX 也是这样一个案例，而其员工团队平均水平之高让它显得尤为发人深省。欣奇克利夫的研究表明，在引入协作工具一年之后，95% 的 CEMEX 员工都使用了它们。这是如何做到的呢？因为他们专门针对高级管理层设计了这些工具的试运行计划，而这部分人通常是最不容易接受的。在提前让所有人参与进来之后，后续的成功也就是板上钉钉的事了。

正如我们在第 5 章中提到的，在建立指数型组织时，想要实现全部 11 项属性是不现实的。不过，对于大型公司而言，我们认为最好能选择其中几项，而且从今天就要开始。记住，信息的彗星已经砸了下来，所以你必须尽快适应这个新世界，而适应的关键就是宏大变革目标、IDEAS 和 SCALE。我们之所以对这种方法持乐观态度，原因就是它解决了在前途未卜的战略中全盘押上的风险。在边缘进行实验并培养指数型组织，能够让大型公司建立起大量低成本、高潜力的子公司，而且不会影响到华尔街或其他高管的福利。这也是为什么通用电气、可口可乐和其他大型公司对实验如此痴迷的原因之一。

在大公司如何应对这一挑战的问题上，苹果给我们树立了一个很好的榜样。苹果的核心竞争力一直都是设计，而它始终遵循着一条既定的路线来发布这些设计。简而言之，苹果的秘密配方主要有以下 5 点。

1. 利用核心设计能力。
2. 从大的组织中抽取并组织变革者的团队。
3. 将这些团队安排在组织的边缘。
4. 将设计与最前沿的新技术结合起来。
5. 完全颠覆原有的市场。

这是一个值得模仿的范例。一开始是颠覆了音乐播放器的 iPod，然后是将音乐发布方式碎片化的 iTunes，接着是 iPhone，一直到 iPad，苹果已经证明了指数型组织可以在原有组织的边缘做到多么伟大的事情。它还证明了其回报有多么丰厚。比如，令人难以置信的是，2012 年的苹果有高达 80% 的收益都来自那些不足 5 岁的产品。这些新收益帮助苹果成了世界上最有价值的公司。

亚马逊是这一哲学的另一种原型代表。杰夫 · 贝佐斯不断展现出惊人的勇气，主动攻击自己的业务（例如 Kindle 对实体书的打击）、建立边缘指数型组织（亚马逊 Web 服务）、收购颠覆自身业务的公司（美捷步）和追求革命性的技术（无人机送货）。如此勇敢的领袖气质在指数型组织时代极其关键。

尽管大型组织可能得为了在结构上适应新时代而大动干戈，但它们依然拥有一个关键性优势：知识资本（intellectual c 应用程序接口 tal）。大型公司并不是凭运气做大的。大部分世界级的智囊团都在经营着这些组织，而这些智囊团完全有能力想出一些惊人方法来实现或适应指数型组织的原理，唯一或缺的可能就是眼界和意愿。如果两者都没有，那就只能靠恐惧来推动了。

在下一章中，我们会深入研究几个例子，看看大型组织是如何适应指数型组织的时代的。

10

大型公司的“指数化”之路

运用 4 大策略对大型公司进行“指数化”改造，让很多公司取得了不俗成就。海尔的收入从 2013 年的 200 亿美元增加到 2014 年的 600 亿美元，“指数商”68；与 1 000 万“米粉”的深度接触，让小米一年就卖出 2 000 万部手机，“指数商”75；谷歌创投在 5 年间绩效提高了 15 倍，“指数商”76，也是一家近乎完美的指数型组织。

现在我们来看看那些目光长远的公司是如何实现上一章中所讨论的各种技术的。有的公司选择在边缘建立指数型组织；有的收购或投资了当前市场中的指数型组织；还有的则采用了轻量级指数型组织方法。

在硅谷有一种流行的说法，即执行的早餐是战略。因此，在我们一头扎进去之前，首先要看看当一家公司跳入指数型组织世界中时，可能会遇到什么问题。这并非无端推测。尽管有许多研究公司的报告都得出了乐观的结果，但我们也看到过不少迷失方向的案例。例如，我们认为黑莓最大的失误之一就是从未制订过宏大变革目标，而百视达走下坡路的原因也可以追溯到它从不懂得如何运用社群上，更别提它在奈飞寻求合作时狂妄自大的态度了。

桥水公司：燃烧之桥

我们也发现，有的组织虽然并未彻底失败，但在尝试了一些指数型组织原理后却产生了负面的结果。

对冲基金桥水公司（Bridgewater Associates）就是其一，它采取了激进的透明政策，试图营造极度诚实的文化，这本该是没什么坏处的。尽管这家公司无可厚非地取得了现象级的成功，但同样无可辩驳的是，其每年的员工离职率也居高不下，而我们将这一问题的原因归结于过度强硬地实行了“完全透明”政策。

例如，在桥水公司，每一次对话、每一通电话和每一场会议都会被记录下来，而且所有的员工均能查看。员工有权对公司内的任何人发起弹劾。员工不仅可以自由地质疑同事，而且公司也鼓励员工相互攻击对方的想法。最糟的是，遭到攻击次数最多的员工获得的奖金也会减少。

因此，你一定能想象得到，桥水公司的做法其实并不能带来更好的诚实度。相反，它促进了对抗、背叛和拉帮结派的氛围。有消息称，离职员工需要花一年时间才能从布里奇沃特神经质的公司文化中恢复过来。

我们对桥水公司的评价是，这是一家没有目标的公司，也就是说，它没有宏大变革目标。由于没有这样一个宏大、统一的目标，该公司在员工当中灌输的进取心就会产生误导性，导致员工开始相互攻击。他们唯一热衷的就是比同事受到更少的伤害，于是便产生了举目成仇的场景，若再不加以干预，这种文化会让桥水公司变成一个毫无工作热情的地方。

可口可乐，指数级跳跃

作为全球最大、地理分布最广的公司之一，可口可乐因拥有大量资产和13 万名员工而在指数型组织时代显得极其脆弱。

然而，可口可乐并未在成为业界大佬后的一个多世纪里故步自封、顽固不化。为了保持历来的进取精神和崇高目标，可口可乐目前已在实现野心勃勃的指数目标的路上了：在 2010 年至 2020 年之间使利润翻倍。为了实现这个目标，公司已实行了一些与指数型组织思维方式关系密切的策略。坦白地说，要想达到这个目标，该公司也别无选择了。

最能证明可口可乐采取了指数型思维方式的线索之一就是，它制订了宏大变革目标："畅爽世界"。作为该公司新的"开启幸福"（Open Happiness）市场营销活动的组成部分，"畅爽世界"毫无疑问是宏大的，也可能具有变革效果，当然也是一个真正的目标。虽然乍看上去，这句话听起来可能只是一条新的市场营销口号罢了，但它其实已经开始刺激整个公司了。例如，2013 年台风"海燕"袭击菲律宾之后，可口可乐就将用于该国的所有广告预算全部用于赈灾。这就是用行动说话。宏大变革目标在可口可乐内部为非传统思维方式开辟了一条道路。

可口可乐还摸索出了与创业公司社群并肩作战的最佳方式。它们意识到最好的点子大都来自组织和供应链的外部，而公司的核心力量在于内部资产、创造网络效应、计划和执行。正如可口可乐创新与创业副总裁戴维 · 巴特勒（David Butler）最近所言："让开拓者更易成为扩张者，扩张者更易成为开拓者，这是我们的期望。"

为了延续这种创业哲学，可口可乐正与史蒂夫 · 布兰克和埃里克 · 莱斯合作，在整个公司实践精益创业哲学（这是实验方法）。通过一场名为"开放创业"（Open Entrepreneur-ship）的活动，公司里的任何人都可以参与种种小规模尝试，让相应的最小可靠产品在设想中不断迭代并最终实现。实验立刻就取得了成效：巴特勒表示，由于这次活动，可口可乐的可持续性目标已提高了 20%。

可口可乐还成了奇点大学实验室的创始成员之一，颠覆性的团队可以在远离母公司的地方与创业公司合作（这就是自治和杠杆资产方法），研发下一代产品和服务。为了进一步确保新想法不受现有传统思维方式干扰、顺利发展下去，可口可乐正在创立一些与当前盈利业务完全无关的新公司。这些新公司与可口可乐原本的税务、法务、财政和人力资源管理体系完全无关，享有彻底的员工自我管理（这就是员工自我管理和仪表盘方法）。

尽管如此，比起指数型组织哲学，可口可乐还存在一个明显的差别：其颠覆式创新的透明性。我们的理论认为，与公司其余部分毫无联系的情况下，颠覆式创新的秘密行动效果是最好的，因为这样可以避免触发组织的免疫系统反应。相反，着眼于长期发展的可口可乐创立了透明的颠覆式创新团队，大张旗鼓地将改变母公司的文化作为明确目标。该公司甚至公开宣布了自己将颠覆式创新融入核心的战略。

这是一次大胆的实验，我们也很期待最后的结果。我们认为，如果可口可乐的核心业务能及时受到精益创业精神的感染，那么该公司就会从这一创新行动中收获价值，并更加开放地接受边缘的颠覆式创新行动。

简而言之，可口可乐公司创新的关键并不在于任何一家独立的内部创业公司是否成功，而更多的是创新业务模式本身的可持续性或可重复性。当然，在这一行业里，可口可乐是积极应对颠覆性未来的一个杰出的公司案例。

我们给可口可乐的指数商打分为 62 分，满分 84 分。[①]

宏大变革目标	S	C	A	L	E	I	D	E	A	S
√				√	√			√	√	

海尔，“开放创新”助其越飞越高

我们从实行指数型组织思维方式的公司那里听到的最大担忧就是，这一套

① 在本章中的所有评价都是作者使用指数型组织测试题得出的。一共 21 道问题，每题得分为 1~4 分，超过 55 分就可认为是指数型组织。

在硅谷或许管用，但在伦敦、布达佩斯或米兰则未必奏效。

在著作《职业的新地理学》（*The New Geography of Jobs*）一书中，恩里科·莫雷蒂（Enrico Moretti）就提出了这一点：公司所在的位置决定了很多事情。例如，如果你想要在意大利建立一家跨国公司，那么位于公司总部的那套意大利班底肯定是没有全球眼光的。我们发现大部分指数型组织都来自硅谷或说英语的国家。不过，我们在研究中确实发现了一些不在英语系国家的大型企业，它们也成功地应用了指数型组织原理。

其中最引人注目的可能就是中国的家电制造巨头海尔了，它拥有 8 万名员工，仅在 2013 年一年的销售额就有 300 亿美元。

与翁贝托·拉戈（Umberto Lago）和刘方（Fang Liu）一起合著了《海尔再造：互联网时代的自我颠覆》（*Reinventing Giants: How Chinese Global Competitor Haier Has Changed the Way Big Companies Transform*）的比尔·菲舍尔（Bill Fischer）有一个极其重要的观察结果："商业模式与公司文化不可避免地连接在一起。"这几位作家跟踪了海尔 10 多年的时间，从中找到了大型公司在重塑文化时必须经历的 4 个关键阶段。

- 建立品质。
- 多样化。
- 重构商业流程。
- 缩短与顾客的距离。

1984 年，海尔公司首席执行官张瑞敏在其任期中很早就实施了建立品质这一步。有一则逸闻流传甚广，说他向员工发放大铁锤，一同砸烂了好几十台次品冰箱。他的下一步则是实现多样化，朝其他家电领域进军。2005 年，张瑞敏决定拆分海尔的整个中间管理层，并将该公司的 8 万名员工重组成 2 000 个自主经营体，这是中国人对独立的自我管理单元的称呼。这些经营体分别有各自的损益指标，且团队成员都是根据绩效来获得报酬的（这是员工自我管理方法），它们拥有一些令人着迷的特性。

- 员工能够在各个单元中流动。
- 每个单元都有损益目标，利润由团队成员分享，有各自根据绩效安排的奖金，报酬也会随绩效变化。
- 面对顾客，员工拥有最大限度的灵活度和完全的决策能力。
- 团队的主要职责并不是遵循公司的原有规定，而是增加顾客需求。
- 任何人都能提出新产品的想法，并经由员工和供应商及顾客投票，这些人共同决定了哪些项目将得到资助（这就是实验、社群与大众的方法）。
- 获胜的创意提出者会成为团队的领导，有权在整个组织中招募团队成员。
- 在每个季度，每一支团队都有机会投票决定领导的去留（这是员工自我管理方法）。
- 绩效是每天实时计算的（这是仪表盘方法）。

海尔公司中被称为 HOPE（海尔开放合作生态系统）的社群管理系统是一个开放的创新生态系统，67 万名用户可以与寻求新商业机会的供应商和其他顾客交流（这是参与方法），任何人都能提出自己的想法或参加竞赛（这是参与方法中的大奖赛）。

海尔在 Facebook 上举办了一场全球绿色家庭畅想竞赛和一场全球口号大赛。在第一年里，4 位优胜者（收到的参赛口号总数达 20 万条）赢得了中国游的奖励（这是社群与大众和参与方法）。

海尔被誉为过去 13 年里中国最有价值的品牌。《快公司》杂志和波士顿咨询集团（Boston Consulting Group）最近都授予其“世界最具创新能力公司”的称号。实际上，海尔的创新能力高得出奇。例如，该公司目前正在研究最前沿的纳米冰箱，可以让消费者在几天时间内，利用有关植物生长的高级光学原理和数学模型在冰箱里创造出食物。

海尔的收益在过去 14 年内翻了 4 倍。2013 年的销量增长了 14.3%，达到 295 亿美元，其中家用电器总共卖出了 5 500 万台。这家公司获得指数型组织评价中的高分是当之无愧的。

我们给海尔的指数商打分为 68 分，满分 84 分。

宏大变革目标	S	C	A	L	E	I	D	E	A	S
√		√			√	√	√	√	√	√

小米，“米粉”成就的手机巨人

另一家中国公司小米的惊人崛起实在令人难以预料。创立于 2010 年 6 月，专注于低端安卓智能手机的小米在 2013 年卖出了 2 000 万部手持设备，年收益更是达到了破纪录的 50 亿美元以上。

小米的创始人雷军被视为中国版的史蒂夫·乔布斯。这不仅因为他深受苹果的设计、市场营销和供应链管理的启发，还因为小米对性能、品质和顾客体验的密切专注，而这些正是雷军试图通过合理的价格提供给所有人的 3 大特性。

小米以低廉的价格，在谷歌安卓系统的软件开发、速度和流程上提供了类似苹果的智能手机体验。该公司目前在中国的销量已超越苹果，快追上三星了。其产品已在 4 个亚洲国家出货，且公司计划再扩张 10 个新兴市场，其中包括印度和巴西。毫无疑问，小米展现了相当完整的指数型组织特性。

小米有着一个由核心创始人、部门领导和大约 4 300 名员工组成的极度扁平的结构，这一体系在高速前进的组织中实现了更直接的交流和决策（这是员工自我管理方法）。公司有 3 000 名员工中的 1 500 名在呼叫中心工作者，负责电子商务、后勤和售后业务，而剩下的劳动力（1 300 名员工）则负责研发，核算下来，研发人员相当于员工总数的 30%，这是个相当大的比例。

小米的每一支团队的文化就像是传统的氏族或部落一样，有家庭的氛围，专注于指导、协作和灵活组织结构（这是员工自我管理和实验方法）。动力十足富有创业精神且注重冒险的小米只会雇用对工作有热情的人和具体领域的专家。工作的奖金包括利润分成和轮岗制度，这也就意味着员工可以在任何时间自由更换职务。

和苹果相比，小米的一个重大区别就在于它运用生态系统的方法（这是社群与大众方法）。雷军相信，顾客是公司在产品设计和服务方面的最佳来源。因此，小米员工每天至少要用半小时在用户论坛和社交网站上与顾客互动。小米还会为由将近 1 000 万粉丝组成的社群举行特殊活动，并像谷歌和苹果那样举办面面俱到的产品发布会。

小米最忠实的追随者被称为"米粉",这个名字与小米的品牌名称相映成趣。在 2014 年的米粉节上，粉丝们在短短 12 小时内就购买了价值 2.42 亿美元的产品。小米为这个节日推出了名为"世界拳王争霸赛"的游戏，用户可以从中赢取折扣券（这是参与方法）。这个游戏在中国的社交网站微博以及 Twitter、Facebook 和 Google+ 上得到了很强的推广。小米最近刚上任的全球副总裁，谷歌安卓系统前副总裁雨果·巴拉（Hugo Barra）认为，这种非正式的、娱乐性的参与方式是小米粉丝忠于这一品牌的最大原因。

正如雷军所预计的那样，这一社群还对产品开发有所助益。在操作系统目前支持的 25 种语言中，小米自己只开发了 3 种，剩下的都是由用户创建的（这是社群与大众方法）。将近 1 000 万人的用户社群不仅在产品上，而且在支持服务上也为该公司提供了帮助。小米拥有一个由用户自己推动和组织起来的完全点对点的顾客服务平台。除此之外，该公司的市场营销成本也相对比较低廉，因为小米是在网上直接销售自家产品的，无须借助经销商。实际上，小米所有的市场营销都是通过社交媒体完成的，公司不用花一分钱就能让顾客口口相传形成病毒营销。尽管小米在一开始寻找智能手机制造伙伴的路上遇到了极大的困难，但该公司现在得到了富士康和其他合作伙伴的支持，满足了生产线的需求（这是杠杆资产）。小米还公布了所有供应商的名称和零件编号，有效保护了这些供应商不会因中国市场上泛滥的山寨设备而遭受严重侵害。

想象一下，在短短 3 年内，从零开始，卖出 2 000 万部智能手机。完成这一丰功伟绩的小米在 11 项指数型组织属性中展现了整整 10 项。

我们给小米的指数商打分为 74 分，满分 84 分。

宏大变革目标	S	C	A	L	E	I	D	E	A	S
√	√	√		√	√	√	√	√	√	√

《卫报》，颠覆自我的新媒体

在过去的 15 年里，报纸产业已经经历了典型的创新者的窘境。其传统的运营模式是通过编辑内容驱动读者群体，再通过读者群体驱动广告收益，最后再反过来为编辑部提供资金的。

如今消费者越来越多地舍弃了印刷出版物，选择了互联网和其他媒体，但传统报纸的商业模式并没有向在线世界转型，这一灾难性打击导致许多报纸日渐式微。一些著名的报纸，如《纽约时报》和《华尔街日报》则凭借付费壁垒或免费品模式躲过一劫。但几乎没有谁真正地改变自己的根本模式。

与此同时，一大批新的媒体创业公司已将这一领域挤得水泄不通，其中就有 Medium、Inside、BuzzFeed、Mashable、Blendle 和 Correspondent 这些公司。

将爱德华·斯诺登的泄密情报公布于世而名扬天下的英国报纸《卫报》就是改革传统新闻聚合模式的狂热倡导者。在邀请业内偶像杰夫·贾维斯（Jeff Jarvis）和尼克·梅勒（Nicco Mele）担当顾问后，《卫报》就一直在毫不畏惧地尝试重塑新闻业。下面是该报的一些行动。

- 2007 年，《卫报》为思想领袖提供了免费的博客平台，还创建了在线论坛和讨论组（这是社群与大众方法）。

- 开发者提供了该报网站的开放应用程序接口，从而用户可以使用该网站上的资源（这是算法方法）。
- 数百万份维基解密（WikiLeaks）电报的调查报告全都来自众包途径（这是社群与大众方法）。

《卫报》让调查报告的众包方法走向正规化，并在许多事件中成功运用了该方法，其中包括萨拉·佩林（Sarah Palin）担任阿拉斯加长官期间的公开档案。类似地，在 2009 年，英国政府迫于公众压力，公开了 200 万页议会费用报告，而《卫报》就邀请读者一起在这片文字的海洋中寻找有新闻价值的线索。响应号召的读者在短短 3 天时间内就分析了超过总量 20% 的内容。

我们认为，新闻业将会更多地学习《卫报》的做法，朝指数型组织模式转变，这与 Medium 尝试平台化的方法颇为相似。这是一个好消息，因为开放而健康的报刊对于民主和保卫基本个人自由是至关重要的。

我们给《卫报》的指数商打分为 62 分，满分 84 分。

宏大变革目标	S	C	A	L	E	I	D	E	A	S
√	√	√			√	√	√			√

通用电气，借助指数型创业公司实现扩张

通用电气之所以能成为世界上最受敬仰的公司之一并非巧合。多年来，该公司不断成功地重塑自身。而当它开始积极地寻求与指数型组织公司合作时，一场新的重塑似乎已然发生。

我们在本书中已多次提及 Quirky 的例子，现在我们主要来看看它的宏大变革目标，即“让发明平易近人”。通用电气很早就注意到了产品开发全新的众包模式的巨大潜力。它随后在 2012 年与 Quirky 合作，举行了大奖赛（这是参与方法），从而鼓动 Quirky 社群构思那些革命性的日常用品。参赛作品会在

社群中参加投票评选，获胜的发明将被通用电气转化为现实产品。

在总计 1 500 个创意中，Quirky 社群选出的最佳作品是名为牛奶伴侣（Milkmaid）的智能容器，当牛奶开始变质或快要喝完时它会向用户发出警告。在牛奶伴侣的后续生产阶段中，比如产品设计、命名、标签乃至定价，也都获得了众包的（这是大众方法），最后这一产品总共得到了 Quirky 社群的 2 530 份帮助。

尽管 Milkmaid 只是一款试验品（这是实验方法），但该项目获得了巨大的成功，在 2013 年，通用电气和 Quirky 宣布了双方在创新方面的新一轮合作计划：通用电气向 Quirky 的 90 万社群成员开放其最有前景的专利和技术。它还启动了一项联合品牌的物联网计划，名为“眨眼之间的相连”（Wink: Instantly Connected），专门致力于生产一系列智能家用设备。

向 Quirky 投资 3 000 万美元的通用电气选择开放自己的专利，从而加速新产品的诞生。这也说明通用电气认为相比单凭自身的力量，与大众合作可以更快地完成目标。这一决定显然是有回报的。除了 Quirky 在线商店上目前的 4 款联网的家用产品之外，通用电气和 Quirky 计划在接下来的几年内发布 30 款以上的同类产品。

就在通用电气宣布与 Quirky 合作的那段时间里，该公司还在芝加哥开设了名为通用电气车库（GE Garages）的新项目，该项目得到了 TechShop 的协助，并与 Skillshare、Quirky、Make 和 Inventables 一起合作（这是杠杆资产和随需随聘的员工方法）。和上面提到的与 Quirky 的同盟一样，通用电气在 2012 年首先展开了试制项目，以移动工房的形式在全美展开了通用电气车库的巡回展出。一年后，它开设了芝加哥市场，让参与者能自由使用如 CNC 磨床、激光切割机、3D 打印机和模具之类的制造工具。通用电气还提供了研讨会和演示活动。

2014 年 2 月，通用电气的指数型组织行动再次升级，宣布与本地汽车公司合作，推出名为“第一次建造”（First Build）的新型制造模式。这一合作将会从由工程师、科学家、制作人、设计师和爱好者组成的在线社群中获取协作创意，而这些社群成员将致力于寻找市场需求和解决深层次的工程问题，从中尝试解锁突破性的产品创新。在这些创新中最受欢迎的将会在特殊的“微型工厂”中得到制造、测试和销售。这一设施以测试、快速和小批量生产作为主要目标。

通用电气在与阿拉斯加航空公司（Alaska Airlines）的合作中，又树立了利用指数型组织合作来促进参与的一个案例。2013 年 11 月，这两家公司与 Kaggle 合作开启了 Flight Quest 项目，这是一场让参赛者设计算法来更准确地预测航班抵达时间的大奖赛。航班时间每节省一分钟就可以节约 120 万美元的机组成本和每年 500 万的燃料费用。通用电气为参赛选手提供了两个星期的 FlightStats 数据。在 173 份参赛作品中，5 位胜者拿走了总计 25 万美元的奖金。获胜的算法与当前技术比起来，确实能将抵达时间预测的准确度提高 40%。

通用电气是大型组织运用如 Kaggle、Quirky 和 TechShop 这样的指数型创业公司来扩张自身的组织界限和规模的最佳案例。

我们给通用电气的指数商打分为 69 分，满分 84 分。

宏大变革目标	S	C	A	L	E	I	D	E	A	S
	√	√		√	√	√	√	√	√	√

亚马逊，“好点子”备受呵护

在解释其“阻抗不匹配”的概念时，罗伯特·戈德堡指出，在大型组织的经理人当中，50 人里面只有 1 人能阻挡一个创意，进而扼杀它。相比之下，在 50 个投资人里面只要有 1 人喜欢一家创业公司，那么它就已经有资格起跑了。

亚马逊不但实现了许多指数型组织属性，而且该公司还解决了大型公司中总会有人提出否决的问题。该公司所进行的最有趣的组织创新之一就是，首席执行官杰夫·贝佐斯和首席技术官维尔纳·沃格斯（Werner Vogels）口中的“制度的同意”（The Institutional Yes）。

其原理是这样的：如果你是亚马逊的一位经理，一名下属向你提出了一个好的想法，那么你的默认回答必须是“同意”。若你想拒绝，那么就必须撰写一份两页篇幅的论文，解释这个想法为何不好。换句话说，亚马逊增加了否决的难度，从而让整个公司有机会测试及实现更多的想法。

杰夫·贝佐斯或许是过去数十年里最被低估的首席执行官了。他不仅完成了从创始人到大型公司首席执行官的罕见过渡，而且还能一直不落入在运营公开公司时常见的鼠目寸光的思维怪圈，又被伊藤穰一称为“现在主义”。亚马逊经常会下一些长远的赌注，例如亚马逊网络服务系统、Kindle 和现在的 Fire 智能手机与无人机配送，总是以 5~7 年周期来仔细规划新的产品，对利润的增长极其热心，而对华尔街分析师的短期眼光嗤之以鼻。它的开创性计划包括附属计划（Affiliate Program）、推荐引擎（利用协作过滤的方法）和土耳其机器人。正如贝佐斯所说：“若你专注于竞争对手，那就不得不等待有这样一个正在行动的竞争对手的出现，如果专注于顾客，就能让你更有开创性。”

亚马逊不仅建立了边缘指数型组织（如亚马逊网络服务系统），而且还拥有对抗自家产品的勇气（如 Kindle）。此外，在意识到亚马逊的文化与期望提供的出色服务并不完全融洽时，贝佐斯在 2009 年花 12 亿美元收购了美捷步。他的目的是什么呢？那就是改善整个亚马逊的客户服务文化（因为美捷步的宏大变革目标就是“提供最佳的客户服务”）和帮助实现员工自我管理。

我们给亚马逊的指数商打分为 68 分，满分 84 分。

宏大变革目标	S	C	A	L	E	I	D	E	A	S
√		√	√	√	√	√		√	√	√

美捷步，独特文化造就的电商

美捷步在 1999 年完成了第一笔销售，仅仅花了 8 年时间，其年销售额便达到了 10 亿美元。在 2007 年，美捷步将业务扩展到了服装和饰品，而目前这部分业务已经占据了其年收益的 20%。

我们已讨论过美捷步运用指数型组织属性的一些方法：对客户服务的重视（宏大变革目标：“提供最佳的客户服务”）；在拉斯维加斯市区计划中围绕共同的热情和地点建立社群，并通过赞 - 赞关系建立旗下的各种社群（这是社群方法）以及利用 Face Game 改善内部文化（这是参与方法中的游戏化）。

除了上述方法之外还应该注意的是，美捷步的员工每月会接听 5 000 通电话，每周答复 1 200 封电子邮件，在节假日期间甚至会更多，因为这段时间的来电频率会大幅提高。呼叫中心的员工并无固定说辞，亦无规定的通话时间；实际上，我们所知最长的一通电话足足有 10 小时 29 分钟（这是员工自我管理和仪表盘方法）。

在新进员工的实习报告中，有一半篇幅考察的都是其与公司文化的契合度。每个新员工都要花 4 周时间从身边的员工身上学习，在实习结束后若选择离开公司可得到 3 000 美元，这一招又进一步清除了公司的“文化异类”。

美捷步的经理并不考察业绩报告，而是进行文化评估（这是仪表盘方法）。他们根据员工与公司文化的契合度来打分，并提供改进建议。若要得到提拔，员工就必须通过技能测试。美捷步还会定期举行内部的大奖赛和编程马拉松，这些与公司的数据和应用程序接口也都紧密结合。2011 年，美捷步将自己的竞赛推向了外部开发者团队（应用程序接口开发者挑战赛和冬季编程马拉松），并向胜者颁发奖金和证书礼物（这是参与方法）。

2013 年 12 月，首席执行官谢家华实施了全息主义的方法，这一项完全员工自我管理模式的变化给这个由 1 500 人构成的组织带来了极大震动。在 6 个月后，225 名员工被移出了原来的层级模式，而美捷步还正在取消一切职位头衔和管理层级，甚至于到最后就连首席执行官这个职位也会消失。这对于一家大公司而言是非同小可的举动，或许是史上最大的一次改变。

一个常被问到的有关美捷步的关键问题是，若无职位介绍的话，它是怎么招聘的呢？2014 年，尽管美捷步计划将员工团队扩增整整 1 或 3，从 1 500 人增加到将近 2 000 人，但他们却未在任何地方发布招聘启事。若要应聘，候选者就必须加入一个名为美捷步 Insiders 的社交网络。通过不断监控候选者的活动以及与现有员工的交流，美捷步的人事就能够维持一个永久有效的人才储备库。美捷步还利用提供问答和大奖赛服务的在线平台 Ascendify 来寻找在技术和文化上合格的人。鉴于这种招聘方式的大获成功，美捷步很可能会在公司人力资源管理职能上掀起一次革命。鉴于以上理由，美捷步在我们的指数型组织测试题评分中得到了很高的分数。

我们给美捷步的指数商打分为 75 分，满分 84 分。

宏大变革目标	S	C	A	L	E	I	D	E	A	S
	√	√		√	√	√	√	√	√	√

加拿大直销银行，高度自治的银行

在实施指数型组织原理时人们常常表达出来的主要顾虑是，“好吧，这或许在硅谷或者很潮的游戏公司里行得通，但并不适合真正的公司运作环境”。

下面出场的是身处法律条文出奇严格的加拿大的承担信托责任和法规义务的荷兰国际集团加拿大直销银行。原本是总部位于荷兰国际集团一部分的加拿大直销银行由阿尔卡季·库尔曼（Arkadi Kuhlmann）于 1997 年 4 月创立。它是 ING 集团直销银行商业模式的第一个试水市场，由于取消了所有的基础分行，所以它能为客户提供更高的利率。

库尔曼在创立荷兰国际集团加拿大直销银行时提出了“帮你省钱”的宏大变革目标，还增加了 3 个关键性的补充价值。

- 简化。
- 成为挑战者。
- 成为好人。

库尔曼将员工自我管理的概念发挥到了极致，将组织完全扁平化，取消了所有的职位、上下级、管理层、正式会议，甚至连办公室都没有。员工就根据各自的职责在一起工作。

2008 年，彼得·艾斯托（Peter Aceto）就任荷兰国际集团加拿大直销银行的首席执行官，继承了库尔曼的衣钵。实际上，在位一年后，他就参考了菲利普·罗斯戴尔的做法，让员工来投票决定自己是否应当继续担任首席执行官。艾斯托也没有办公室，一直到现在，他都向内部公布尽可能多的公司业绩信息。通过这种做法，他鼓励了一种信任、分享、透明和开放的文化。在 2010 年获得多伦多“年度沟通者”称号的艾斯托被誉为“社交媒体首席执行官”，他甚至会亲自在周末答复顾客的问题。

荷兰国际集团加拿大直销银行在加拿大境内设置了 4 家“咖啡馆”（荷兰国际集团喜欢用这个词来称呼分行）。这几处地点就像是客户的接触点，人们可以与银行代表面对面地交流，也可以就坐在里面喝杯咖啡。库尔曼开设咖啡馆的初衷是留住顾客和建立品牌。不过，这些咖啡馆已经越来越多地成为人们为了钱的问题而聚会和讨论的地方。当地的社群团体甚至会在此开展 Twitter 线下见面会。

2010 年，荷兰国际集团邀请了 1 万名加拿大人参加一个测试小组，试用一款名为 THRiVE 的全新免费活期存款服务。小组的反馈信息帮助他们在正式发布之前对服务进行了改进，而在 2011 年，THRiVE 被国际市场研究机构 TNS Global 评为“年度金融产品”。

Scotiabank 在 2012 年 8 月收购了加拿大直销银行。现已更名为 Tangerine 的它依然是一家独立的公司，最高领导依然是艾斯托。

Tangerine 的员工仍旧保持着高度的员工自我管理。如果一场广告推广活动取得了成功，那么员工们就会本着蜂窝哲学再接再厉，那些有客户服务经验的人则都会涌入电话银行的服务中。每逢财政报告的时候，这些员工又可能会重新聚集起来完成需要的任务。真正的责任（公司的首席风险官承担财政责任）和灵活的工作团队两相结合让该组织左右逢源，如鱼得水。

结果如何呢？加拿大银行的每个员工平均拥有大约 250 名客户；而 Tangerine 的这个数据却高达 1 800 名，也就是 7 倍的增长。平均而言，加拿大银行的每位员工要管理 1 万美元的存款；而 Tangerine 的每位员工要处理 4 万美元，这也又是 4 倍的提高。

我们给 Tangerine 的指数商打分为 69 分，满分 84 分。

宏大变革目标	S	C	A	L	E	I	D	E	A	S
√		√			√	√		√	√	√

谷歌创投，近乎完美的指数型组织

2009 年 3 月，比尔·马里斯（Bill Maris）建立了谷歌创投（Google Ventures），这是谷歌自己的风投基金，当时的资本承担额为 1 亿美元。现在，5 年时间过去了，该公司已成为最活跃和成功的风投之一，包括合伙人在内，一共 60 名员工管理着 15 亿美元的资金。这已是指数级的变化了，在 5 年内实现了 15 倍的提高。谷歌创投已经完成 20 多桩成功的投资案，其回报率远远高出风投基金的市场平均水平。它是第一家成为顶尖创业公司投资者的公司风投基金。尽管技术公司为创业公司提供支持早就不是什么新鲜事了，但它们的投资分支向来都只有低得吓人的回报率，这主要是因为它们与母公司并没有真正地独立开来。

谷歌创投已向处于各种阶段、位于各种行业领域的 225 家公司进行了投资，其中包括优步、Nest、23andMe、Cloudera、Optimizely、TuneIn、Homejoy 和 High Fidelity 等崛起的明星。在取得了诸多成功后，谷歌创投于 2014 年开设了伦敦办公室，为投资欧洲的创业公司准备了 1 亿美元。

尽管谷歌是谷歌创投的资金提供方，但得到投资的公司并不一定要对谷歌有利。这就意味着这些公司会保持独立，可能被竞争对手收购。当然了，这一模式的不利因素就是，谷歌创投可能会一直让母公司守株待兔，等待可能的收购机会。实际上，当谷歌于 2014 年 1 月以 32 亿美元收购智能调温器和烟雾报警器生产商 Nest 时就是如此。但是，尽管这样的结果可能会令许多大型组织望而却步，但我们认为独立的好处要胜过偶尔的代价。

谷歌创投所提供的并不仅仅是金钱。除了提供设计服务（比传统设计商快 10 倍）之外，它还开展研讨会，让旗下公司的创业者和员工磨炼各自的产品管理或运营技能。该公司还会在市场营销、人才招募和工程方面提供帮助，而且往往会动用谷歌的庞大资源。

谷歌创投关键性的与众不同之处就是，利用数据分析和算法来评估交易的价值。该公司雇用了 7 位数据科学家，在决定投资的方向之前，他们会尽可能多地收集和分析数据。正如马里斯所说：“我们可以使用你能想象得到的世界上最大的数据库。我们的云计算基础设施也是最大的。凭直觉进行投资根本就是犯傻。”诸如红杉资本和 YC 创业营这样的公司正从中取经，并迅速改进自身。

需要注意的是，数据只是提供指导，并不能决策。和大部分风投公司一样，谷歌创投是看人投资的，而不是看产品。如果数据表明这家公司有很好的潜力，但创业团队在某方面不太靠谱，那么投资就泡汤了。该基金广泛采用了目标与关键成果评价法来跟踪旗下公司的进度，并充分运用了实时指标，也就是说，一切都是量化的。被投资的公司首先会通过谷歌创投的创业实验室学会这种思维方式。这一实验室是将孵化器、编程马拉松和合作工作空间结合于一体的私有项目。

为了寻找潜在的公司，谷歌创投还求助于谷歌的 5 万名员工。公司鼓励员工打听秘密的创业公司或创业者的消息；如果最终达成了投资，那么这位员工还能得到 1 万美元的“发现奖金”。除此之外，被投资的公司不仅可以随时向谷歌创投的合伙人讨教，而且还可以与特定的谷歌员工结对。实际上，这就是谷歌创投提供的最优越的条件之一：能接触世界上最优秀的工程师、科学家和技术的独一无二的机会。谷歌创投团队通过用户界面与谷歌员工和其他旗下公司的志同道合者保持联系。旗下公司的人才招聘也可以借助谷歌创投的能力，在谷歌每年新增的 100 万浩瀚的简历数据库中搜索。

和任何名副其实的指数型组织一样，谷歌创投也愿意颠覆自己。在 2014 年，它在 AngelList（将创业者与天使投资人匹配起来的类似克雷格列表的市场）上开展了一轮 2 800 万美元的融资。AngelList 推出了名为联合会的资助模式，名气较小的天使投资人可以将钱交给那些战绩显赫的投资人。这种模式本质上就是让有名气的投资人为具体交易建立迷你基金。不同寻常的是，这就让那些投资人成了谷歌创投的直接竞争对手，尤其是在占据其投资额半数的种子阶段的交易中。尽管如此，谷歌创投仍欣然接受竞争的可能，让公司坚定地站在克莱顿 · 克里斯坦森的创新者窘境的颠覆一面。

谷歌创投在 11 项指数型组织属性中实现了 10 项，而第 11 项宏大变革目标其实可以说是承袭了母公司的宏大变革目标。

我们给谷歌创投的指数商打分为 76 分，满分 84 分。

宏大变革目标	S	C	A	L	E	I	D	E	A	S
	√	√	√	√	√	√	√	√	√	√

与大众一同成长

2013 年 12 月，社交媒体策略师杰雷米·欧阳（Jeremiah Owyang）创立了一个名为 Crowd Companies 的行业集团。据欧阳所说，Crowd Companies 是一个“品牌议会”（brand council），其活动包括介绍创业公司、举办教学论坛和与相关创业公司联系（其中有许多指数型组织）。数十家著名品牌已经加入了该集团，欧阳认为，随着这一批利用全世界的大众力量的新公司的出现，最终会激发出协作经济。欧阳已找到了身处 6 个垂直市场中的 75 家基于大众的创业公司。Mesh Labs 将这一模式发挥到了更为细致的程度，它罗列出了 25 个大类中 9 000 家基于大众的创业公司。

这种对社交媒体的运用并非昙花一现。实际上，社交商业运动就代表了我们已经朝着由指数型组织组成的未来图景迈出了根本性的一步。目前，有 120 位商界领袖和 34 家《财富》500 强公司已经成了 Crowd Companies 的议会成员，而据欧阳称，有超过 80 个国际品牌已经进行过这些技术的实验了。

欧阳并不是唯一抱有这一想法的人，《即将到来的场景时代》（*Age of Context: Mobile, Sensors, Data and the Future of Privacy*）的合著者谢尔·伊斯雷尔（Shel Israel）最近发现，这种新的运动拥有许多这样的标签：共享经济（Sharing Economy）、网眼经济（Mesh Economy）、协作消费和协作经济。

在我们看来，指数型组织也是个这样的标签。但无论最终命名为何，大型组织可以且正在具备指数型组织属性已是不争的事实。实际上，在我们撰写此书时，就惊讶地发现这种变化势头十分迅猛。在我们开始起草本书时，它还只是个零散的理论，现在却已经引发了全球性的运动。每一个领域的大型组织都正在意识到，要想保持竞争力就必须抛弃历史的偏见，接受新的现实，要有意识地抛弃过时的商业策略（不管它们过去多么有效），换上更适合高速变化的世界的方法。

在过去4年里，墨西哥最大的拉丁语电视台Azteca的胡安·曼纽尔·罗兰（Juan Manuel Rowland）将Azteca的方法转移到了数字内容上。罗兰原本是负责将Azteca所有的短篇节目迁移到数字视频流上的顾问，但他在Azteca首席执行官马里奥·桑恩·罗曼（Mario San Román）鼓动下加入了公司，干起了一番大事业。罗兰注意到，尽管目前的流媒体节目为公司创造的收益极其有限，但YouTube上的拉丁明星视频却能收获数百万点击量。在按计划转移到组织边缘后，他买下了一幢大房子，招募了十几个年轻的YouTube爱好者，为他们布置了任务，让他们在名为ContenTV的新品牌名下发布视频。在自由自主的文化中，这些有幸在创新开放的空间中生活和工作的孩子们乐开了花，创作灵感也源源不断。在一年时间内，ContenTV的视频观看量已经是Azteca的10倍有余（瞧瞧，这就是指数型组织！）。到了第二年，罗兰和他的团队开发了商业模式，并组织了销售团队。在与旗舰品牌发生了一些发展中的摩擦后，ContenTV重新被Azteca收编，却依然保持独立的资产。通过这段经历，罗兰和罗曼正在将他们原来的理念运用到新的模式中去。

谁才能推动朝指数型组织转变的决策？在Azteca的案例中我们可以看到，答案是高级经理，像罗曼这样背负着企业最终命运的“首席”男男女女。他们很快就会体会到沉重的适应压力，并最终对其结果负责。而在最后一章中，我们将提供一些面向团队的建议。

11

“首席指数官”的诞生

通过组织的“指数化”改造，花旗银行的 3 项绩效指标得到重大改善，而所用的资源、时间和成本只有过去的 1 或 20。未来，CEO、CMO、CTO、CFO、CDO、CIO、COO、CLO、CHRO 等公司高管要么主动进行“指数化”，要么被动接受指数型竞争对手的挑战。CEO 这一职位将会被“首席指数官”所取代，并成为世界上最重要的工作岗位。

“指数化”的神奇力量

指数型组织的概念，即信息时代新的组织原理在几年前才刚刚诞生，目前正朝着最终形式演进着。本书的主要目的就是将商业竞争最前沿的信息传达给读者。

我们在本书开篇提到，此时此刻是这种革命的初次登台。事实上，商业变革在 20 世纪里就像设定的闹钟一样，几乎每 10 年就会发生一次，而每一次都是因为某种新的、重要的、带来全新可能技术的出现。因此，我们如今生活和工作其中的虚拟经济就是因 20 年前互联网的崛起而成为现实的，在最近这段时间里又受到了移动技术的影响。下面花旗的案例告诉我们，公司的高级管理层该如何面对这一未来。

花旗集团内部的指数型创新

利率是花旗集团投资银行面向市场的主要决策之一。花旗集团在全球范围内拥有数百名员工，有 50 多家独立子公司，年收益数十亿美元，不管从什么角度来看，这都是一个大型组织，而且看起来与颠覆性创新一点儿都不沾边。

花旗集团拥有许多非常杰出的人才，但他们身陷于浩瀚的数据洪流中（价格波动、经济消息、客户数据和新闻，等等），其数量远远超过了任何人类能够正常接收和分析的程度。该部门的全球主管、自诩为“数字人”（作为赫斯－加罗－墨顿利率框架的三位创立者之一而在金融界享有盛名）的安迪·墨顿（Andy Morton）一直相信，新一代的智能算法可以以指数速度改进组织的生产力。在 2014 年，他聘请了在计算市场技术方面有 12 年经验阿尔琼·维斯瓦纳坦（Arjun Viswanathan）来助其实现这一愿景。维斯瓦纳坦一直致力于利率期权交易的研究，他的任务是寻找一种有效获取和利用数据的方法。

维斯瓦纳坦在布达佩斯的 2013 年奇点峰会上首次接触了指数型组织的概念，他打算在花旗内部实施指数型组织策略。他和墨顿精心设计了这场实验：维斯瓦纳坦直接向墨顿汇报，并可以获取一切利率的资源和数据。他还受命建立一支由公司内其他资深人才组成的流动团队。他们可以按需获取相应的资源，并通过内部员工团体对应用场景进行测试和快速迭代。这些应用程序会非常简单、直观、有趣和虚拟，简而言之，它们在设计上就是为了尽快地将信息传达到员工的头脑中。人工智能、机器学习和数据分析法都得到了广泛运用，分担了人的思维负担。这一想法就是将正确的人才、资源和创意放在一起，等待某种神奇的事件自然发生。

确实有这样的神奇事件发生了。在短短 3 个月内，这种新方法就解决了好几个关键性问题，其中包括有关客户行为、市场运动和潜在经济消息的预测以及市场制度的分类。此外它还解决了一些在过去需要有多人团队花费一年甚至更长时间才能完成的繁杂问题。

而上面提到的所有问题，全都是在几周内解决的，而且所用的资源、时间和成本只有过去的1或20，这样的结果在过去简直是痴人说梦。他们已经将这一应用程序部署到了实际工作中，只要几秒钟就能解决那些过去要花好几天来处理，甚至根本就无法解答的问题。而且应用程序本身设计得非常美观，员工在使用时出现了意想不到的效果：它们让数据再一次变得有趣了起来。如今，这种范式正在花旗集团的其他角落中传播，其他部门都在研究是否能在自己的业务中开展类似的变革。

为什么这一新方法在利率部门里有这么好的效果呢？其成功来源于下面这些因素的紧密结合。

- 获得来自最高层级的项目支持。墨顿是一个愿意颠覆组织的有好奇心的睿智商业领袖。
- 依靠一个在相关领域和机器学习方面都有专业知识的协调人。
- 公司内部有良好的人际网络，大家能积极地让算法更多地取代人力的职责，并可以迅速地交换想法。
- 对指数型组织技术方法的理解和实施。

改变未来的突破性技术

如今，一波全新的革命性技术正在崭露头角：廉价的模拟传感器、比特币、3D打印、神经网络市场营销、人工智能、机器人学、纳米技术和大数据。而这些技术还只是一个前所未有的创新时代的排头兵罢了。它们不仅能改变公司组织和运营方式，而且它们确实那样做了。仅仅采用其中某一项新技术，我们的工作方式就必然会发生根本性的改变。特别是，这些技术在本质上会加快商业世界的节奏，而且这种加速并不是线性递增的，而是指数型递增的。和我们在过去半个世纪内的技术革命中所看到的东西相比，这种加速是史无前例的。

届时，我们都将会感受到这新的变化速度的惊人之处，而感受最早，最终也最深刻的，是公司的各种高管。这些包括首席执行官、首席营销官、首席技术官、首席财政官，以及最近出现的首席数据官，各种高管将会身处“指数化”（我们已经看到了，这对于任何一家老企业而言都是一项艰巨任务）或者应对来自新的指数型竞争对手威胁的巨大压力之下。他们在压力之下所做出的这些动态的决策很可能不仅会决定公司能否成功，而且决定了自身能否生存下来。虽然这并不是公司的高管们第一次面临技术或组织革命所带来的关乎存亡的挑战，但这一次，机遇的窗口将会是史上最狭窄的。你不能犹豫半刻，更没有反复思考的时间，必须尽快采取重要的战略行动。

因此，我们将利用最后一章专门讨论指数型高管们，这是注定将在新型经济中出现的新的领导者。在本章结束时，我们希望能解答下面这些问题。

- 哪些技术会对公司高管们带来最大影响？
- 哪些新的组织发展是指数型高管们必须跟踪和应对的？
- 随着技术的加速变化，指数型高管们在接下来的 5~10 年内会遇到哪些问题和麻烦？

我们首先会接触 5 个重要技术和一些能推动产业发生变化的一些元趋势（meta-trend）。接着我们会详细解释首席执行官、首席运营官、首席技术官和其他类型高管在不远的将来需要如何应对这些技术。

让我们先来看看这些变革性技术（见表 11-1，非常感谢奇点大学的教员，下面的许多想法都是他们提出和加以评论的）。

表 11-1　　潜在性突破性技术

技术	描述	影响
传感器和物联网	我们将目睹互联网连接设备的数量从现在的 80 亿跃升到 2020 年的 500 亿。一切事物都将嵌入传感器，不管是可穿戴设备、包装还是食品。	无限的计算能力（按照摩尔定律）和无限的存储能力，两者基本上都是免费的；量化的员工；AaaS（将分析化为服务）；通过 Arduino 之类的开发方式让硬件成为新的软件；基于互联产品的新商业模式。
人工智能、数据科学和分析法	无所不在地利用机器学习和深度学习算法来处理庞大的存储信息。	越来越多的商业决策将由算法推动；人工智能替代很大比例的知识工人；人工智能在组织数据中寻找规律；算法嵌入产品。
虚拟或增强现实	2~3 年内出现面向桌面的身临其境的 VR 技术。Oculus Rift、High Fidelity 和谷歌眼镜推动新的应用方法。	远程查看；身处中心的专家能服务于更多地区；新的应用领域；远程医疗。
比特币和数据区块	基于记录一切的分布式底账的无信赖关系、超低成本的安全交易。	数据区块成为信赖关系的引擎；大部分第三方验证功能都变为自动化（例如多签名合约、投票系统、审计方法）。微交易和新的支付系统变得无所不在。
神经网络反馈	利用反馈回路将人们思想的精度提高到一个新的等级。	能够测试和部署全新类型的应用（例如 focus@will）；集体创意应用；流动黑客；治疗辅助、压力减轻和睡眠改善。

这些技术会依次支持表 11-2 中 5 种可能出现的元趋势。

表 11-2　　5 种可能出现的元趋势

元趋势	内容与案例
完美的知识	凭借互联网（物联网）、传感器、近地轨道卫星系统和无穷无尽的传感器，用户可以在任何时间任何地点知道任何事情。
虚拟世界	菲利普·罗斯戴尔指出，好莱坞的特效会在 5 年后朝桌面迁移。《阿凡达》诞生已经 3 年了，将很快在 Oculus Rift[①]上得到实现。近乎完美的虚拟现实已快要浮出水面，届时会带来极度真实的体验，并改变零售、旅游和生活与工作的环境。
3D 打印	3D 打印（很快会升级到 4D）不仅会从根本上改变大规模制造业，而且会创造出全新种类的产品来取代传统的制造方法。Kinko 在本地 3D 打印任何东西的模式将会很快出现，该技术会对仓储和运输带来重大冲击。美国的制造业将会随着近期的进出口趋势的反转而得到复兴。

① 一种为电子游戏设计的头戴式显示器。——编者注

续前表

元趋势	内容与案例
颠覆支付系统	在 2012 年，Visa 和 MasterCard 信用卡仅在美国的消费总额就超过了 1.5 万亿美元。虽然支付系统和货币转移机制在数十年内都未曾发生变化，但随着 Square、贝宝与如今的 Clinkle 和比特币的出现，这一领域即将迎来一次重大的变革。其中一种形式将会随移动或社交钱包和无缝交易出现。第二种形式则诞生于微支付（很可能通过数据区块）。微交易的出现将会支撑起一个全新的商业模式。
自动驾驶汽车	在 2014 年 9 月，加利福尼亚州发出了第一块无人驾驶汽车的牌照。有人预计，一旦自动驾驶汽车的发展达到一个临界点，现有的道路容量将会增加 8~10 倍。拼车（ridesharing）就是迈向完全自动运输的一个中间步骤，它对社会的影响是最明显的，其中包括可持续性、城市规划（几乎不需要停车场）和减少交通设施。

值得注意的是，这其中大部分技术和趋势在 10 年前还是不存在的，在 30 年前更是找不到其中的任何一个。毫无疑问，随着技术的聚合和交叉推动，在接下来的短短 5 年内都可能会出现许多目前未知的技术和趋势。50 年来，围绕着摩尔定律的种种加速预言已经成真，我们现在正揭开它真正的意义。

需要强调的是，上面的表格只是那些加速技术中的一小部分而已。读者不妨重新看看第 8 章中详细介绍的 Innovation Partners Program 研究的结果，在 80 名《财富》500 强 CXO 里的数据。

- 在参加活动之前，75% 的 CXO 对加速技术知之甚少甚至一无所知。
- 在活动之后，80% 的参与者都认同技术和战略将会在两年内对他们所在的行业带来“改变游戏规则的冲击”，而且所有人都认同这一冲击会在 5 年之内发生。
- 所有的高管（即 100%）都在回到办公室后列出了一系列紧急行动项目。

请注意如上第二项。80% 的财富 500 强 CXO 都认同他们所在的行业会因颠覆性技术而在两年内发生改变游戏规则的变化。只需要两年时间。这短得可怜的时间正是让指数型组织彻夜不眠的原因，而地球上的每一个公司高管都将很快面临相同的命运。

接下来我们将把注意力放在 CXO 所面临的主要挑战，以及指数型技术会如何助其找到解决方案上。

CXO 的指数人生

CEO：首席执行官

对于任何类型的领导者而言，他们的职责正在从原先可预测的世界中经营公司，转变成在一个适应力和颠覆力成为更重要的竞争优势的世界中掌舵，这一点对首席执行官而言尤其适用。这会带来极大的变革机会，同时也伴随着巨大的压力，尤其是在涉及原有的业务时。

指数型首席执行官必须时时刻刻对突然杀出的颠覆性创业公司保持警惕，因为竞争并不仅仅来自目前的对手。在大部分行业里，最佳战略并不是与颠覆者对抗，而是与他们合作。因此，与指数型组织创业公司并肩作战是一个主要的优先战术。

表 11-3 展示了 CEO 的关键机会和影响与行动。

表 11-3　　CEO 的关键机会和影响与行动

关键机会	影响与行动
朝宏大变革目标迁移	改变或扩展你的品牌或者任务宣言，形成一个宏大变革目标，若想借助于社群，让团队的注意力放在外部，那么这一点是至关重要的。
宏大变革目标社群	在许多行业里，基于兴趣爱好的社群（例如量化自我、Maker Faire、DIYbio、TechShop、比特币）都正在迅速成长。加入它们，资助它们并从中学习，不要等竞争对手抢占先机。

续前表

关键机会	影响与行动
行业内的颠覆性指数型组织	正如马库斯·辛格尔斯在快速消费品领域所发现的那样，在每一个行业中都已经有数十家颠覆性指数型组织了。找到它们，然后与之合作、进行投资或者加以收购。
杠杆资产和随需随聘的员工	如果你拥有庞大的员工团队或资产基础，那么就应该策划一些朝随需随聘的员工和杠杆资产方向，以及利用社群与大众转变的战略，减少惯性和“老的”思维方式。这可以增强公司的新陈代谢能力和适应力。
基于信息的产品和服务	寻找完全基于信息的可扩张的新产品和服务。若眼下没有，那么就开发出来。
5 年计划之死	战略计划正在被由数据推动的可预测分析方法所取代，后者可以带来强有力的产品前景和目标（宏大变革目标）。我们已经越来越无法用过去来推演未来了。在组织边缘不断进行实验可以推动实时性的计划职能，朝周期为 1 年的计划转移。
外部创新	彼得·戴曼迪斯说过：“如果你单纯依赖公司的内部创新，那么你就已经死了。”寻找利用社群与大众来谋求创新的方法；调查合作创新和众包公司，让你的员工摆脱束缚。
探索新的商业模式	微支付会在原有产业中带来全新的商业模式。同样的道理也适用于 DIY 和 P2P 运动。最后，当数据成为新时代的石油时，许多商业模式都会从硬件转变为软件，最后转移到服务。
探索其他创新类型	大部分首席执行官都将创新视为产品创新。但此外还有过程创新、社交创新、组织创新、管理创新、商业模式创新，等等。技术和产品已经不再是创新的唯一驱动力了。
承认量化、数据和合理化的局限性	直觉、个人观念和第六感依然有一定的用武之地。因为未来在很大程度上都是不可预知的，所以大多数关键性的战略决策依然要依赖于直觉。第六感有时可以成为未知世界中的罗盘，尤其是在解决你所热衷的问题时。
自动化和衡量所有部门的工作流程	通过运用经过了 GitHub 或 GitLab 社交平台优化的自由代码或算法和大量可用数据，经典的流式或基于过程的模型将会被基于性能的模型所取代。

我们能为指数型首席执行官提供的最关键指导或许就是，要注意垂直信息

效应（Orthogonal Information Effect；简称 OIE），换句话说就是，注意看似关系不大的数据可能拥有的出乎意料的价值。还记得我们在第 1 章中说到的洗车行业的例子吗，由于天气预报更准确而导致利润发生了 50% 的下滑。这并不是什么特例。在目之能及之处，各个行业都正在因迄今为止都不为人所知的、由信息推动的变化而被重塑着，其中很多情况都是由于现在不断收集的新数据造成的。而且，我们从布宜诺斯艾利斯洗车行业中还学到了，尽管获取数据往往非常容易，但正确地解读却没这么简单。

例如，我们来看看 focus@will，它提供专门用来让人们进入“状态”、提高工作效率的串流音乐和声音。该网站目前的每位用户每次访问的使用时间平均高达 5 个小时！等到 focus@will 发展起来，它会影响的就不仅仅是一小撮想要改善学习习惯的人了。如果你是红牛、星巴克或其他任何咖啡种植公司的首席执行官，那么就要对这家不靠咖啡因提高注意力来改善服务的供应商保持警惕了。

每位首席执行官都应该考虑到自己公司的市场是否可能因临近领域的创新而遭到实质性的影响，这一点到今天已经愈发重要了。如果你没有关注垂直信息效应，那它们早晚会变成公司的麻烦。

CMO：首席营销官

市场营销职能在过去 10 年里已因移动技术和社交媒体的发展而遭到了严重颠覆。在接下来的几年里，这种颠覆还会以许多新的不同形式出现。

位于旧金山的公共关系公司 Shift Communications 的首席执行官、公关领域的思想领袖托德·蒂弗伦（Todd Defren）就曾谈到过其所在行业的一种分歧，这些代理商要么变成关注商标、游戏和品牌的视觉演绎者，要么成为帮忙管理客户的销售渠道的分析公司。

表 11-4 展示了 CMO 的关键机会和影响与行动。

表 11-4　　CMO 的关键机会和影响与行动

关键机会	影响与行动
产品个性化	根据个体客户完成产品和服务的个性化（正确的尺寸、品味、语言、行为数据、环境数据、传感器数据、交易数据乃至 DNA 或神经网络特性），神经网络市场营销不应该仅被用于衡量注意力、动机、意图、品牌和有效性，还应该成为在如娱乐、运动和饮食等领域的个性化方法。
用人工智能监控社交媒体	利用监控公司社交媒体的人工智能来按需提供帮助、信息、交流和个人辅助功能。在需要进一步行动时，人工智能还可以提醒相关人员。
实时仪表盘	实时聚合客户数据，从中获得对客户行为和情感的认识，实现产品和服务与客户之间的匹配（超针对性），并衡量新概念的需求程度。社交和移动媒体是时代精神，因此也是激发有效创新的导火索。
将社群变为销售力量	如果你能组织起一个社群，那么就可以让该社群变成组织的一股销售力量。这就要求你的宏大变革目标能逐渐将公司的整个生态系统都凝聚起来，让公司的宏大变革目标与所有外部社群的宏大变革目标保持一致。
销售商关系管理：意愿经济的延伸	客户关系管理（Custom Relationship Management, 简称 CRM）的时代已经终结，取而代之的是销售商关系管理（Vendor Relationship Management，简称 VRM），这个词最早出自哈佛大学的博士瑟尔斯（Doc Searls）。VRM 是意愿经济（intention economy）的一种延伸，VRM 带来了由客户推动的市场的终极形态（例如优步、BlaBlaCar）。消费者拥有自己的个人数据，实时地将需求和购买意愿告知云端的不同销售商。CRM 是由公司发起的，而 VRM 是由顾客发起的。
差异化实时定价模式	实时监控可以产生实时定价的体系，基于实时的需求让价格最大化（例如航班机票）。在这种交易中，人工智能的价值是极高的。
市场营销材料的众包在线市场	利用在线市场将电视商业广告（Tongal）、商标和标语（99 designs）或者任何市场营销技能（Freelancer）都外包出去。
公关和市场必须看得更长远，继而决定商业迷因	由于变化的步伐加快了，我们就必须展望更遥远的未来，寻找 meme 爆发的时机（预测计划）或者在更理想的情况下找到其初次发生的时间，发动对应的市场营销和公关行动。

续前表

关键机会	影响与行动
精益创业原型和测试	利用精益创业方法，通过高级的测试和原型制造模式，例如Google AdWords 和登录页面的 A 或 B 测试概念、零售商店群组测试中的社交媒体监控、神经网络反馈、客户发展调查、众筹，以及如 High Fidelity 这样的虚拟世界测试检验新的行动和新的产品测试和验证商业假设。总而言之：在市场营销中采取由数据驱动的持续性的测试方法。
新的收益模式	顺应“重使用轻拥有”的潮流，更多地采取订阅方式而非一次性购买；增强产品之间的联系，形成连续性和循环经济（Circular Economy）；更多地采用免费品模式（免费加付费，例如“试用广告”）和新的收费模式，例如应用程序接口收费、平台许可、联合会费和虚拟商品。

CFO：首席财务官

财务这个职能尽管在历史上一直非常保守且小心，但也将会面临各种技术的根本性颠覆，其中包括人工智能（深度学习）、传感器和比特币（尤其是其背后的数据区块协议）。

表 11-5 展示了 CFO 的关键机会和影响与行动。

表 11-5　　CFO 的关键机会和影响与行动

关键机会	影响与行动
人工智能会计	自动 A 或 P、A 或 R 软件实现的自动提示和支付、自动税务管理以及监视交易流中不当行为的人工智能。
没有界限的税收	政府正在对避税港采取行动，后者在接下来的时间里可能会持续受到严密的监管。
数字支付解决方案	已经有超过 6 万家商户接受比特币支付，我们预计，在 2014 年年末华尔街将会受到影响，到 2016 年比特币则极有可能成为主流。Square 和贝宝不断壮大的影响力也在推波助澜。微支付会推动需要处理、跟踪和监管的交易数量以数量级陡然提高。

续前表

关键机会	影响与行动
众筹或众贷	利用大众为产品或服务筹集资金的新方法（例如天使投资、古斯汀、Kickstarter、和借贷俱乐部），尤其是在证明产品或服务的市场需求的时候。
现金流测量	折扣现金流（Discounted Cash Flows）将会被期权理论（Options Theory）取代，后者为更受欢迎的机制。

在金融界的战场上正在发生一场整体性的解体，而数字支付领域则率先做好了变革的准备。Quicken 和 Quickbooks 都对传统会计公司带来了巨大的冲击。现在，类似于面向个人金融的 Mint，Wave Accounting 提供了 100% 免费的小公司会计服务，而它真正的商业模式是挖掘埋藏在这些交易中的数据。当我们把眼光放得更长远些，就会看到持续蔓延开来的比特币现象。我们所知的最机智的 5 家风投都正在各自建立或投资 15~20 家比特币公司。这些投资必然会带来难以想象的颠覆力。实际上，伊斯梅尔认为比特币是我们讨论到现在最重大的一项技术推动者。

因此，顶尖的比特币投资人布洛克 · 皮尔斯（Brock Pierce）是这样描述的：如果说互联网是开放交流的一种媒介——我们费尽心机尝试在它的基础上增加一个安全交易的层次——那么数据区块本身就是一种超低成本的安全且可靠的交易的基础设施，支持各种各样的应用方式（货币只是其中之一）。

要知道，现代世界中的绝大多数东西都在交易，无论是其中最明显的交流、社会合约或者商务。例如，在基于数据区块的会计系统中，整个审计职能都将不复存在。

CTO 或 CIO：首席技术官或首席信息官

在过去，首席技术官基本上只做两件事：管理大型软件包和服务，确保只有得到官方许可的设备能够在组织内运作。现在他们还需要处理越来越多事情，需要面对在任何地点都能拥有电子访问渠道的员工团队带进来的设备、技术、服务和传感器。这将会增加黑客入侵和其他安全问题，而这些都是设立首席技术官或首席信息官职位的主要目的之一。

美国中央情报局的未来学家马克·古德曼（Marc Goodman）估计，被 IT 部门侦测到的公司安全入侵只占总数的 6%。古德曼建议首席信息官们建立红色行动（Red Ops）团队，在外部特工利用隐藏的漏洞之前先找到他们。他还指出了一项研究结果，称如果你把一只优盘落在了办公地点的停车场里，那么有 60% 的员工都会把它插在自己的公司电脑里查看里面有些什么东西（这就立刻降低了安全性）。如果在优盘上正好还印有公司的商标（这种宣传策略早就泛滥成灾了），那么偷看内容的人数比例就会增加到可怕的 90%。

你们公司的首席信息官是否下达了优盘禁令，并且反反复复警告所有员工这其中的危险性呢？（更不用说那些承包商了，他们就像潜在的爱德华·斯诺登，伺机偷窥你们的账单。）

表 11-6 展示了 CTO 或 CIO 的关键机会和影响与行动。

表 11-6　CTO 或 CIO 的关键机会和影响与行动

关键机会	影响与行动
BYOx	将你自己的设备、技术、服务和传感器带到公司里，带来更多的数据并导致更多的可能性和创造力。
云访问	随时随地访问社交技术、数据和服务（云访问）。
人工智能辅助	用人工智能管理预约、计划、信息、帮助等。如 Google Now、Waston、Siri 等。
大数据安全	世界正在迅速地数字化，这也使其成为黑客的目标，带来了安全威胁的爆炸式增长。对此，我们就需要大数据解决方案（如帕兰提尔）检测非法入侵，保障数据安全。
量子计算和安全	利用量子计算强化安保（反其道而行之，用安全量子加密来解码加密内容）。

续前表

关键机会	影响与行动
法律	许多行业（包括银行、机械和法律）都规定必须将客户信息限制在企业内部，不能从企业的服务器中流出去。上面提到的这些技术发展会对这一要求带来极大的、乃至无法抵挡的压力。

首席技术官或首席信息官需要在不影响组织安全性的情况下实现员工团队的个性化（应该包括最前沿的技术和服务），但这可谓是难于登天。在世界范围内，如今的首席信息官职位可能已成为最具挑战性的公司高管了。举个例子：像企业资源计划系统这样的大规模软件部署正在一定程度上被通过开放应用程序接口与其他软件组成平行联盟的专门的 SaaS 创业公司所取代。随着指数型组织的规模发展到传统边界之外，集成和数据转移的做法将会发生爆炸性的增加，这也让错误跟踪变得愈加困难了。

CDO：首席数据官

Birst 联合创始人兼主席、《福布斯》专栏作家布拉德·彼得斯（Brad Peters）将首席数据官定义为最新的首席职位。我们已经在本书中反复提到了数据：数十亿个传感器制造出供算法使用的数据、大数据解决方案、由数据推动的决策和价值指标。现在所有组织都急须管理并利用好一切数据，且保证不会泄露隐私或触犯安全法规和违背客户信赖。

在组织内部，首席信息官同时还得更多地管理愈加庞大的信息基础设施。因此，这些新产生的数据的管理工作就落到了市场营销部门的头上，但这一任务最多也就只是个次级活动罢了。于是就有了首席数据官的必要，其主要工作就是管理数据、寻找其中可利用的信息，然后迅速、安全并有效地将其运用到组织中的每一个参与者身上。

表 11-7 展示了 CDO 的关键机会和影响与行动。

表 11-7　　CDO 的关键机会和影响与行动

关键机会	影响与行动
外界因素推动的 IT	利用外部社群（开发者）和合作（创业公司、SaaS、公司）获得新服务或产品和开放应用程序接口（重组数据库、开源标准）的开放平台并提供自己的元数据（访问、重组）。
商业知识（Business intelligence, BI）	数据管理系统使用方法论、过程、架构和技术，将原始数据转变成有意义且有用的商业信息（更有效的战略、战术和运营的观念和决策）。关键的启发是：如果你的运营环境具有高度的不确定性，那么就要将其简化（不要有太多变量）；如果运营环境是可预测的，那么就让它变得复杂（使用更多的变量来管理商业知识）。
重新安排顾客数据的所有权	顾客将拥有他们自己的数据（例如个人或关系网络），并对那些有权接收这些信息的对象提供部分的访问权（针对有益的服务）。

首席数据官是一个相对新兴的执行官职位，但我们认为这是任何一个指数型成长的组织必不可少的组成部分。大数据解决方案（尤其是机器学习和深度学习）、数据管理系统和仪表盘可以有效地改进实时数据收集、排列、过滤和重组，以及创造更个性化、更有效的组织。

CIO：首席创新官

请看清楚下面的区别：这个 CIO，即首席创新官与我们常见的 CIO，即首席信息官是不同的。后者管理企业的 IT 机构，而前者管理公司的创新开发。创新是发展可持续的指数型组织的关键所在。现在的首席创新官比过去任何时候都更需要依赖于外部资源，才能跟得上快速发展的变化步伐。其关键是利用整个由宏大变革目标推动并由社群、黑客空间、黑客、开发者、艺术家、创业公司和公司组成的生态系统。

表 11-8 展示了 CIO 的关键机会和影响与行动。

表 11-8 CIO 的关键机会和影响与行动

关键机会	影响和行动
开源研发	利用社群与大众进行研发和产品开发（例如 Quirky），以及集体知识和黑客空间的资产，例如 TechShop 和 BioCurious（可利用的资产 JIT 供应）。
利用 M&A	投资、合作或收购创业公司或公司，并利用它们实现研发和产品开发（大公司成为投资基金）。
VRM 研发	基于一个意图或者想法，让社群来推动完全自动化的研发和产品开发过程（集体目标），就像销售中的 VRM 一样。
刺激大脑的构思能力	利用大脑刺激技术（tDCS、TMS、tACS）和混合学习（大脑直接与云端连接）来改进构思能力并增强素质（最优的大脑状态：流式黑客、减轻或缓解压力、加速思考、改善工作和学习的记忆力）。这是一个迅速成为现实的未来主义的概念。
虚拟现实测试	运用虚拟世界来测试、原型开发、实验和学习，比如菲利普·罗斯戴尔的高保真平台。利用像 Oculus Rift 这样的工具来提供直觉化的功能、Gravity Sketch 平板电脑进行设计，而体感控制则用于交互。颠覆性的 3D 打印机的出现可以通过手势用户界面在虚拟世界中进行测试。
基于约束的设计（人工智能）	让人工智能在特定的约束内设计创新方案。

首席创新官比其他任何首席玩家都更需要深入学习许多指数型技术。首席创新官需要在内部和外部同时刺激创新过程，尤其是在保持统一和同步这两方面。他还必须鼓励冒险精神，容忍失败。

COO：首席运营官

作为组织心脏的首席运营官的职责就是让事情能完成。首席运营官必须考虑到安全和隐私风险、去中心化、本地化和杠杆资产的发展趋势，因为它们每一个都会对组织带来极大的影响。和数字产品相比，在处理实体产品时，由于纳米技术、3D 和 4D 打印、传感器、人工智能、机器人和无人机的高速发展，技术会对生产和供应链带来更大的冲击。

表 11-9 展示了 COO 的关键机会和影响与行动。

表 11-9　　COO 的关键机会和影响与行动

关键机会	影响与行动
去中心化或外包生产	数字生产和生产步骤的分解，让公司腾出精力专注于核心竞争力（客户关系、研发、设计和市场营销）。通过利用 OEM（例如 PCH International、Flextronics、富士康）或者 3D 打印机、机器人和纳米技术或堆栈（参考特斯拉）来完成。
可回收利用的材料或循环经济	生产材料可以被循环再利用多次。通过系统化的原材料分解方法将废弃产品变废为宝。这可以对上面的去中心化的生产模式提供辅助。利用生物纳米合成和纳米纤维制造生物可降解的包装。
纳米材料和纳米制造	制造和使用通过工程控制的原子和分子制成的材料（例如石墨烯和卡拜），按照具体的形状、大小、表面性质和化学性质设计，从而增强活性、强度和电特性。Materials Project 是一个开源的材料及属性的数据库。
3D 和 4D 打印	现场自组装的产品；快速原型开发和修复服务。
人工智能生产监控	利用传感器数据、算法和人工智能来检测出生产中的早期不良问题，在产品进入市场之前就解决掉，从而大幅降低维修、回收和召回的成本。
可定制可编程的机器人	可以轻易编程和定制的制造用机器人，帮助工人或者代替他们进行重复性的繁重任务（例如 Baxter、Unbounded Robotics、Otherlab）。
可持续性生产和后勤	由机器人运输、传感器、人工智能、柔性太阳能板和钙钛太阳能电池带动更绿色环保、更自给自足的生产。纳米材料（石墨烯）可以被添加到建筑、汽车、机器和设备中。后勤的改革（道路、水路和空中运输）。
自治的运输和配送	利用员工自我管理的载具（例如谷歌的自动驾驶汽车）和无人机（例如 Matternet）进行物资和产品的运输和配送，尤其是在偏远地区。
完整的供应链跟踪或监控	物联网的传感器可以用于监控整个供应链。可以监控大部分物体的位置、状态、存储和安全（化学物质跟踪、污染、生活质量）。

续前表

关键机会	影响与行动
生物生产	生物学具有一种独特的性质，那就是它是可以创造出自身硬件的软件。将基于生物的材料和合成生物学当作生产的第二选择。生物生产目前还无法规模化，但在中期以内一定会改变目前的生产方法。

值得注意的是，长距离运输的需求将会随着本地化生产和不断发展的循环经济（回收利用）而逐渐减少。越来越多的产品会通过本地合作伙伴（杠杆资产）、3D 打印机和高度可定制的机器人所带来的廉价的劳动力实现现场生产。由于客户往往希望能在做出决定的时候立刻获得所需的产品，所以他们就会更多地接受本地组装的产品，其原因有二：道德（工作和可持续性）和实用性（更低的配送费用、更好的客户服务等）。美国人现在的每一餐平均都要翻山过海 2 500 公里才能被摆上餐桌，但本地农场和技术，例如垂直农场，可以且将会将这个数字大幅度减小（例如，目前新加坡在售的 7% 的蔬菜都是垂直农场培养的）。

CHRO：首席人力资源管理官

指数型技术的加速步伐也不会放过人力资源的领域。生物技术（员工的 DNA 档案）、神经技术（员工的神经档案）、传感器和大数据（量化的员工）的发展会为劳动力的观念带来前所未有的变化。在招聘方法、协作和员工发展变得愈加数字化的时候，我们也看到了其中的一些变化。

这些都很可能会给招聘和团队领导带来一些未知的、惊奇的变化。例如，谷歌最近发现，它最好的员工并不是常春藤名校毕业生，而是经历过人生中的大低谷，并能将其转变成成长的经验的年轻人。据谷歌称，严重的个人损失会塑造更谦逊更懂得倾听和学习的员工。最后，学习速率将会成为衡量个人、团队乃至于创业公司的一项主流指标。

表 11-10 展示了 CHRO 的关键机会和影响与行动。

表 11-10　　CHRO 的关键机会和影响与行动

关键机会	影响与行动
数字求职面试和会议	求职面试和协作将会利用视频（Skype）、远程交流（Double Robotics）或虚拟现实（Oculus Rift 或 High Fidelity）的虚拟会议，并在扩充全球范围的随需随聘的员工团队时用于评测。社交网络技能的重要性会增强，并且更注重实习和对现实世界技能的测试。
雇用能提出正确问题的员工	我们正在步入一个开放数据、开放应用程序接口，甚至于开放源（深度学习）算法的世界。如果这一切都是开放的，那么什么东西才是独一无二的呢？虽然机器（人工智能）擅长提供答案，但是人类更擅长提出正确的问题。人力资源的政策将会关注于那些能够提出问题的人，并营造更尊重问题、观念、艺术和文化的环境。
根据潜力来雇用，而不是履历或简历	由于变化正在加速，工作经验的重要性将会降低。候选人的潜力将比 IQ、技能或竞争力更为重要。潜力可以根据内在的动机、目标（与宏大变革目标相符）、交际能力、决心、好奇心、眼界和风险识别能力（统计）来衡量。它也涉及学习或遗忘和适应力。将来，这些工具还会被用在随需随聘的员工（例如 Tongal）与社群与大众上。
DNA 或神经招聘和团队构成	根据 DNA 档案（根据特定的荷尔蒙、神经传递素和健康风险来决定是否适合职位）和神经档案（正确的态度、情感、注意力、诚实度、热情、没有认知偏颇）决定招聘和团队构成。人工智能会推荐哪些人应该在一起工作，以及如何针对不同的任务组织团队。
同行学习和教学	像 MIT 和法国的 Ecole 42 这样的编程软件学院并没有教员，它们依赖于同行学习；这样的机构的性价比是极高的。人力资源可以复制这种模式，在员工之间实现更好的知识创造和技能传递。
P2P 声望系统	通过社群衡量内部和外部的声望（Mode、GitHub、LoveMachine、Klout、领英等等）。
个人发展仪表盘和宏大变革目标适应	数据分析、认真的游戏和员工团队发展预测组成的仪表盘，其中包括目标与关键成果评价法、意料之外的收获和学习关键业绩指标、绩效报告、P2P 声望系统、MOOC 等。利用大数据寻找不正常的情况，包括同事的旁观评价。利用游戏化强化参与，并衡量或跟踪与公司宏大变革目标的契合程度。

续前表

关键机会	影响与行动
量化的员工或团队	员工和团队的健康监控可以根据身体健康（疲劳、注意力、运动、休息和放松）提供一些可操作的信息，从而帮助避免差错、压力、生产力降低和过劳。员工的 DNA、生物群落和生物标志可以用于尽可能降低健康风险，帮助抵抗流感等等。
神经增强	用神经技术改善情绪、员工素质（加速学习、注意力、阅读、睡眠、精神状态、避免认知偏颇）并帮助对抗社交恐惧症（对于参与或联系的紧张和恐惧）。对员工的精神健康有帮助的工具和服务，例如 Happify 和 ThriveOn。与传感器结合，通过这些工具可以学习健康、抵抗力和其他核心的生活技能；它们还能衡量压力。

目前应用仍仅限于 Oculus Rift 和谷歌眼镜的虚拟现实（VR）产生了许多面向未来的创意，例如 High Fidelity，它不仅会对招聘和协作带来深远影响，而且有颠覆我们今日所知工作的潜力。比如我们可以在实验中借助于 VR，在用 3D 打印机创作原型之前就让顾客对产品进行虚拟的测试。在新的时代中，人力资源的关键作用不只是有效地管理核心 FTE，而且还要应付更广大的随需随聘的员工（和众包的输入），这一切现在都已经发展到了全球化的尺度。管理指数型组织属性中的用户界面和随需随聘的员工将会成为人力资源职能的关键新需求。

CLO：首席法律官

指数型组织革命为法律职能树立了一系列新的障碍，让 CLO 成为了既激动人心又压力重重的职位。法律系统是社会价值的集体容器，因此与快速前进的发展往往是水火不容的。这一系统如今正承受着前所未有的强大压力，而这就引出了伊斯梅尔最爱的问题之一：法规和法律框架如何应对我们都难以追赶的加速技术？不过，无论这些障碍有多么困难，CLO 都不可能守株待兔，等待这些问题自动解决。虽然指数型法律部门的名号听起来有点儿自相矛盾，但实际情况可不一定是这样。

表 11-11 展示了 CLO 的关键机会和影响与行动。

表 11-11 CLO 的关键机会和影响与行动

关键机会	影响与行动
碎片化的 IP	由于新开发和设备的加速，IP 的相关性会越来越大，从而导致碎片化的 IP（小部分的专利）。
开源专利	就像特斯拉开放电动车专利一样，开源 IP 可以创造出更庞大的创意生态系统，而你的组织一般而言都将处于其中心位置。它将带来近水楼台的竞争和来自内部的创新。
降低 IP 相关性	在加速世界中，等到你走完了专利申请程序，它已经过时了。
提高 IP 保险	保护 IP 侵权的正规化结构。
智能合约	以代码形式嵌入的法律条款；结果和后果的即时激活；个性化的法律系统。
流体法律合约	灵活的实时的法律合约，不断适应新的数据、状态和观念（例如目前的 SCRUM 合约，但还要更高级一点）。

由于新兴的指数型技术，知识产权、隐私和产权法律以及契约机制将会在未来发生变化已是越来越明显的趋势。我们对于法规框架对此会作何反应非常感兴趣。预计任何采用眼光开放的法规环境的地区或国家都会给指数型组织带来很大的竞争优势。

首席指数官，全世界最重要的工作岗位

读到这里，大家应该能很明显地看到，对于全球范围内的大型组织而言，高级管理职位的重大变革已是蓄势待发。当多种变革性的技术在无数交点发生聚合时，现有的公司高管们毫无疑问会面临极大的压力。而我们之前也说过，受这一冲击影响最深的地方就是首席执行官的办公室。没错，在 10 年以内，首席执行官这个职位很可能会发生一次彻底的革命，并换上一个全新的头衔：首席指数官。

CXO万岁！祝这些杰出的人好运。因为在我们踏入指数型组织的时代时，CXO（当然还有我们中的其余人）都会进入一场狂野、可怕，但最终令人愉快的旅程。

指数型组织，彻底改变我们的工作和生活

指数型组织，互联网时代的行动哲学

在这场旅途的起点，我们问了自己两个关键的问题：指数型组织真的是趋势吗？如果是的话，会持续多久呢？换种问法，指数型组织范式是可持续的还是昙花一现呢？

表 12-1 列出了一些顶级指数型组织在 2011—2014 年的市场份额（从我们刚开始策划本书的时候）。我们相信看了这些数据上面这些问题的答案就不言自明了。

表 12-1　顶级指数型组织的增长速度

公司	年龄（年）	2011 年的价值（亿美元）	2014 年的价值（亿美元）	增长（倍）
海尔	30	190	600	3
维尔福	18	15	45	3
谷歌	17	1 500	4 000	2.5
优步	7	20	170	8.5
爱彼迎	6	20	100	5
Github	6	5	70	14
Waze	6	0.25	10	50
Quirky	5	0.5	20	40
阅后即焚	3	0	100	10 000

瞧瞧 30 个月带来的变化有多大吧。尽管还是一个快速演变中的相对新兴的范式，但指数型组织毫无疑问会给我们留下一段深刻的印象，用商业创新者尼洛弗尔·麦钱特的话来说就是“800 盎司的大猩猩”。运用 SCALE 属性可以让指数型组织扩展自身，超出传统的界限，而 IDEAS 属性则可以帮助它们保持控制力和一定程度的秩序。实际上，我们面前就有如亚马逊、Facebook 和谷歌这样的全面实施 IDEAS 属性后实现惊人发展的公司：它们实现了扁平化。通过由数据推动的客观的决策（实验）、自我管理的团队（自治、不变的共有认识（社交）和仪表盘，团队就可以专注于最终结果，而不是内部政治上了。

对于现有的组织而言，第 10 章中关于花旗集团例子就说明了，当你将指数型组织思维方式带入现有组织中的时候可以形成多么大的冲击。德勤加拿大分部的合伙人，拥有令人艳羡的“颠覆领袖”称号的伊安·张（Ian Chan）已经组成了一支团队，帮助客户实施指数型组织策略。

这种绝佳的表现和可扩展性要么来自于用信息服务统治新兴市场，要么来自于降低供应成本和几乎完全去掉收益或成本等式中的分母来击败原有的市场对手。

下面再说一个明确的案例：在 1979 年，通用汽车雇用了 84 万名员工，营业收入为 110 亿美元（按照 2012 年的美元价值计算）。现在，我们将通用汽车与谷歌对比一下，后者在 2012 年雇用了 3.8 万名员工（不到通用汽车在 1979 年劳动力的 5%），营业收入则为 140 亿美元（相当于通用汽车的 120%）。基于信息的环境能带来多么巨大的差异啊！

因此，既然我们知道指数型组织会成为趋势，那么就应该考虑这几个问题了：指数型组织会在整体经济中造成多深的影响？多少行业和市场会遭到颠覆？多少原有的（目前）成功的公司会在指数型的竞争对手面前黯然离场？最终，指数型组织经济会如何改变我们生活和工作的方式？

除了上述组织所实现的非同寻常的财政成就之外，我们还对它们在系统性实施每一项指数型组织属性（宏大变革目标、SCALE 和 IDEAS）时的组织成就进行了跟踪。在这一过程中，我们认识到，指数型组织的最佳类比就是互联网本身。互联网是一个分布式的、去中心化的架构，边缘有许多开放的标准和创新。具有指数型组织属性的创业公司也拥有与之对应的一套特性。在 20 年的前沿创新之后，互联网现已成为几乎所有创新的基础。当企业朝指数型方向发展时，我们相信借助于开放应用程序接口的社群，它们也会变成分布式的、去中心化的平台。我们还认为，它们会平衡地运用开放和私有的数据，并鼓励在边缘不断发生颠覆性的创新。

就像互联网通信让成本降到了接近零点一样，我们预计在组织结构愈发信息化、分布化的同时，内部的组织和执行方面的成本也会降到接近零点。最终，在有了如此低廉的执行成本时，我们预期的组织设计上的寒武纪大爆发将会发生，即从基于社群的结构到虚拟组织的一切都会变成小型的、敏捷的和可扩张的。

还有一个事实也正变得日益明显，那就是指数型组织范式和互联网一样，并不仅仅是针对商业的。它也可以被轻易应用到各种类型的企业和组织中去，不管是学术的、非营利的还是政府的。简而言之，它并不只是一个商务体系，还是一种行为哲学。

例如，指数型的政府会是什么样的呢？企业家、技术战略师安德鲁 · 雷西认为，政府应该成为公民活动的平台。Relationship Expedition（REX）的创始人杰瑞 · 米哈尔斯基（Jerry Michalski）指出，政府的真正任务应该是管理公共之物，即属于社会中所有成员的自然文化资源。而通过由宏大变革目标推动的社群来处理这样的系统会比那些被选举出来的、容易腐败的、动机往往很可疑的官员更为有效。

说实话，从正确的角度来说，传统的代表性政府可被看作一个雏形版本的指数型组织。也就是说，它有宏大变革目标（其国家或地区）、利用社群与大众（税收就等于强制的众筹）、去中心化、收集和利用数据与思想、将社会放在第一位（理论上是这样）、运用参与方法（市政学和选举），而且拥有广泛的资产（公共土地）和随需随聘的员工（武装力量和预备役）。

因此，真正的问题并不是政府能否成为指数型组织（因为如果不那么严格的话，它们可以说已经是指数型组织了），而是它们能否完成自己的使命，成为真正的、功能完备的、由技术推动的、表现优秀的现代指数型组织？实际上，这正是我们真正应该扪心自问的：这样的政府应该是什么样子的？

让政府完成这一使命的机会当然是存在的。实际上，已经有几个具有指数型组织风格的政府体系被成功实现了。直至最近，要想在美国西部建造一个风轮机，你就需要走超过 6 个月时间的流程才能获得政府的批准。人们必须查阅当地地图和市政地图，确认供水主干道和电力及电话线路，并且还要考虑到附近的住宅和航空路径。每个项目的方方面面都需要按部就班地得到认可。到最后，无一例外已丧失热情的卖家就会将这些信息都录入 GIS 系统，将控制权转交给政府。但现在的系统可以在 20 秒内批准一块新的地皮，如果原定区域不满足条件，还会提供一系列备选方案。这几乎让这一过程的耗时缩短了数百万倍，而且全程都无须花费多少精力。

在英国也可以找到在政府组织内成功实行指数型组织策略的例子。政府数字化服务（Government Digital Service）主管迈克·布拉肯（Mike Bracken）就按照指数型组织的方式管理着自己的部门。不断地在用户中间进行实验、快速迭代、以市民为中心的设计和 GitHub 仓库的运用让该部门最新的应用得到了 90% 的认可率。

除政府外，我们认为指数型组织原理也会让其他象牙塔般的领域发生变化。比如科学研究就是一例，堪称荒诞的是，这一领域依然坚守着“要么发表要么淘汰”的古老信条。

“丰富的发表记录是获取高额资助的关键。”与 Modern Meadow 合作的生物技术执行官，对该问题进行了长期研究的莎拉 · 斯科拉希克（Sarah Sclarsic）这样说道。不过，问题出在顶尖的科学期刊更偏爱拥有正相关性发现的轰动性研究。因此，她表示，这就促使科学家们致力于产生这样的轰动成果，而不管其中的科学意义有多大。斯科拉希克发现，安进公司（Amgen）的研究人员最近在尝试重现 53 篇里程碑式癌症论文的结果时，只能证实其中的 6 篇（11%）。“这种（对发表）的偏颇会颠覆科学核心的开放质疑和客观性，而这对于科学进步而言是极其重要的。”

好在像 figshare 和公共科学图书馆（Public Library of Science，简称 PLOS）这样的新兴潮流正在颠覆这一学术结构。一家名为 Researchgate 的指数型组织是一个基于社群的开放网站，研究人员可以在上面发表任何结果，而且已有大批科学家和研究人员涌入其中。如今已壮大到超过 500 万人的 ResearchGate 社群可能就足以让科学和技术的进步速度提高好几个数量级。

职业和经济

当我们走入指数型组织环境时，还要补充一些同样重要的问题：指数型组织世界会产生什么类型的经济？当我们将信息运用到越来越多的过程和产品中时会发生什么？

如果要描画一幅信息化世界的图景，那么你一定会得到这样一个经典的反乌托邦画面：机器人和其他形式的人工智能会让我们全部失业，于是就发生了危机和社会混乱的大崩溃。技术对经济产生的效应早已不是什么新鲜话题了。19 世纪 70 年代的 McCormick 收割机、20 世纪初期的组装生产线、20 世纪 50 年代的计算机——这些都是我们耳熟能详的例子。马克 · 安德森指出，机器人让我们失业的观点最早出现在 1964 年，其背后的理论和产生的恐慌与我们今天在媒体上看到的别无二致。在最近一次与伊斯梅尔的讨论中，著名经济学家约翰·莫尔丁（John Mauldin）表示，在对零和博弈的怀疑方面，他与安德森站在同一战线。他反过来坚信，经济会发生简单的扩张，将那些过去无法想象的活动包含进去。不过，莫尔丁也认为，在更庞大的经济层面上，存在两股对立的力量，这一状况至少会在短期内持续下去：一方面是政府在养老、医保等方面做出非可持续性的承诺，另一方面则是由技术带动的生产力的提高。

莫尔丁对那些喜欢将均衡假设当作前提来评估经济的经济学家们提出了批评，指出他们几乎从来不曾认识到信息革命对这一均衡所带来的不可避免的颠覆。正如W. 布莱恩·阿瑟（W. Brian Arthur）[①]所说："复杂经济学是思考经济的一种不同的方法。它不是将经济视为均衡的系统，而是一个运动着的、永恒地'计算'自身的系统，即永恒地重塑新的自己。均衡经济学强调的是秩序、确定性、推演和停滞，而这种新框架强调的是偶然、不确定性、因果和对于变化的开放性。到目前为止，经济学依然是门基于名词的科学，而不是基于动词的科学。"

我们对安德森和莫尔丁乐观的世界观非常赞同。例如，在1980年，全美手工酿酒者的数量仅为92家。当我们的合著者迈克尔·马隆的父亲在撰写有关20世纪80年代啤酒产业的文章时，这些"业余爱好"酿酒者在人们的眼中也只是新潮事物而已，他们无法维持稳定的品质，目标受众也很小。后来，随着技术让成本逐渐降低，这一行业开始朝每一个人敞开了大门，业余爱好者和小型酿酒作坊突然之间就转向了越发复杂的高品质微型酿酒作坊。到现在，美国的微型酿酒作坊数量已接近3 000家，达到了一个多世纪来的最高点。而这些作坊在全国范围内创造了11万个职位。

考夫曼基金会在2010年进行的一项研究发现，在过去的40年里，大公司创造的新职位净值为零。相反，100%的新职位来自于创业公司和创业者。在

① 复杂性科学奠基人、首屈一指的技术思想家、"熊彼特奖"得主。其技术理论体系的先河之作《技术的本质》中文简体字版已由湛庐文化策划、浙江人民出版社出版。——编者注

跟踪研究了由戴尔·多尔蒂(Dale Dougherty)开创的大受欢迎的创客运动(Maker Movement) 后，Grommet 也得出了类似的结果，称小型公司从 1990 年开始创造了 8 000 万个新职位，而大公司却减少了 400 万个职位。

正如我们在第 5 章中所说，技术的大众化让个人和小型团队能大胆追求自己的梦想，不管是无人机也好，DNA 合成也好还是啤酒也好。我们认为借助于加速技术的宏大变革目标社群可以创造出大量新的经济机遇，并期望看到在不远的将来诞生丰富多彩的新职业，不过，它们与我们现在的工作会截然不同。我们可能很快就会互问这样的问题："你现在在做什么？" 而不是 "你的职业是什么？" 总而言之：寒武纪大爆发已经蠢蠢欲动了。

从稀缺到富足

未来学家保罗 · 萨佛发现，人类最初是一个生产者的经济，后来转变成了消费者的经济，而今又在朝着创作者的经济前进。几个世纪以来，金钱和商务是全世界范围内的主要交流模式。然而，在今天，信息正在迅速取代金钱，成为交流的主要模式（信息已在很大程度上可以实现互换了）。归纳这一宏观变化的最简单说法或许就是从稀缺到富足。杰瑞 · 米哈尔斯基指出，在从前，稀缺意味着价值。也就是说，如果没有稀缺性，那么你就做不了生意。而现在，这一概念已经被颠覆了。IDEO 的戴夫 · 布莱克利是这样看待指数型组织的："这些新的组织是指数型的，因为它们将某种稀缺的东西变得丰富了。" 指数型组织基本上就是在管理富足，而基于信息的世界会带领我们步入富足。（彼得 · 戴曼迪斯的著作《富足》对这种结果的可能性做了论述。）

因此，指数型组织的胜利已显露出势不可挡的模样。在 2014 年的著作《零边际成本社会》（*The Zero Marginal Cost Society: The Internet of Things, the Collaborative Commons, and the Eclipse of Capitalism*）中，杰里米 · 里夫金（Jeremy Rifkin）提出了一项与我们在第 5 章中呈现的 "去货币化趋势" 观念（我

们指出指数型组织会促使边际成本降到接近零点）有着密切关联的核心理论。不过，里夫金的观点更为宏大。他认为我们现在看到的是从资本主义崛起以来首次出现的一种新的经济系统，一个边际成本极低甚至为零的新世界，一个被他称为协作共有的社会。

可以想象,这种新的经济系统对资本主义形成了巨大的威胁。里夫金认为，具有讽刺意味的是，由于资本主义的诞生和崛起（让商品和服务更便宜）所取得的成功，它最终会吞噬自己的创造者，进而颠覆资本主义本身。这一发展的关键动力来自何方呢？那就是全球范围内商品和服务的信息化。

随着这种新的范式逐步统治现代生活的大部分领域，只有时间才能证明里夫金的理论是否正确，或至少部分正确。但可以肯定的是，指数型组织是管理协作共有的新时代和富足经济的关键所在。不幸而又讽刺的是，我们手上并无多少关于这一新范式的指南。眼下几乎所有的商学院分析案例都是过时的，因为它们个个教的都是如何优化和管理稀缺（这方面的教材倒是特别富足）。与之对应地，大部分主要关注于提高效率的管理方法也都是过时的。没有任何一门工商管理硕士课程会给学生演示用户界面方法，也没有任何一个管理学顾问会为优步提出使用算法的建议。

我们已经发现，当指数型组织发展壮大时，它们会变成平台，催生出其他更小的指数型组织，这就好比一个健康生长的珊瑚礁，在其外围诞生出各种各样的奇妙生物。随着各行各业的信息化程度越来越高，我们认为它们将不可避免地在每一个行业里结合成数个大型平台，在各个角落里产生大量的小型指数型组织。

无论这一切发展成什么样，我们都希望能明确一个观点。指数型组织是任何一个拥有强大的信息组成部分的企业（这当然就意味着每一家企业）的未来。虽然你可以选择早点进入这个世界，也可以晚点进入，但终究都得走进去。

你对员工、投资人和客户的责任催促着你赶快行动起来。当你将公司或行业的一部分转为信息化了，其边际成本就会开始消失，你的组织也将在朝指数型组织转变和就此消失之间做出选择。犹豫太久的话，你可能很快就只能眼睁睁地看着竞争对手绝尘而去，让你的公司成为它们公司历史中的一块垫脚石。

不过，成为历史垫脚石的结局是可以避免的。回忆一下之前的众多案例，指数型的思维方式和行动不仅创造出了颠覆性的新公司，而且还在各种类型和规模的组织中推动了令人震惊的进步和变化。现在，你已经有了一本将自身重塑为指数型组织的说明书，我们诚邀您从今天开始就走上这条道路。

萨利姆·伊斯梅尔

迈克尔·马隆

尤里·范吉斯特

后记

你已得到了一张建立指数型组织的蓝图。无论你是一家三人成形的小企业，还是3万人的大公司，围绕本书所提出的内外部属性来改造公司都是一项至关重要的任务。

虽然每个人都可以辨认出什么样的公司是线性的（比如通用电气），什么样的是指数型的（比如谷歌），但正如伊斯梅尔在结语中所说的那样，我们现在已经有了真正衡量个中差异的方法，我们能够解释它们是如何以及为何能够实现收益或员工比的25倍提升。这25倍的差距一部分来自现在唾手可得的生产力工具（即指数型技术）。尽管两者所处的行业不同，但这一差异依然从方向上表明了从基于物质的世界朝基于信息的世界的宏观变化趋势。

这一观点来自于我们在奇点大学的经验，在过去的6年里，我们一直在加速技术的尖端思想领袖、研究人员和从业者身上学习。不过，这其中最值得注意的关键在于，我们确实依然处于颠覆性技术的萌芽时代。我们还未看到它的真实面目。在接下来的10年或20年里，这些加速工具的效用将会继续成长，赢者通吃的网络效应也会加速指数型组织的发展，达到破纪录的新高度。

现实情况是，在这一指数型变革的时刻，你必须改变自己的公司，也就是说，要么由你来颠覆自己，要么就等别人来颠覆你，千万不要坐以待毙。

为了让你能更清晰地认识到正在袭来的这场变革海啸，请允许我在此描绘4个在不远的将来即将出现的不同程度的技术集合体。

第1级：首先，我们会看到借助计算力的成倍发展（也就是所谓的摩尔定律）而不断加速的一些特定的指数型技术。例如无限计算力、网络和传感器、人工智能、机器人学、数字制造和合成生物学这样的领域。在表1-1中就已罗列了这些领域里翻天覆地的进步。

第2级：这些技术的结合；网络、人工智能和3D打印的交集将会很快让每一个人都能将自己的想法呈现在世人面前。届时，你可以将自己美妙而详细的3D打印设计方案说给带有人工智能的设计软件听，让它将其打印并送到你家门口。我们每一个人，无论懂不懂技术，都可以成为设计制造大师，这就跟Microsoft Word让我们都不会拼错单词一样。

第3级：正如本书中所提到的那样，地球上以数字方式互联互通的人类的数量将在10年时间内，从2010年的20亿增加到2020年的至少50亿。进入全球经济中的这30亿人的全新思想固然会带来一股强大的冲击，但更重要的是，这30亿人将充分运用去物质化、去货币化和大众化的技术的力量，不管是手机、谷歌、在线3D打印、人工智能技术、医疗诊断还是合成生物学。这些技术在10年前才刚刚走入大型公司和政府的实验，现在却已进入寻常百姓家。这会让多少梦想成真？这会创造出多少东西？

第4级：事实证明，当人们（从农村地区）聚集在城市中时会产生一种直接的效应，加速全世界的创新速度。在5年前，城市居民的全球比例在人类历史上首次突破了50%的大关。从意义重大的著作《理性乐观派》（*Rational Optimist: How Prosperity Evolves*）作者马特·里德利（Matt Ridley）的理论来看，其原因在于城市里的人们会更为亲密地交换和迭代思想，以越来越快的速度进行性行为、求偶和重新组合。很快，50亿相互连接的人们的全球思想会推动史无前例的最为迅速的技术迭代。新产品的创新周期会从几年变为几个月，再变为几个星期。知识产权系统和全球政府系统将会如何应对呢？采用大规模线性思维方式的公司该如何进行管理呢？当变化的速度超过了专利流程时会发生什么呢？公司和政府能否适应这种变化速度呢？

正是这 4 个等级的颠覆将会在背后推动朝我们所有人袭来的这场变化的海啸。说到底，本书的创作目的就是帮你学会如何在这场海啸的浪尖冲浪，而不是被它击垮。

我和伊斯梅尔在过去两年里一直在全球奔波，为公司和国家领导人提供演讲、教学和建议，让这些人能认识到指数型技术终将到来，以及这些技术事实上正在加速的现实。那些把“互联网的玩意儿”视为过去 10 年里发生的一次无因果的偶然现象的人们最后都会意识到，它才是一切的开始。

我在此祝愿你能一帆风顺地将你的公司、你的组织，甚至可能是你的国家从线性思维的实体转变成指数型组织。

彼得·戴曼迪斯

美国加利福尼亚州圣莫尼卡

译者后记

EXPONENTIAL ORGANIZATIONS

近些年来，“创业”绝对可以算得上是最热门的词汇。每个人的身边总会有那么几个甚至十几个正在或者已经成功创业的朋友，也许正在阅读本书的你也是其中一员，如果是这样，那么恭喜你，因为在你面前的这本书一定会让你受益匪浅。

虽然指数型组织还是一个新兴词汇，但它的概念却由来已久。事实上，在译者看来，所谓以指数级速度发展扩张的组织，虽然在本书中主要指的是运用了如今的信息技术、大数据、轻量级管理方法等途径实现快速成长的公司，但在历史上的每一个时间点都存在着发展速度远超同类组织的企业，尽管和今天的“指数式”比起来，那时候的差距并不会如此明显，但归根结底，能够走在时代前沿，达到旁人无法企及的发展速度的公司，都是那些懂得运用当时最先进技术和最宝贵资源的公司。

正如本书所讨论的那样，在如今的时代，信息是决定胜负的关键所在。各行各业都已经、正在或者即将与信息技术相结合。以译者所在的汽车行业为例，车联网是目前最热门的课题，而其背后的技术正是云计算、计算机网络、人工智能、大数据等与“信息”密切相关的内容。在译者最近参与的一场研讨会中就提到，互联网企业在车联网领域的控制权已经远远超出了传统汽车公司。这也从侧面印证了本书的核心观点："为 20 世纪的成功设计的公司注定会在 21 世纪遭遇失败。"

不过，在所有人高举"创业"旗帜高歌猛进的时候，传统公司也并非束手无策。"再创业"已经成为许多老牌企业的重中之重。如何调整公司结构、如何引进高级人才、如何获取宝贵资源，这些都是公司高管们的燃眉之急。因为大家都已经认识到，守株待兔就等于坐以待毙，只有接受事实，跟上时代步伐，才能以最小的损失换来最大的希望。诚然，企业的转型绝不是无痛的，这其中必然要付出相当大的代价，但之所以还要选择这么做，正是因为其必要性。

本书也分析了不少成功转型的传统企业，其中就有国内的海尔。海尔集团的成功典范曾一度成为国内商界的一段佳话，也激发了许多企业家的奇思妙想。书中对海尔及其他指数型组织的分析非常透彻，从中不难获得新的启发和领悟。

总的来说，本书作为指数型组织的"圣经"，不仅详实地解释了指数型组织的各方面属性，也以丰富生动的案例对指数型组织进行了深度分析。比起日益显得僵化的商学院课程，本书所呈现的思维方式充满了时代感和实用性，相信会给对商业感兴趣的你带来相当大的帮助。

最后，我要在这里感谢为此书中译本作出贡献的各位朋友。感谢湛庐文化的编辑们的辛勤劳动。感谢王旭泉老师的大力帮助。我还要特别感谢 Sky Zhang 给我的激励。感谢各位读者对本书的厚爱，祝君阅读愉快！

未来，属于终身学习者

我这辈子遇到的聪明人（来自各行各业的聪明人）没有不每天阅读的——没有，一个都没有。巴菲特读书之多，我读书之多，可能会让你感到吃惊。孩子们都笑话我。他们觉得我是一本长了两条腿的书。

——查理·芒格

互联网改变了信息连接的方式；指数型技术在迅速颠覆着现有的商业世界；人工智能已经开始抢占人类的工作岗位……

未来，到底需要什么样的人才？

改变命运唯一的策略是你要变成终身学习者。未来世界将不再需要单一的技能型人才，而是需要具备完善的知识结构、极强逻辑思考力和高感知力的复合型人才。优秀的人往往通过阅读建立足够强大的抽象思维能力，获得异于众人的思考和整合能力。未来，将属于终身学习者！而阅读必定和终身学习形影不离。

很多人读书，追求的是干货，寻求的是立刻行之有效的解决方案。其实这是一种留在舒适区的阅读方法。在这个充满不确定性的年代，答案不会简单地出现在书里，因为生活根本就没有标准确切的答案，你也不能期望过去的经验能解决未来的问题。

而真正的阅读，应该在书中与智者同行思考，借他们的视角看到世界的多元性，提出比答案更重要的好问题，在不确定的时代中领先起跑。

湛庐阅读App：与最聪明的人共同进化

有人常常把成本支出的焦点放在书价上，把读完一本书当作阅读的终结。其实不然。

时间是读者付出的最大阅读成本

怎么读是读者面临的最大阅读障碍

“读书破万卷”不仅仅在“万”，更重要的是在“破”！

现在，我们构建了全新的“湛庐阅读”App。它将成为你“破万卷”的新居所。在这里：

- 不用考虑读什么，你可以便捷找到纸书、电子书、有声书和各种声音产品；
- 你可以学会怎么读，你将发现集泛读、通读、精读于一体的阅读解决方案；
- 你会与作者、译者、专家、推荐人和阅读教练相遇，他们是优质思想的发源地；
- 你会与优秀的读者和终身学习者为伍，他们对阅读和学习有着持久的热情和源源不绝的内驱力。

倡导亲自阅读

> 不逐高效，提倡大家亲自阅读，通过独立思考领悟一本书的妙趣，把思想变为己有。

阅读体验一站满足

> 不只是提供纸质书、电子书、有声书，更为读者打造了满足泛读、通读、精读需求的全方位阅读服务产品——讲书、课程、精读班等。

以阅读之名汇聪明人之力

> 第一类是作者，他们是思想的发源地；第二类是译者、专家、推荐人和教练，他们是思想的代言人和诠释者；第三类是读者和学习者，他们对阅读和学习有着持久的热情和源源不绝的内驱力。

CHEERS

以一本书为核心

遇见书里书外，更大的世界

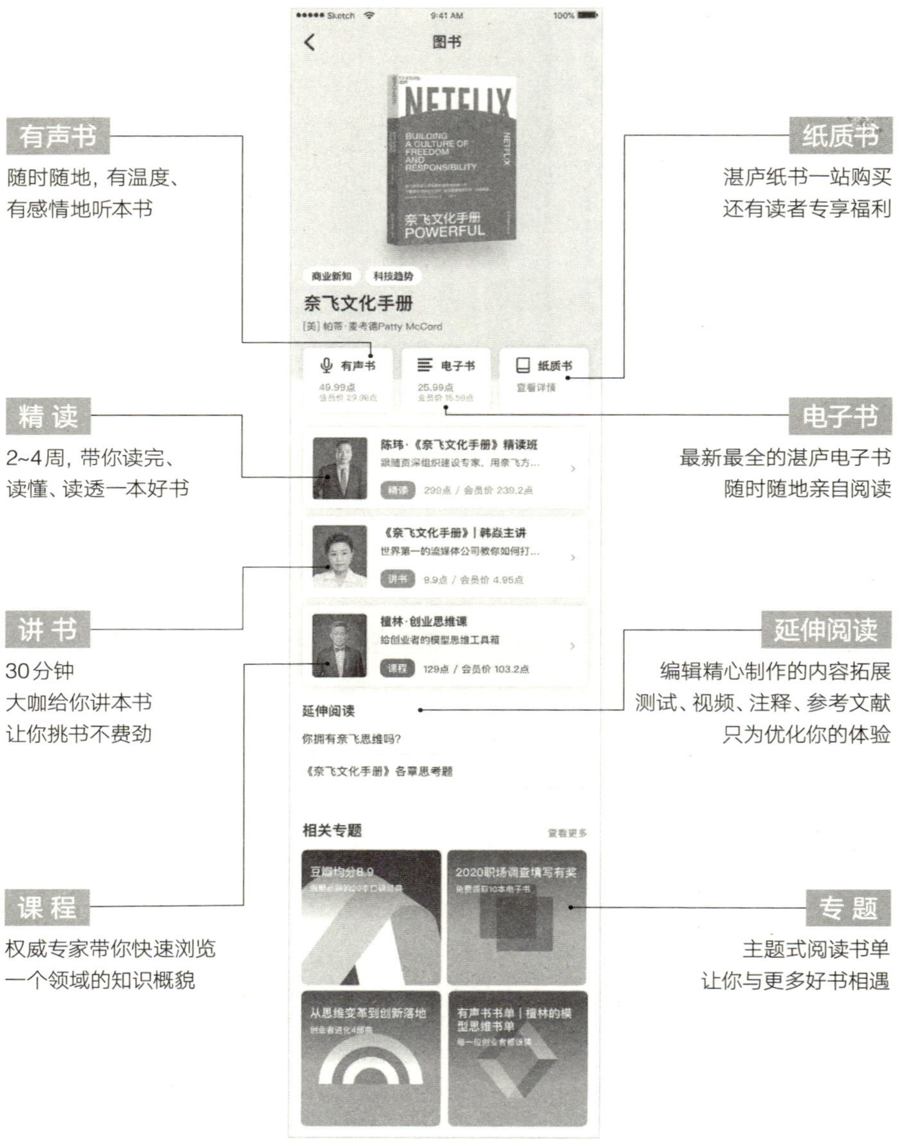

EXPONENTIAL ORGANIZATIONS

by Salim Ismail with Michael S. Malone and Yuri van Geest

图书在版编目（CIP）数据

指数型组织：打造独角兽公司的 11 个最强属性 /（加）伊斯梅尔，（美）马隆，（美）范吉斯特著；苏健译．—杭州：浙江人民出版社，2015.11（2022.5重印）

ISBN 978-7-213-06921-5

Ⅰ．①指…　Ⅱ．①伊… ②马… ③范… ④苏…　Ⅲ．①公司–企业管理　Ⅳ．①F276.6

中国版本图书馆 CIP 数据核字（2015）第 238739 号

浙江省版权局
著作权合同登记章
图字：11-2015-97 号

上架指导：趋势 / 创新管理 / 经营管理

指数型组织：打造独角兽公司的11个最强属性

作　　者：［加］萨利姆·伊斯梅尔　［美］迈克尔·马隆　［美］尤里·范吉斯特　著
译　　者：苏　健　译
出版发行：浙江人民出版社（杭州体育场路347号　邮编　310006）
市场部电话：（0571）85061682　85176516
集团网址：浙江出版联合集团　http://www.zjcb.com
责任编辑：罗　旭
责任校对：朱志萍　鞠　朗
印　　刷：唐山富达印务有限公司
开　　本：710 mm × 965 mm 1/16　　**印　　张：**20.25
字　　数：26.9 万　　**插　　页：**4
版　　次：2015 年 11 月第 1 版　　**印　　次：**2022 年 5 月第 14 次印刷
书　　号：ISBN 978-7-213-06921-5
定　　价：69.90 元

如发现印装质量问题，影响阅读，请与市场部联系调换。